W0070126

Michele Rigby Assad

Unter dem Radar

Gott, die CIA und ich

Aus dem amerikanischen Englisch von Heide Müller

SCM
Hänssler

SCM

Stiftung Christliche Medien

SCM Hänssler ist ein Imprint der SCM Verlagsgruppe, die zur
Stiftung Christliche Medien gehört, einer gemeinnützigen ,
Stiftung, die sich für die Förderung und Verbreitung christlicher
Bücher, Zeitschriften, Filme und Musik einsetzt.

© der deutschen Ausgabe 2019
SCM Hänssler in der SCM Verlagsgruppe GmbH
Max-Eyth-Straße 41 · 71088 Holzgerlingen
Internet: www.scm-haenssler.de · E-Mail: info@scm-haenssler.de

Originally published in the U.S.A. under the title: Breaking Cover,
by Michele Rigby Assad
Copyright © 2017 by Michele Rigby Assad
German edition © 2019 by SCM Hänssler
in der SCM Verlagsgruppe GmbH with permission
of Tyndale House Publishers, Inc. All rights reserved.

Die Bibelverse sind folgender Ausgabe entnommen:
Neues Leben. Die Bibel, © der deutschen Ausgabe 2002
und 2006 SCM R.Brockhaus in der SCM Verlagsgruppe GmbH
Witten/Holzgerlingen.

Übersetzung: Heide Müller
Umschlaggestaltung: Patrick Horlacher, Stuttgart
Titelbild: © Axel Muench; Shutterstock: LumenGraphics;
iStockphoto: michaelbwatkins
Satz: typoscript GmbH, Walddorfhäslach
Druck und Bindung: GGP Media GmbH, Pößneck
Gedruckt in Deutschland
ISBN 978-3-7751-5891-6
Bestell-Nr. 395.891

Inhalt

Anmerkung der Verfasserin

Einige Namen und biografische Angaben in diesem Buch wurden verändert, um die Identitäten von Quellen, Offizieren und anderen Mitarbeitern der CIA zu schützen, für die es nachteilig sein könnte, mit ehemaligen CIA-Geheimagenten in Verbindung gebracht zu werden. Auch wenn ich die genauen Umstände der Operationen verwischt habe, war ich doch bemüht, meine Erfahrungen möglichst detailgetreu wiederzugeben, dabei aber genügend Informationen zu verändern, um Quellen, Orte und Methoden zu schützen.

Ich bin froh, dass ich viele meiner Überseeabenteuer für persönliche und berufliche Zwecke festgehalten habe. Bei meinem ersten Einsatz im Jahr 2003 begann ich ein Tagebuch zu schreiben, um einen kleinen Kreis von Verwandten und Freunden an meinen Erlebnissen teilhaben zu lassen. Während der Gespräche, die wir vor der Evakuierung in der *Mar Elia Church* in Erbil im Irak führten, machte ich mir Notizen. Außerdem konnte ich auf jede Menge E-Mails und Textnachrichten zurückgreifen, um mir Daten und Einzelheiten dieser Aktion in Erinnerung zu rufen. Die Namen der Kandidaten für die Evakuierung, die wir in *Mar Elia* befragten, und einige persönliche Angaben über sie habe ich verändert, um ihre Privatsphäre zu schützen.

Die in diesem Buch geschilderten CIA-Operationen wurden ursprünglich in Telegrammen festgehalten, in denen ich die Dynamik von Treffen, das Beschaffen von Geheiminformationen,

Hinweise auf gegnerische Spionageaktivitäten sowie meine Erkenntnisse und Bewertungen aufzeichnete. Da ich nicht mehr bei der CIA beschäftigt bin, fehlt mir der Zugang zu diesen Akten und ich musste die Situationen aus dem Gedächtnis wiedergeben. Als ehemalige Mitarbeiterin habe ich mir das Manuskript von der CIA genehmigen lassen, um sicherzustellen, dass keine immateriellen Vermögenswerte wie Quellen oder Arbeitsmethoden durch die Veröffentlichung des Materials beschädigt werden.

Prolog

ERBIL, IRAK
SEPTEMBER 2015

»Warum wollen Sie den Irak verlassen?«

Die sechsköpfige Familie sah uns ängstlich und fragend an.

»Wissen Sie denn noch nicht, was mit uns geschehen ist?«, fragte Danial, der Vater. »Wir dachten, deshalb seien Sie hier.«

Da hatte er allerdings recht. Das war tatsächlich der Grund für unser Kommen. Im Verlauf der vergangenen Woche hatten mein Mann Joseph und ich mehr als vierhundert Christen befragt, die von islamischen Extremisten aus ihren Häusern vertrieben worden waren und nun verzweifelt außerhalb des Irak Schutz suchten.

Zwar blieben auch viele Muslime von dem Leid nicht verschont, Christen waren jedoch wesentlich gefährdeter. Wenn der IS oder andere islamische Rebellen eine Stadt einnahmen, befahlen sie den Christen, ihre Häuser zu verlassen oder zum muslimischen Glauben zu konvertieren. Viele flohen – hatten aber kein Ziel. Sie wussten, dass Christen, die in UN-Camps Schutz suchten, häufig eingeschüchtert, angegriffen oder anderweitig verfolgt wurden.

»Wir möchten wissen, was *Ihrer* Familie genau passiert ist«, erklärte ich Danial. »Um ein sicheres Land zu finden, das bereit ist, Sie aufzunehmen, müssen wir Ihre Geschichte im Einzelnen

7

kennen. Nur so können wir begründen, warum diese Staaten Ihnen helfen sollen.«

Ich sagte ihm aber nicht, dass Joseph und ich die Kandidaten dabei auch sehr genau unter die Lupe nahmen. Denn wir mussten sicherstellen, dass sich keine Elemente des IS oder anderer Extremistengruppen untermischten – niemand, der jetzt oder in Zukunft für Länder, die bereit wären, Schutz zu gewähren, eine Bedrohung darstellen könnte. Als ehemalige Terror- und Spionageabwehrspezialisten bei der CIA waren wir für ein solches Unternehmen bestens gerüstet.

Nachdem wir in dieser Woche bereits Hunderte von Leuten befragt hatten, waren Joseph und ich mehr als erschöpft. Wir mussten unsere Gefühle richtiggehend abschalten, um diese Gespräche zu überstehen, in denen wir mit einer tragischen Geschichte nach der anderen konfrontiert wurden. Denn wir waren weder körperlich noch emotional in der Lage, das tiefe Leid zu verarbeiten, das diese und Hunderttausende anderer Menschen hatten ertragen müssen. Müdigkeit hin oder her – wir hatten eine Aufgabe zu erfüllen.

Das sagte ich mir jedenfalls immer wieder. Manchmal war es unmöglich, nicht von der schieren Verzweiflung angerührt zu werden, die so vielen ins Gesicht geschrieben stand. Kurze Zeit vor meinem Gespräch mit Danial hatte ich einem jungen Ehepaar gegenübergesessen. Kaum hatten wir die Befragung begonnen, da wurde ihr kleiner Junge auf dem Schoß seiner Mutter unruhig. Er drehte und wand sich, um sich aus ihren Armen zu befreien, und machte sich auch lautstark bemerkbar. Immer wieder wurde unsere Unterhaltung durch das Plappern des gelangweilten Kleinen gestört. Seine Eltern fuhren ihn an und versuchten verzweifelt, ihn im Zaum zu halten.

Als ich die Panik in den Augen seiner Mutter sah, wurde mir klar, wie groß ihre Angst war, dass ihr Sohn den Ausgang des Gesprächs aufs Spiel setzen könnte. Ich stand auf, kniete mich vor die Mutter hin, nahm die Hand des kleinen Jungen und fragte: »*Kfak habibi? Ismak eh? Kam omrak?*« (»Wie geht es dir, mein Lieber? Wie heißt du denn? Und wie alt bist du?«)

Die Eltern sagten mir seinen Namen – George – und seine Mutter hob drei Finger, um mir sein Alter zu zeigen. Als ich mich dem Jungen zuwandte und seine süßen Pausbäckchen drückte, huschte ein Lächeln über die ängstlichen Gesichter der Familie. Ich schnappte ein Spielzeugauto vom Tisch hinter mir und drückte es George in die Hand.

Seine Eltern entspannten sich sichtlich. Da wurde mir schlagartig wieder die Ungerechtigkeit der Situation bewusst. Dieser kleine Junge war einer von Millionen vertriebenen Irakern. Dabei hatte er noch Glück, denn er hatte nur seine Heimat verloren; seine engste Familie war ihm noch geblieben. Nun versuchten sein Vater und seine Mutter verzweifelt, aus dem Land zu fliehen. Sie hatten keine Ahnung, wer wir waren oder was genau wir hier taten – sie wussten nur, dass wir uns darum bemühten, für hundert oder mehr Iraker einen sicheren Zufluchtsort in einem anderen Land zu finden.

Nach dem Gespräch mit Georges Eltern hatten wir noch mehrere Befragungen ohne Zwischenfälle geführt. Das mit Danial und seiner Familie schien zunächst genauso zu laufen wie die Unterredungen zuvor, bis Miriam, die achtzehnjährige Tochter der Familie, fragte: »Können Sie bitte Hamad, meinen Verlobten, auch mit auf die Liste setzen? Er ist vom Islam zum Christentum übergetreten und wir sind in Gefahr, wenn wir hier im Irak bleiben.«

»Wo ist Hamad denn jetzt?«, fragte Joseph.

»Er lebt bei seiner Familie hier in Erbil«, erklärte sie.

Das ist aber seltsam, dachte ich. Die meisten muslimischen Familien akzeptieren es überhaupt nicht, wenn eines ihrer Mitglieder sich vom Islam abwendet.

»Sie sind natürlich nicht begeistert von seinem Übertritt«, fuhr sie fort. »Aber mit ihnen hat er weniger Ärger als mit dem IS.«

»Warum das denn?«, fragte Joseph.

»Hamads Mutter war früher Christin. Sie ist bei ihrer Heirat mit einem Moslem vor vielen Jahren zum Islam konvertiert. Als der IS Mossul einnahm, wo sie wohnten, suchte er gezielt Menschen, von denen er Geld erpressen konnte. Sie war zwar zum Islam konvertiert, der IS hatte jedoch erfahren, dass sie früher Christin war und noch christliche Angehörige hatte. Also entführte der IS sie und verlangte ein Lösegeld. Hamad wollte unbedingt seine Mutter befreien und verkaufte deshalb eine seiner Nieren. Den Erlös daraus sandte er den Entführern, die daraufhin seine Mutter freiließen.«

Was? Ich neigte mich auf meinem Stuhl nach vorne. »Moment mal! Ihr Verlobter hat allen Ernstes eine *Niere* verkauft, um das Lösegeld für seine Mutter zu bezahlen?«

»Ja.«

Joseph und ich warfen einander einen verstohlenen Blick zu. Irgendetwas war faul an dieser Geschichte, und je mehr Fragen wir stellten, desto verworrener wurde sie.

Das erinnerte mich an meine Zeit bei der CIA. Im Vernehmungsraum hatte man uns so manches Lügenmärchen aufgetischt. Und die Erfahrung hatte gezeigt: Je weiter hergeholt sich eine Geschichte anhörte, umso wahrscheinlicher war es, dass sie nicht stimmte. Aber ab und zu kam es doch vor, dass eine Quelle uns etwas Haarsträubendes erzählte, was wir anfangs nicht glauben konnten und das sich aber letzten Endes doch als die entsetzliche Wahrheit herausstellte. Wie verhielt es sich hier?

Wir mussten herausfinden, ob Hamad *wirklich* zum christlichen Glauben übergetreten war. War er ein tapferer Mann, bereit, für seinen neu gefundenen Glauben sein Leben aufs Spiel zu setzen? War er einfach ein Lügner, der nach einer Möglichkeit suchte, aus dem Irak zu fliehen? Oder war er am Ende ein islamischer Extremist, der sich als christlicher Konvertit ausgab, um in ein anderes Land einreisen zu können?

Diese Befragung, die doch begonnen hatte wie Dutzende zuvor, hatte eine bedrohliche Wendung genommen. Wenn wir uns über die Absichten dieses Mannes täuschten, lieferten wir ihn vielleicht direkt in die Hände des IS aus – was einem Todesurteil gleichkäme. Wenn er aber andererseits irgendeine Verbindung zum IS hätte, könnten wir das Leben von unzähligen unschuldigen Menschen in Gefahr bringen.

Mein Magen krampfte sich zusammen, als ich Miriam ins Gesicht sah. Würde sie doch nur irgendetwas über diesen Mann preisgeben! Aber sie blieb unergründlich, den Blick zum Boden gerichtet und die Hände zurückhaltend in ihrem Schoß gefaltet.

»Miriam«, sagte Joseph. Schüchtern sah sie ihn an. »Wir müssen mit Hamad sprechen. Bitte sagen Sie ihm, er soll heute Abend vorbeikommen.« Sie nickte flüchtig.

Einige Stunden später waren Joseph und ich wieder in dem Wohnwagen, der uns als Büro diente, und warteten auf das Paar. In meinen Gedanken versuchte ich fieberhaft, die einzelnen Puzzleteile zu einem Bild zusammenzufügen.

Als ich draußen auf den Stufen schwere Schritte hörte, dann das Quietschen der Tür, sah ich auf. Miriam trat zuerst ein, gefolgt von einem unentschlossen aussehenden jungen Mann.

//

Zunächst wirkte Hamad auf uns nicht anders als Hunderte anderer Männer, die wir schon befragt hatten: Still und mit leerem Blick in den Augen als Ausdruck tiefer Niederlage, waren sie doch nicht imstande, für ihre Familien zu sorgen oder sie zu schützen.

Aber Hamad war alleinstehend. Er hatte keine Familie zu versorgen oder zu beschützen. Sein leerer Blick zeugte nicht von Verlegenheit oder Versagen, es war ... *etwas anderes*.

Irgendetwas stimmte nicht mit diesem jungen Mann *und* seiner Geschichte. Ich war mir nicht sicher, was es war, vertraute aber fest darauf, dass Joseph und ich der Sache schließlich auf den Grund gehen würden. Denn genau dafür waren wir in den Irak gekommen. Genau dafür waren wir ausgebildet. Wir hatten einen Blick dafür, Konvertiten – und genauso auch Terroristen – an ihrem Aussehen und ihrem Verhalten zu erkennen. Wenn dieser Mann tatsächlich Dreck am Stecken hatte, würden wir es schon herausfinden.

Als Hamad sich auf den Stuhl uns gegenüber sinken ließ, spürte ich eine Welle von Adrenalin in meinen Adern. *Dieser Mann weiß nicht, mit wem er es zu tun hat.* Joseph und ich warfen einander einen flüchtigen Blick zu. Keiner von uns ließ sich auch nur die geringste Regung anmerken, aber das Gefühl war greifbar:

Wir schaffen das!

KAPITEL 1

Die Spionin von nebenan

Spionin zu werden wäre mir früher nie im Traum eingefallen. Meine Zukunft hatte ich mir weit weniger aufregend ausgemalt: Mann und Kinder, einen guten, sicheren Beruf und ein behagliches Heim am Stadtrand mit dem typischen weißen Lattenzaun ums gepflegte Grundstück – Inbegriff amerikanischer Vorstadtidylle.

Ganz ehrlich, hätte mir vor zwanzig Jahren jemand gesagt, dass mich meine Berufung in Kriegsgebiete führen oder ich mit Aufständischen zu tun haben würde, ich hätte ihn für verrückt erklärt. Solchen Dingen war ich als Kind nie ausgesetzt.

Mein Vater, ein Lebensversicherungsvertreter im Außendienst, war viel unterwegs, während meine Mutter mit mir und meiner kleinen Schwester Julie zu Hause blieb. Als ich sechs Jahre alt war, folgte meine Familie meinen Großeltern mütterlicherseits aus dem ländlichen Pennsylvania nach Mount Plymouth, einer Kleinstadt im Herzen Floridas. Wir lebten »in der Pampa«, das heißt, wir waren umgeben von Kuhweiden, Orangenhainen, Kiefernwäldern und Sumpfland. Mächtige, mit spanischem Moos bewachsene

Eichen und ein kleiner mit Seerosenblättern und Schilfgras bedeckter See steigerten die wilde Schönheit dieser ländlichen Szenerie. Ganz zu schweigen von Reihern, Schildkröten, Fröschen, Krokodilen und Wassermokassinschlangen.

Zwar war ich als Kind nie weit weg von zu Hause, warf aber ab und zu einen Blick über die Grenzen meiner kleinen Welt. Jeden Sommer, wenn unsere Nachbarin Gladys im Urlaub war, gossen Julie und ich gegen ein Taschengeld bei ihr die Blumen. Regelmäßig rannte ich hinüber und versorgte ihre Zimmerpflanzen – sie hatte Dutzende! Doch bevor ich nach Hause ging, setzte ich mich auf den Boden vor Gladys' Bücherregal, zog stundenlang eine *National Geographic* nach der anderen heraus und blätterte mich vorsichtig durch die bunten Hochglanzseiten. Ich war wie gebannt. Die fremden Kulturen faszinierten mich und weckten in mir den Wunsch, meine Ausflüge ins Unbekannte mit allen Sinnen zu erleben und diese Anblicke samt ihren Geräuschen und Gerüchen in mich aufnehmen zu können.

Gelegentlich waren Missionare in unserer kleinen Dorfkirche zu Gast und berichteten über ihre Arbeit in anderen Kulturen. Ihnen verdanken Julie und ich die paar Brocken Portugiesisch, die wir heute noch im Kopf haben; denn sie brachten uns einen Gospel in dieser Sprache bei, den wir unentwegt sangen. Eine fremde Sprache »lernen« zu können, hinterließ einen bleibenden Eindruck auf mich.

Und trotz alledem: Wir waren einfache Leute. In der Familie sprachen wir nicht über Politik oder internationale Angelegenheiten und äußerten uns nicht zum Weltgeschehen. Militärische Konflikte oder Staatsstreiche in anderen Ländern gingen völlig an uns vorbei. Eine leise Ahnung, dass es dort draußen eine wahnsinnige Welt geben musste, befiel mich erst in den Achtzigerjahren, als ich aus dem Fernsehen zum ersten Mal von Flugzeugentführungen erfuhr.

Ich weiß noch, dass ich meine Mutter fragte: »Könnte es sein, dass *wir* irgendwann entführt werden?«

»Ach Schätzchen«, sagte sie, »mach dir darüber mal keine Sorgen! Nur im Nahen Osten werden Flugzeuge entführt, da wirst du niemals hinkommen.«

Ganz bestimmt nicht, dachte ich, *da werde ich niemals hinkommen.* (Und dennoch: Sag niemals nie!)

Wer mit mir aufgewachsen ist und mich als süßes Mädchen aus den Südstaaten kannte, ist vermutlich allein schon über meine Bewerbung bei der CIA nachhaltig schockiert. Wie könnte auch die kleine Ballerina, die in ihrer Schule als Ballkönigin gekürt wurde – das Mädchen, das frei und häufig über seinen Glauben sprach –, in verborgene Machenschaften verwickelt werden, die Manipulation und Täuschung verlangen?

Michele Rigby, internationale Spionin.

Das war – gelinde gesagt – ein heftiger Widerspruch in sich.

Aber wie sich herausstellte, war dies *genau* das Profil, das die CIA suchte.

Wie die meisten Menschen kannte ich die CIA und ihre Arbeit nur aus dem Fernsehen und aus Filmen und hatte keine Ahnung, was davon Wahrheit und was erfunden war. Ich wusste nur eines: Es musste eine Institution sein, an der sich nur die gebildetsten und intelligentesten Menschen bewerben – keine normalen Leute wie ich.

Und trotzdem: Als das Career Center der Universität Georgetown ankündigte, dass CIA-Vertreter kommen und über Karrierechancen beim Geheimdienst sprechen würden, siegte meine

Neugier – auch wenn ich *wusste*, dass sie keine Menschen wie mich suchten. Ich trat also wie eine schüchterne kleine Nonne mit gesenktem Kopf in die Bibliothek und setzte mich schnell in die hinterste Ecke des Raums.

Einfach mal anhören kann ja nicht schaden, dachte ich, *oder? Was habe ich schon zu verlieren?*

Ich stand gerade kurz vor meinem Diplom am Zentrum für zeitgenössische arabische Studien und hätte so gerne klare Berufsvorstellungen gehabt. Aber ehrlich gesagt hatte ich keine Ahnung, was ich machen wollte. Und lassen Sie sich von den arabischen Studien nicht täuschen. Mein Interesse am Nahen Osten war mehr persönlicher als beruflicher Art.

Ich kämpfte mich gerade durch mein Masterstudium und war zudem frisch verheiratet.

Joseph, meinen Mann, hatte ich während des Abschlussjahres auf der Highschool kennengelernt. Als Cheerleader hatte ich oft nach Fußballspielen zu mir nach Hause eingeladen. Eines Abends brachte einer meiner Mitspieler einen jungen Mann aus Ägypten mit, den seine Kirchengemeinde seit einiger Zeit unterstützte. Er hieß Joseph Assad und war anders als alle Menschen, die ich jemals kennengelernt hatte.

Wir lauschten alle mit gespannter Aufmerksamkeit, als er uns von seiner Kindheit in einem Teil von Ägypten berichtete, in dem eine gefährliche Form des islamischen Extremismus entstanden war. Er beschrieb die Erfahrung, von Mitschülern bedroht zu werden, deren Eltern Mitglieder einer geheimen Terrorzelle in der Stadt waren. Allein wegen seines christlichen Glaubens hatte er in Ägypten keine Universität und kein College besuchen dürfen.

Peinlich, aber wahr: Bevor ich Joseph kennenlernte, wusste ich nicht einmal, dass Ägypten ein Staat ist. Für mich war es einfach eine alte Zivilisation, ein historisches Land, das ich nur aus Dokumentationen im Fernsehen und aus der Bibel kannte. Ich wusste auch nicht, dass es im Nahen Osten Christen gibt und diese seit Jahrhunderten brutal verfolgt werden.

Josephs Geschichte erstaunte mich. Nachdem ich bisher ein bemerkenswert geschütztes Leben geführt hatte, war ich überrascht, jemanden zu treffen, der mit neunzehn Jahren bereits wusste, was es bedeutet, solch enormer Einschüchterung standzuhalten. Das war etwas völlig anderes, als in der Mittagspause von gemeinen Mädchen gehänselt zu werden. Hier ging es um Leben und Tod, und ich war völlig überwältigt. Als ich da saß und Josephs Geschichte hörte, dachte ich: *Genau so einen Mann möchte ich heiraten.*

Fünf Jahre später tat ich es.

Joseph öffnete mir die Augen für eine Welt, von deren Existenz ich vorher nichts gewusst hatte. Kurz nachdem wir uns kennengelernt hatten, reisten wir als Mitglieder eines von der Studentenmission der Universität *Palm Beach Atlantic* gesponserten Missionsteams nach Ägypten. Trotz der dramatischen Lage in dieser Region ließen meine Eltern mich gehen. Sie vertrauten Gott und wussten, dass er seine Hand über mir halten würde. Rückblickend war es unglaublich mutig von ihnen, ihre älteste Tochter in dieses Land auf der anderen Seite des Erdballs ziehen zu lassen, wo es schon riskant genug ist, eine Frau zu sein. Christ zu sein ist jedoch noch weitaus riskanter. Aber sie hatten den Mut und die geistliche Einsicht, mich loszulassen.

Ich hingegen war der Inbegriff der Naivität. Ohne eine Vorstellung von den mir bevorstehenden Herausforderungen stürzte ich mich mit Begeisterung in dieses neue Abenteuer, wie es nur junge, unerfahrene Menschen tun können. Niemand warnte mich vor der enormen Hitze, den Schwärmen von Fliegen, den blutdurstigen Moskitos oder der Schwierigkeit, mit Leuten zu kommunizieren, die eine andere Sprache sprechen. Nahezu augenblicklich wurde ich mit meinen romantischen Vorstellungen, wie fantastisch diese Tour werden würde, von der rauen Realität eingeholt. Ich kotzte mir die Seele aus dem Leib und wurde beinahe ohnmächtig von der Hitze und der anstrengenden körperlichen Arbeit.

Auf dieser Reise sah ich Dinge, die ich noch nie zuvor gesehen hatte: bewaffnete Soldaten an jeder zweiten Straßenecke, in *Hijabs* und einengende schwarze *Abayas* eingehüllte Frauen, Dorfbewohner beim Spülen ihrer Töpfe und Pfannen im Nil, mit Waren beladene Eselsgespanne auf dem Weg zum Markt, Lehmziegelhäuser entlang staubiger, mit Schlaglöchern übersäter Straßen.

Wir waren umgeben von einer Welt, die so ganz anders war als unsere eigene. Hätten wir vorher gewusst, was uns erwartete, hätten sich manche von uns wohl nie für diese Tour angemeldet. Gott sei Dank war ich bei meinem Aufbruch ahnungslos, sonst hätte ich nie den Segen erlebt, diesem Team anzugehören. Ich lernte nicht nur eine Menge über mich selbst und meinen Glauben, diese Reise zeigte mir auch, wie wenig ich von dieser großen, schönen Welt wusste und wie viel es darin zu entdecken gab.

Im darauffolgenden Herbst schrieb ich mich an der Universität *Palm Beach Atlantic* ein, an der Joseph am Anfang seines zweiten Studienjahrs stand. Als Hauptfach wählte ich schließlich Politikwissenschaften. Dies gab mir die Chance, drei Jahre später im Rahmen eines Auslandsstudiums noch einmal nach Ägypten zu reisen. Neben meinen Studien in Politik, Kultur, Religion, Geschichte und der arabischen Sprache hatte ich Gelegenheit, den Berg Sinai zu besteigen, im Roten Meer Sporttauchen zu gehen, die großartigen Pyramiden von Gizeh zu erkunden, über den historischen Markt *Khan al-Khalili* mit seinen belebten Ständen zu schlendern, den tanzenden Derwischen in der Altstadt von Kairo zuzusehen, die ältesten christlichen Klöster der Welt zu besuchen und sogar in einem Werbespot für Eva-Hautpflegeprodukte im ägyptischen Fernsehen aufzutreten. »Entdeckt« hatte mich ein Fernsehproduzent in einer Eisdiele.

Wir verbrachten auch drei Wochen in Israel und Palästina, wo wir uns mit einem der brisantesten, umstrittensten Themen der frühen Neunzigerjahre beschäftigten. Das Oslo-Abkommen war frisch unterzeichnet und in weiteren intensiven Verhandlungen wurde versucht, beide Seiten an ihre Verpflichtungen zu binden und den Prozess konstruktiv voranzutreiben. Wir trafen führende Politiker, Vertreter von Bürgerplattformen und Pädagogen beider Konfliktparteien. Die Informationen, die wir erhielten, waren ernüchternd und aufschlussreich zugleich, und ihre Bedeutung wurde uns im Verlauf unserer Reise durch Israel und das Westjordanland immer klarer. Dieser Konflikt war keine Theorie, sondern flammte regelmäßig vor unseren Augen auf. Die Probleme waren offensichtlich und die Spannungen spürbar, als wir den Zankapfel Tempelberg und das jüdische, arabische und armenische Viertel der Jerusalemer Altstadt erkundeten.

Wir segelten auch über den See Genezareth, spähten über die Berge der Golanhöhen in den Libanon und nach Syrien hinüber und folgten den Fußspuren Jesus von Nazareths in Bethlehem, Galiläa und Jerusalem. Was wir hier lernten, war einmalig.

Zweifellos haben die Reisen in den Nahen Osten den Lauf meines Lebens unwiderruflich verändert. Die Unterschiede zwischen meinem Wertesystem und der Weltsicht der vielen Ägypter, Palästinenser und Israelis, mit denen ich zu tun hatte, weckten in mir den Wunsch, sie zu verstehen. Was beeinflusste ihr Denken und welche Faktoren prägten ihre Lebensperspektiven? Ich wollte die Geheimnisse menschlichen Verhaltens entschlüsseln und den Bezugsrahmen anderer Menschen verstehen.

Im Sommer nach meinem Abschluss in *Palm Beach Atlantic* heirateten wir und zogen nach Washington, D. C. Joseph nahm dort eine Tätigkeit als Forschungsleiter für den Nahen Osten bei einer Expertenkommission, einem sogenannten Thinktank, mit den Schwerpunkten Menschenrechte und Demokratie auf. Gleichzeitig arbeitete er an der Universität *George Mason* an seinem Master in Konfliktanalyse und -lösung. Joseph war bereits als Zeuge vor dem US-Kongress und dem Menschenrechtsausschuss der Vereinten Nationen in Genf aufgetreten. Diese Erfahrung und sein Studienschwerpunkt auf Konflikten und Diplomatie brachten ihn auf den Gedanken, eine Laufbahn bei der Regierung anzustreben. Hierzu legte er beim Auswärtigen Amt die Prüfung ab, die für einen Posten als Diplomat im Außenministerium Voraussetzung ist. Während er auf die Prüfungsergebnisse wartete, bewarb er sich noch auf andere Posten, bei denen ihm sein einzigartiger Hintergrund, seine Erfahrung und Bildung zugutekommen würden.

Drei Monate nach unserem Umzug nach Washington, D. C., erhielt ich eine Stelle als Verwaltungsassistentin in der Abteilung für Regierungsbeziehungen bei einer humanitären Organisation, bevor ich mich in Georgetown für arabische Studien einschrieb. Natürlich wollten meine Familie und meine Freunde meine Zukunftspläne verstehen. »Was willst du mit einem Abschluss in arabischen Studien anfangen?«, fragten sie.

Meine Antwort war nicht gerade vertrauenerweckend: »Das weiß ich selbst nicht so genau.«

Ich wusste zwar, dass dieser Abschluss ein Sprungbrett für verschiedene Laufbahnen als Journalistin, bei einem Thinktank, bei der Regierung oder einer internationalen Organisation war. Was aber würde *ich* damit anfangen? Da hatte ich keine Ahnung. Die Nahoststudien reizten mich nur einfach ungemein. Meine Reisen in die Region hatten mich auf den Geschmack gebracht und ich brannte darauf, tiefer zu graben und mehr zu lernen.

Und so tat ich das, was ich schon immer getan hatte: Ich folgte diesem Verlangen tief in meiner Seele, dem Gefühl, dass nur ein bestimmter Weg für mich infrage kommt. Schon sehr früh in meinem Leben hatte ich die Entscheidung getroffen, Gottes Weisung zu folgen, wo immer diese mich hinführen würde. Dieses Bauchgefühl hatte mich noch nie im Stich gelassen, also hörte ich darauf. Zwei Jahre später führte mich der gleiche Drang in die hinterste Reihe einer überfüllten Bibliothek, um den Ausführungen eines CIA-Vertreters über eine Berufslaufbahn zuzuhören, die ich mir für mich selbst nie hätte vorstellen können.

Ich weiß nicht mehr viel von dem, was der Personalreferent an diesem Tag sagte, aber ganz sicher verließ ich diesen Raum nicht mit dem Gefühl, der Typ Mensch zu sein, den die CIA suchte.

Am späten Nachmittag, als ich meine Bewerbung in verschiedene dafür vorgesehene Ordner legte, fiel mein Blick auf einen Kasten im Career Center mit der Aufschrift »CIA: Bewerbungen bitte hier ablegen«. Dieser Kasten war bereits übervoll mit Unterlagen erwartungsvoller Bewerber. Meine warf ich oben drauf. Warum ich das tat, weiß ich nicht, abgesehen davon, dass ich händeringend einen Job suchte. Ich bewarb mich auf alle möglichen Stellen.

Nach ein paar Wochen erhielt ich einen Anruf von einer Frau, die sich als Einstellungskoordinatorin bei der CIA vorstellte. Die Behörde habe meine Bewerbung geprüft und für gut befunden. Nun luden sie mich zu einem persönlichen Gespräch ein.

Ich war sprachlos. *Von all diesen Bewerbungen haben sie ausgerechnet meine ausgewählt? Wie ist das möglich?* Ich bereitete mich tagelang auf dieses Gespräch vor. Nicht vorbereiten konnte ich mich jedoch auf das seltsame Gefühl, das mich überfiel, als ich auf die Tore des massiven, einschüchternden Komplexes in Langley, Virginia, zufuhr.

Ich bog von der Route 123 zum Haupteingang ab und folgte genau der Beschilderung, die die Besucherstraße vom Angestellteneingang trennte. Zaghaft brachte ich meinen Wagen neben dem bewachten Tor zum Stehen, um mich anzumelden, wie man mich angewiesen hatte. Als ich den Sicherheitsbediensteten meinen Ausweis aushändigte, schlug mir das Herz bis zum Hals. Ich dachte an Charlie an den Eisentoren der großen Schokoladenfabrik, wie er sich bereitmacht, in die uneinnehmbare Festung vorzudringen. Wie er hatte ich das goldene Ticket in der Hand, meine Eintrittskarte zu einem Ort, den ich nur aus Filmen kannte. Der schroffe Ton der Sicherheitsbeamten verstärkte noch das deutliche Gefühl, völlig fehl am Platz zu sein; ich drang hier in eine streng geheime Einrichtung ein, zu der ich eigentlich keinen Zugang haben sollte.

Trotz meiner Nervosität verlief das Gespräch drinnen in dem großen Gebäude ausgesprochen gut. Die Frau, die mich befragte, war intelligent und freundlich. Wenig später erhielt ich unter Vorbehalt ein Stellenangebot als Führungsanalystin bei der CIA.

Die Onlinebeschreibung für diesen Posten lautete wie folgt:

> Führungsanalysten ... sind dafür verantwortlich, US-Poli-
> tikern und anderen namhaften Entscheidungsträgern
> Bewertungen und Analysen über führende ausländische
> Politiker und Parlamentarier, Vertreter sowie andere wichti-
> ge Personen in den Bereichen Wissenschaft und Technik,
> Soziales, Kultur, Wirtschaft und Militär zur Verfügung zu
> stellen. Führungsanalyse wird am besten definiert als das
> Untersuchen aller Facetten von Führungspersönlichkeiten,
> einschließlich ihrer psychologischen Anteile. Dieser
> Forschungsbereich, der häufig als Ableger der politischen
> Psychologie angesehen wird, nutzt das Instrumentarium
> der Psychologie, um die Charakterzüge der betreffenden
> Person auszuwerten. Führungsanalysten verwenden diese
> Untersuchung der Psyche zur Analyse der Charakterzüge
> der Führungspersönlichkeit im gesellschaftlichen und
> kulturellen Kontext.[1]

Ich habe keine Ahnung, mit welchen Augen sie meine Bewerbung betrachtet und entschieden hatten, dass ich genau die Richtige für diesen Job sein sollte. Aber andererseits: Was erlaubte ich mir, die CIA infrage zu stellen?

Das Angebot war abhängig vom Bestehen des Lügendetektortests, medizinischer und psychologischer Untersuchungen sowie von Recherchen zu meinem Hintergrund. Irgendwie schaffte ich es, all dies kurz vor meinem Abschluss in meinem Terminkalender unterzubringen.

Im Mai 2000 beendete ich mein Studium in Georgetown mit einem Master des Zentrums für zeitgenössische arabische Studien in der Tasche. In den Schoß gefallen war mir das nicht. Der

Mastertitel wurde in diesem Studiengang nämlich erst nach Bestehen des gefürchteten Arabisch-Sprachtests mit mündlicher und schriftlicher Prüfung verliehen. Aber alle Mühe hatte sich gelohnt – einschließlich der Kopfschmerzen, die mir die arabische Sprache bereitet hatte –, denn ich würde für die CIA arbeiten!

Dachte ich zumindest. Eine Woche vor Arbeitsbeginn fand ich im Briefkasten ein seltsames Schreiben. Es war von der CIA, aber nicht so dick wie die Briefe, die ich sonst von ihnen bekommen hatte. Der Umschlag enthielt einen einzigen Bogen Papier mit einer kurzen Nachricht unter dem Briefkopf: »Sie erfüllen die Anforderungen für diesen Posten bei der CIA nicht mehr.« Sie hatten das Stellenangebot zurückgezogen. Punkt. Keine Erklärung. Einfach so. Vorbei.

Die Gedanken überschlugen sich in meinem Kopf. *Was habe ich falsch gemacht? Warum erfülle ich ihre Anforderungen nicht mehr? Welche Anforderungen meinen sie eigentlich? Was bedeutet das? Womit habe ich mir bloß diese Stelle verscherzt?*

Nach all der Zeit und Mühe, die es mich gekostet hatte, einen Master von Georgetown zu erwerben und mir die Stelle zu sichern, stand ich nun mit einer kalten, unpersönlichen Absage da. Ich war am Boden zerstört.

Vielleicht haben sie ja recht, dachte ich. *Vielleicht bin ich doch nicht die Richtige für die CIA, weil ich dies nicht habe kommen sehen.*

Noch immer unter Schock begann ich am nächsten Tag meine Jobsuche noch einmal ganz von vorne. Ich bewarb mich auf alle nur denkbaren Stellen beim Außenministerium, bei Thinktanks, Interessenverbänden und Nachrichtendiensten im Raum Washington, D. C. Mein Posteingang quoll über von Absagen. Überall schien es Nahostexperten im Überfluss zu geben. Die Organisationen und Behörden, die offene Stellen hatten, suchten Leute mit langjähriger Erfahrung. Es ist das Rätsel, vor dem jeder Neuabsolvent steht: Wie soll man Berufserfahrung sammeln, wenn man nirgendwo eine Chance bekommt?

Um keinen Preis würde ich diesen Lebensabschnitt noch einmal durchleben wollen. Depression und Unsicherheit brachen über mich herein. Meine Chancen auf eine Stelle waren offensichtlich noch genauso gering wie vor fünf Jahren, als ich nach dem Grundstudium in D. C. ankam. Nun hatte ich zwar einen Master von einer Top-Universität in der Tasche, stand aber anscheinend nicht anders als vorher da. Wieder suchte ich nach Zeitarbeitsjobs, und hatte dabei Mitbewerber, die ein College nie gesehen hatten. Mir wurden Jobs als Hilfskraft unter der Leitung von anderen Hochschulabgängern vermittelt, die irgendwie in diese fantastischen Posten hineingerutscht waren. Was hatten diese Neuabsolventen, was mir fehlte? Warum fanden sie eine Stelle und ich nicht?

Jedes Gebet, das ich an Gott richtete, schien ungehört oder unbeantwortet in der Luft zu hängen. In der Stille betete ich: »Gott, wo bist du?« und »Gott, bitte zeige mir, wohin ich gehen soll!«

Keine Antwort.

Die mangelnde Weisung erzeugte in mir ein Gefühl der Leere, der Furcht und der Selbstzweifel, und ich fragte mich, ob Gott mich überhaupt jemals gehört hatte oder ob er mir vielleicht etwas Sagenhaftes vorenthielt. Ich ahnte noch nicht, dass er im Hintergrund längst die Fäden zog und mir den Weg in die Zukunft bereitete.

KAPITEL 2

Das Richtige

Nach einigen Monaten trafen Joseph und ich uns mit Justin, einem Freund, zum Essen. Begeistert erzählte er uns, dass er sich auf eine Stelle bei der CIA beworben habe. Zwar stehe er im Auswahlverfahren noch ziemlich am Anfang, sei aber schon ganz aufgeregt, weil er mit seiner Bewerbung überzeugt und die erste Runde an Vorstellungsgesprächen bereits hinter sich gebracht habe. Die Wunde, die die Absage bei mir hinterlassen hatte, war immer noch frisch. Deshalb fiel es mir schon schwer, diese drei Buchstaben – CIA – überhaupt nur zu hören, ganz zu schweigen davon, einen Freund zu unterstützen, der nichts lieber wollte, als dort zu arbeiten.

Aber es war nicht nur das: Mittlerweile hatte ich eine Stelle bei der Akademie für Bildungsentwicklung gefunden, einer gemeinnützigen Organisation mit Schwerpunkt Bildung, Gesundheit und Wirtschaftsentwicklung in Ländern der ganzen Welt. Meine Aufgabe als Programm-Mitarbeiterin war es, einen Marketingplan für ein nationales Stipendienprogramm auszuarbeiten und durchzuführen. Zwar mochte ich meine neuen Kollegen und fand den Auftrag dieser Organisation durchaus ehrenwert. Aber bald schon hatte ich erkannt, dass ich für diese Stelle nicht die Richtige war. Von Marketing verstand ich zum Beispiel nicht viel. Ich hatte lediglich einen Punkt erreicht, an dem ich einfach nur froh war, dass es beruflich irgendwie weiterging. Und ich bekam die Chance, nach dem Verlust der Stelle als Analystin wieder auf die Füße zu kommen.

Ich muss es Justin zugutehalten: Er wusste, was ich durchgemacht hatte, und zeigte sich durchaus einfühlsam. Außerdem hatte er etwas Interessantes zu erzählen. Er hatte sich nämlich nicht als Analyst beworben – die Position, für die ich bereits eine Zusage gehabt hatte –, sondern als *Operations Officer*.

Bis dahin war mir nicht klar, dass die CIA in mehrere Bereiche aufgeteilt ist, von denen jeder ein eigenes Aufgabenfeld hat. Die CIA, so erklärte er uns, bestehe aus folgenden sogenannten Direktoraten:

- dem Directorate of Operations (das später, von 2005 bis 2015, vorübergehend National Clandestine Service hieß),
- dem *Directorate of Intelligence* (das im Jahr 2015 in *Directorate of Analysis* umbenannt wurde),
- dem *Directorate of Science and Technology sowie*
- dem *Directorate of Support*.

Das *Directorate of Operations* sammle und bewerte Geheiminformationen; das *Directorate of Intelligence* analysiere die Informationen und stelle sie für politische Entscheidungsträger und andere Nutznießer in einen Kontext; das *Directorate of Science and Technology* stelle sicher, dass die Beschaffer von Geheiminformationen über die erforderlichen technischen Werkzeuge verfügten; und das *Directorate of Support* sorge dafür, dass der CIA das erforderliche Personal zur Verfügung stehe, um das gesamte Spektrum von Geheimdiensttätigkeiten abdecken zu können.

Wahrscheinlich hatte ich diese Beschreibung der CIA bereits bei der Informationsveranstaltung in Georgetown gehört. Aber da ich sie nicht mit den Menschen, die von der CIA angeworben werden, in Verbindung brachte, dachte ich nicht groß über ihre Struktur oder Organisation nach. Als ich also meine Bewerbung in den von der CIA aufgestellten Kasten warf und später von der Personalabteilung für die Stelle als Analystin kontaktiert wurde, verfolgte ich bloß diesen Weg. Ich wusste nicht, dass es noch andere Möglichkeiten gab.

»Das Nonplusultra«, sagte Justin, »ist das *Directorate of Operations*.« Zu den Aufgaben der Männer und Frauen in diesem Direktorat gehöre das Identifizieren, Entwickeln, Anwerben und Führen von Quellen, um an geheime Informationen zu gelangen, die für politische Entscheidungsträger in den USA von Interesse seien.

Für mich zumindest war der Gedanke an eine solche Tätigkeit völlig abwegig. Während eine derartig aufregende Aufgabe Justin und Joseph durchaus reizte, konnte ich mich selbst überhaupt nicht in dieser Rolle sehen.

Nachdem Joseph Justins Ausführungen eine Weile zugehört hatte, beschloss er, sich zu bewerben. Er meinte, ich sollte das auch tun, aber nein danke, das wollte ich nicht. Davon abgesehen war es auch gar nicht möglich. In dem Absageschreiben war mir mitgeteilt worden, dass ich mich frühestens in einem Jahr auf andere Stellen bei der CIA bewerben könne. Sechs Monate waren zwar bereits vergangen, aber so schnell wollte ich den ganzen mühsamen Prozess nicht noch einmal von vorne durchlaufen.

Ich war also froh, erst einmal abwarten zu können, wie das Einstellungsverfahren für Joseph und Justin laufen würde.

Joseph reichte seine Bewerbung ein und erhielt beinahe augenblicklich Rückmeldung von der Personalabteilung. Am Telefon musste er einfache Fragen nach seiner Biografie beantworten und erklären, warum er für die CIA arbeiten wolle. Sie müssen mit seinen Antworten zufrieden gewesen sein, denn schon kurze Zeit später bekam er ein Einladungsschreiben zu einer Informationsveranstaltung über das *Directorate of Operations*.

Diese fand in einer Einrichtung im Norden von Virginia mit einer Gruppe von etwa sechzig Kandidaten statt. Ein Referent beschrieb die Tätigkeit eines sogenannten *Undercover Officers*, eines unter einer falschen Identität auftretenden Mitarbeiters, und allgemein die Arbeit im Ausland. Ein anderer beschrieb die drei Haupt-Laufbahnen: *Operations Officer* (OO) <etwa: Operationsoffizier>, *Collection Management Officer* (CMO) <etwa: Offizier im Sammlungs- und Erfassungsmanagement> und *Staff Operations Officer* (SOO) <etwa: Stabsoffizier>. Alle diese Mitarbeiter seien mit der Erfassung und Weitergabe von Informationen aus menschlichen Quellen befasst – manche jedoch unmittelbarer als andere.

Die Personalreferenten baten die Kandidaten, sich genau zu überlegen, welche Laufbahn sie bevorzugen würden, da sie sich vor dem Ende der Veranstaltung für eine Richtung entscheiden müssten. Es kam mir ein wenig verrückt vor, von den Bewerbern zu verlangen, sich so früh festzulegen, noch bevor irgendjemand eine genaue Vorstellung davon haben konnte, welche Stelle zu ihm passen könnte. Aber noch einmal: Was erlaubte ich mir, die CIA infrage zu stellen?

Sie erklärten auch, dass der Einstellungsprozess lang sei und die Kandidaten sehr genau unter die Lupe genommen würden. Schließlich müssten die Personalverantwortlichen sicher sein, nur Leute mit dem erforderlichen Hintergrund, der entsprechenden Erfahrung und dem für die Stelle am besten geeigneten Persönlichkeitsprofil einzustellen.

Die CIA legt nämlich Wert auf eine seltsame Kombination von Eigenschaften: Sie wollen ehrliche Leute, die aber lügen können. Sie wollen Leute, die noch nie das Gesetz gebrochen haben, aber dazu bereit sind. Denn wer für einen Geheimdienst im Ausland tätig ist, bricht zwangsläufig die Gesetze des betreffenden Landes. Sie wollen authentische, offene Leute, die aber gleichzeitig in der Lage sind, andere zu manipulieren. Sie wollen Leute, die gut im Team arbeiten, aber auch Operationen allein ausführen können, denn meistens ist man auf sich selbst gestellt. Sie wollen Leute, die sorgfältig vorausplanen, aber gleichzeitig blitzschnell auf eine veränderte Situation reagieren können.

Kurzum, die CIA sucht den wandelnden Widerspruch.

Der Anwerbe- und Prüfprozess ist auch deshalb so intensiv, weil die Personalabteilung komplex denkende Menschen sucht, denen höchst sensible nationale Aufgaben anvertraut werden können. Außerdem hat ein Geheimdienstmitarbeiter keinen Achtstundentag. Verdeckt zu arbeiten, ein geheimes Leben zu führen und seinen wahren Auftrag vor den meisten Menschen nicht preisgeben zu dürfen, ist ein Vollzeitjob im wahrsten Sinne des Wortes. Die Tätigkeit für einen Geheimdienst fordert die ganze Person und verlangt ihr im Dienst an einer höheren Sache Opfer ab. Das ist kein Abenteuer, in das man sich halbherzig stürzen könnte.

Agenten leben nicht nur ihre falsche Identität, sie müssen auch in der Lage sein, sie zu *verteidigen*. Ihr Leben, ihre Arbeit und ihr Wohlergehen hängen davon ab, ob ihnen dies überzeugend gelingt. Sie müssen also mit dem damit verbundenen Druck umgehen können. Ihre Identität zu verteidigen heißt, Fragen über sich selbst und ihren Beruf beantworten zu können, ohne Verdacht zu erregen oder Zweifel an ihrer Identität oder ihren Absichten zu wecken. Solche Fragen können von allen möglichen Leuten gestellt werden: von Angehörigen, Freunden und zufälligen Beobachtern bis hin zu möglicherweise feindselig gesinnten Kreisen wie ausländischen Regierungen, Sicherheitsdiensten, der Polizei, verdeckten Ermittlern oder feindlichen Gruppen.

Um geschickt Auskunft zu ihrer Identität, ihrem Beruf, ihrer Tätigkeit, ihren Verbindungen oder Reisen geben zu können, müssen Agenten in der Lage sein, schnell und entschlossen zu reagieren. Sie müssen klug und kreativ sein. Auf keinen Fall dürfen sie sich anmerken lassen, wenn sie durch Fragen beunruhigt sind. Vor allem aber müssen sie selbstbewusst und freundlich auftreten. Unter den schwierigsten Umständen ruhig zu bleiben, ist jedes Mal aufs Neue das A und O. So wichtig Vorbereitung und konsequentes Handeln auch sind, werden Geheimdienstmitarbeiter immer wieder in Situationen kommen, auf die sie nicht gefasst sind. Trotzdem müssen sie angemessen reagieren.

CIA-Agenten müssen lernen, sich normal zu geben und den Anschein zu wecken, als sei »alles im grünen Bereich«, auch wenn sie gerade etwas tun, das unbeteiligten Zuschauern zweifelhaft vorkommen müsste. Als ich selbst Agentin geworden war, musste ich während einer Übung für eine andere Regierungseinheit einmal die Rolle einer Quelle spielen, die möglicherweise von einer Terrorgruppe bedroht war.

Die an der Übung teilnehmenden Studenten wurden angewiesen, mich konsequent zu überwachen, um die Wahrheit herauszufinden. Stundenlang ließen sie mich meilenweit an alle möglichen Orte laufen, um festzustellen, ob mir irgendwelche Schurken zum Ort des Treffens auf den Fersen waren. Um sicherzugehen, dass ich nicht verdrahtet war, gaben die Studenten mir über mein Handy Anweisung, mein T-Shirt hochzuheben, meinen Bauch zu zeigen und mich dabei im Kreis zu drehen. Vermutlich waren sie in einer Garage vierzig oder fünfzig Meter vor mir versteckt und versuchten gerade mit einem Fernglas zu sehen, ob ich verdrahtet war oder verfolgt wurde. Diese Anweisung hätte mich nicht gestört, wäre ich allein auf weiter Flur gewesen. Ich befand mich aber in einem Park – noch dazu auf einem vielbegangenen Weg. *Wie soll ich das anstellen, ohne mich total zum Affen zu machen oder bei Unbeteiligten Verdacht zu erregen?* Das war hier die Frage.

Schnell hob ich mein T-Shirt hoch, um meinen Bauch zu zeigen. Dabei tanzte ich im Kreis herum und heulte: »Ahhh! Weg mit dir, du blöde Biene! Fort, fort mit dir!« Keiner nahm Notiz davon.

Hier war in einem kurzen Einsatzszenario schnelle Reaktion gefragt. Bei unerwarteten Zwischenfällen einen kühlen Kopf zu bewahren, ist ein kritischer Punkt bei dieser Arbeit.

Während ihrer ganzen Laufbahn sind die Mitarbeiter im *Directorate of Operations* dem Druck ausgesetzt, ihre Tarnung wahren zu müssen. Dies endet aber auch nicht, wenn sie die CIA verlassen: Selbst Agenten, die aus der CIA ausscheiden, sind gesetzlich weiterhin verpflichtet, ihre falsche Identität zu schützen und die Geschichten, die sie erzählt haben, aufrechtzuerhalten, solange sie von dieser Verpflichtung nicht ausdrücklich befreit sind. Sich zu enttarnen, erfordert eine spezielle Genehmigung.

Diese Belastung ist aber nicht die einzige. Wer sich für eine solche Laufbahn interessiert, muss sich auch darüber im Klaren sein, dass die Arbeit für einen Geheimdienst gefährlich ist. In vielen Ländern dieser Welt ist das Anwerben und Führen von Spionen eine riskante Angelegenheit. Nicht jeder hält dem Druck stand, illegale Aktionen vor den Augen ausländischer Sicherheitsdienste auszuführen, die aktiv versuchen, Spione zu enttarnen – und schließlich festzunehmen – und CIA-Operationen zu durchkreuzen.

Geheimagenten wissen, was im schlimmsten Fall passieren kann und sind darauf geschult, Risiken zu minimieren. Sie fixieren sich zwar nicht ständig auf das, was schiefgehen könnte, aber wenn sie auf feindlichem Gebiet auffliegen, könnte es sein, dass sie wegen ihrer Aktivitäten und Verbindungen im Gefängnis landen oder sogar getötet werden. Im besten Fall würden sie festgenommen, befragt und des Landes verwiesen. Dank der minutiösen Vorbereitung jeder Operation – und sei sie auch noch so klein – sind solche Zwischenfälle jedoch selten. Die Kandidaten müssen sich aber bewusst sein, dass dies kein Spiel ist. Diese Bedrohungen sind sehr real und die Aufträge können lebensgefährlich sein.

Während des ganzen Einstellungsprozesses werden die Bewerber auf Herz und Nieren geprüft, denn die CIA muss sicherstellen, dass sich keine Feinde der Vereinigten Staaten in die Reihen der Geheimagenten mischen. Joseph erzählte mir später, dass bei diesem ersten Treffen ein Personalreferent, der den größten Teil seiner Laufbahn im Nahen Osten verbracht hatte, der Gruppe halb im Scherz gesagt habe: »Unseres Wissens ist es nicht ausgeschlossen, dass hier ein al-Qaida-Mitglied in unserer Mitte sitzt.«

Als dem Einzigen im Raum, der aus dem Nahen Osten stammte, war Joseph in diesem Moment mulmig zumute. Er hoffte, niemand würde ihn anschauen und sich fragen, ob er wohl ein Terrorist sei oder für einen ausländischen Geheimdienst arbeite.

Am Ende der Veranstaltung füllten die Bewerber ein Formular aus, in dem sie ihr Interesse an einer Laufbahn bei der CIA bestätigten. Jeder Kandidat musste sich für eine der drei Richtungen entscheiden, die im Vortrag beschrieben wurden. Joseph kreuzte ein Kästchen an, gab das Formular ab, kam nach Hause und erzählte mir alles. Er war ganz aufgeregt.

Mir hingegen war die Sache nach wie vor nicht geheuer. Jemand wie Joseph war bei der CIA bestimmt am richtigen Platz. Er war intelligent, selbstbewusst und in der Welt herumgekommen. Schon oft hatte er selbst unter widrigsten Umständen seinen Mut bewiesen. Ich hatte zwar meinen Abschluss in der Tasche und ein paar einzelne Auslandseinsätze hinter mir, aber entschlossenes Handeln war mir nicht unbedingt in die Wiege gelegt. Mein Augenmerk lag mehr auf Menschen. All die Spione, die ich bisher im Fernsehen oder in Filmen gesehen hatte, waren abgebrüht, pragmatische Typen gewesen. Ich war empfindsamer und eher ein Beziehungsmensch. Deshalb war ich mir nicht so sicher, ob ich für eine solche Tätigkeit geschaffen war.

Einige Wochen später wurde Joseph im weiteren Verlauf des Einstellungsprozesses für drei Tage zu Gesprächen eingeladen. Hier lernte er eine Personalreferentin namens Jill kennen. Jill befragte Joseph stundenlang, um sich ein Bild von ihm zu machen, und stellte ihm Fragen wie: »Warum wollen Sie für die CIA arbeiten?«

Ich persönlich bin davon überzeugt, dass die Antworten der Kandidaten auf diese Frage sehr viel über ihr Verständnis von den

Anforderungen und über ihre Motivation aussagen. Zum Beispiel zeigt die Antwort »Weil ich gut mit einer Waffe umgehen kann«, dass der Bewerber keine realistische Vorstellung vom Auftrag der CIA und ihrer Tätigkeit hat. Es geht nicht um einen Posten im Gesetzesvollzug.

Joseph antwortete ganz anders: »Da ich im Nahen Osten geboren bin und meine prägendsten Jahre dort verbracht habe, verstehe ich, welche Bedrohung der islamische Extremismus für die Welt darstellt. Als junger Christ habe ich unter den Extremisten in meiner Heimatstadt gelitten. Vor diesem Hintergrund glaube ich, ein tiefes Verständnis vom Islam und von Extremismus zu haben, und bin überzeugt, dass ich zur Sicherheit der Vereinigten Staaten beitragen kann. Als Neueinwanderer schätze ich die Freiheit, für die dieses Land steht. Viele Amerikaner sehen sie als selbstverständlich an. Ich nicht. Mir wäre es eine Ehre, diese Freiheiten zu verteidigen, denn ich weiß, wie es ist, sie nicht zu haben. Außerdem spreche ich Arabisch und sehe wie ein Einheimischer aus ... Ich kann mich einfügen, ohne aufzufallen.«

Irgendwann im Verlauf des Gesprächs erwähnte Joseph, auch seine Ehefrau kenne den Nahen Osten gut und habe einen Master in arabischen Studien. Dies ließ Jill *wirklich* aufhorchen. Nachdem sie ihm einige Fragen über mich und meinen Hintergrund gestellt hatte, sagte sie, auch ich wäre sicherlich eine gute Kandidatin für den Geheimdienst. Sie bat Joseph, mir das weiterzugeben. Falls ich Interesse hätte, sollte ich mich *sofort* bewerben.

Als Joseph mir erzählte, wie interessiert sich Jill an mir gezeigt habe, war ich unsicher. Immerhin hatte die CIA mich schon einmal abgewiesen und ich hatte keine Ahnung, warum. Trotzdem – Joseph hatte beste Aussichten, genommen zu werden, und ich musste zugeben, dass der Gedanke, Seite an Seite mit ihm zu arbeiten, tatsächlich etwas Reizvolles hatte. Deshalb schlug ich meine Bedenken in den Wind und bewarb mich ein zweites Mal. Ein Versuch konnte nicht schaden. Schlimmstenfalls würde ich eben wieder eine Absage bekommen.

Sobald ich meine Bewerbung eingereicht hatte, informierte Joseph Jill darüber. Nach einigen Wochen klingelte das Telefon. Es war eine Dame von der Personalabteilung des *Directorate of Operations*, die mir ein paar Fragen stellen wollte. Ich traute meinen Ohren nicht. *Hätte ich mich nicht frühestens nach einem Jahr wieder bewerben dürfen? Was genau hat Joseph dieser Frau über mich erzählt?*

Die Dame war überraschend freundlich und umgänglich. Sie stellte mir verschiedene Fragen, um mein Wissen über internationale Angelegenheiten auf die Probe zu stellen. Erstaunlicherweise bestand ich ihren Test und wurde zu einer kleinen Zusammenkunft an einen öffentlichen Ort eingeladen. Dort würde ich mehr über den Einstellungsprozess erfahren. Es war eine ähnliche Veranstaltung wie die, die Joseph vor einem oder zwei Monaten besucht hatte.

Die Referenten erklärten, sie suchten Männer und Frauen mit einer großen Wissbegierde über die Welt. Sie wollten viel bereiste, abenteuerfreudige Leute mit guten Fremdsprachenkenntnissen, die im Ausland studiert haben. Insbesondere aber legten sie Wert auf Menschen mit emotionaler Intelligenz, Menschenkenntnis und einer Antenne für die Persönlichkeit sowie die Stimmungen, Motivationen und Gefühle anderer.

Ich fiel fast vom Stuhl. Noch nie hatte ich eine so ungewöhnliche Stellenbeschreibung gehört. Mir war, als beschrieben sie mich – eins zu eins. Wie ein Schulkind, das aufspringt und ungeduldig den Finger in die Luft streckt, hätte ich am liebsten laut gerufen: »Ich! Ich! Ich! Das bin ich!«

Ich hatte schon immer eine ausgeprägte Menschenkenntnis besessen. Es reicht nicht zu wissen, *was* jemand tut, man muss auch verstehen, *warum* er oder sie es tut. Ich habe einen Instinkt dafür, die Werte von Menschen zu durchschauen, ihre Stärken und Schwächen festzustellen und ihr Verhalten zu deuten. Menschen sind komplizierte Wesen und ich brenne darauf, sie zu verstehen, weil mir das hilft, das Leben zu verstehen. Es lässt mich im Chaos eine Ordnung erkennen.

Von klein auf lag Empathie in meinem Wesen. Als ich in der dritten Klasse war, bekamen wir mitten im laufenden Schuljahr einen neuen Mitschüler namens Joey. Aus Joeys Hochwasserhosen und strähnigen Haaren schloss ich, dass er aus armen Verhältnissen stammen musste. Seine Kleidung war schmutzig und er roch, als würde er sich nicht regelmäßig duschen oder baden. Er war schüchtern und in sich gekehrt. Traurigkeit lag in seinem Blick. Joey brauchte eindeutig einen Spielkameraden. Aber ich war ein Mädchen und schließlich gingen wir in die dritte Klasse. Jemand hätte auf die Idee kommen können, wir hätten aneinander Gefallen gefunden, und das wäre unvorstellbar peinlich gewesen.

Niemand von den anderen Kindern wollte etwas mit Joey zu tun haben, deshalb versuchte ich, einen Jungen aus meinem Freundeskreis zu überzeugen, hier einzugreifen.

»Ben, du kennst doch Joey, den Neuen, oder nicht? Magst du nicht in der Pause mit ihm spielen? Ich glaube, er braucht einen Freund. Ich würde es ja selbst machen, aber ich bin ein Mädchen.«

An diesem Nachmittag brachte Ben Joey widerwillig mit in die Spielgruppe und zum ersten Mal beobachtete ich, dass Joey sich wohlfühlte. Ich war sehr erleichtert, dass er nicht mehr traurig in einer Ecke sitzen musste.

Die gleiche Sorge um das Wohlergehen und die Gefühle von anderen trat auch zu Hause immer wieder zutage. Wenn meine Eltern sich stritten, schrieb ich immer eine Liste mit Dingen, die jeder von ihnen tun könnte, um den Erwartungen des anderen gerecht zu werden. Ich wollte unbedingt, dass sie gut miteinander auskommen und sich besser fühlen. Wenn ich die Liste dann meinen Eltern vorlegte, waren sie immer sehr betroffen, dass ein zehnjähriges Mädchen hier versuchte, ihnen zu helfen, ihre Probleme zu lösen. Aber genau das tat ich. Es lag einfach in meiner Natur.

Ich entwickelte auch ein Gefühl für Körpersprache. Sobald zum Beispiel meine Mutter nach der Arbeit ihren Wagen geparkt hatte und zur Tür hereingekommen war, sah ich ihr innerhalb von Sekunden an, ob sie einen guten oder einen schlechten Tag gehabt hatte. Die Art, wie sie ihre Taschen trug und wie sie atmete, und der Ton, mit dem sie uns begrüßte, sagten mir alles. Ich liebte meine Mutter und mit ihrem Verhalten und ihren Gefühlen war sie mir so vertraut wie ich ihr.

Nie hätte ich gedacht, dass diese Fähigkeit, andere Menschen zu durchschauen und zu verstehen, einmal die Grundlage für eine Laufbahn bei einem Geheimdienst sein würde. Die Charakterzüge, die ich immer als Schwächen betrachtet hatte, wurden hier tatsächlich als Stärken wahrgenommen – ausgerechnet von der CIA!

Während der ganzen Informationsveranstaltung warfen die Personalreferenten mit Worten wie Spionage oder Manipulation um sich und forschten dabei in ihrem Publikum nach Anzeichen von Furcht. Sie ließen keinen Zweifel daran, dass dies kein Spiel war. Es war ganz real. Wir würden dazu angestellt, andere zu manipulieren, um an kritische Informationen zu gelangen.

Eine Referentin starrte uns mit finsterem Blick an und erklärte: »Geheimdienstmitarbeiter werben Spione an, damit diese ihr Land ausspionieren oder sich gegen andere Mitglieder ihrer Rebellengruppe wenden. Wenn dies für Sie nicht denkbar ist, wenn dies gegen Ihre Werte, Ihre Moral oder einfach gegen Ihre Persönlichkeit geht, dann ziehen Sie Ihre Bewerbung bitte zurück.«

Einige standen daraufhin auf, verließen den Raum und kamen auch nicht mehr zurück.

Seltsamerweise schreckte mich die Erklärung der Referentin gar nicht ab. Worte wie *Spionage* wecken normalerweise ausgesprochen negative Assoziationen, mir aber erschienen sie unter bestimmten Voraussetzungen als vertretbar. Für mich rechtfertigt der Zweck die Mittel, wenn das Handeln im besten Interesse aller an der Transaktion Beteiligten steht.

Mit anderen Worten: Meine Motive sind entscheidend. Ich hätte kein gutes Gefühl, wenn ich versuchen würde, jemanden zu einem bestimmten Handeln zu überreden, wenn ich dies mit bösen Absichten täte. Wenn ich jedoch eine Möglichkeit finde, ehrlich und offen auf jemanden einzuwirken (unbestritten eine der wirksamsten Verkaufsmethoden), dann sehe ich keinen Widerspruch zwischen meinen Werten und den Anforderungen meiner Aufgabe.

Für mich bedeutete Manipulation, dass ich meine Überzeugungskraft nutzen würde, um die Gedanken und das Verhalten einer anderen Person zu beeinflussen. Ich würde mich bemühen, an etwas zu gelangen, das ich von ihm oder ihr brauchte. Dies erforderte eine Strategie und die Absicht, bestimmte Ziele zu erreichen.

Diese Fähigkeiten sind in vielen Berufen gefragt. Genau dies tun auch Verkäufer, Marketingfachleute, Immobilienmakler, Geschäftspartner und Diplomaten. Der entscheidende Unterschied ist, dass bei der CIA wesentlich mehr auf dem Spiel steht. Es geht um mehr als nur Verkaufsboni oder Reingewinne. Ein Ehepaar kauft einem Verkäufer den Toyota, für den es sich interessiert hatte, doch nicht ab, Verhandlungen scheitern und Geschäfte platzen, der potenzielle Kunde entscheidet sich für einen anderen Händler. Was sind solche Situationen schon im Vergleich zu den Szenarien in der Welt der Terror- und Spionageabwehr, in denen es um Leben oder Tod geht?

Wichtig zu erwähnen wäre noch, dass die Referenten damit nicht sagen wollten, dass wir grundsätzlich Menschen manipulieren sollten. Sondern es ging ihnen lediglich darum, dass wir die emotionale Reife haben sollten, zu entscheiden, in welchen Situationen diese Fähigkeit gefragt ist.

CIA-Mitarbeiter müssen sich weise verhalten und sich der Risiken bewusst sein. Sie müssen die Spielregeln kennen. Aber es handelt sich nicht um eine eigennützige Übung; Geheimagenten sollten weder mit ihren Fähigkeiten hinter dem Berg halten noch ihr Geschick im Umgang mit Menschen für negative Ziele nutzen. Anders als es Filme uns glauben machen wollen, ist Erpressung für die CIA keine Option. Auch wird niemandem der Arm verdreht, niemand bedroht oder eingeschüchtert, um ihn zur Mitarbeit zu zwingen. Diese Art der Manipulation kommt nicht infrage. Das Vorgehen der CIA ist wesentlich subtiler.

Während die Referenten noch redeten, machte ich mir ein Bild vom Auftrag des Geheimdienstes und konnte mich plötzlich sehr gut in einer solchen Rolle sehen. Zweifellos waren die Erfahrungen der Christen im Nahen Osten, die bereits von der Muslimbruderschaft, vom ägyptischen islamischen Dschihad und al-Qaida verfolgt wurden, erst der Anfang. Nachdem ich genau wusste, wie diese Anschläge abliefen und welche Ideologie dahinterstand, war mir klar, was auf den Westen zukam.

Die von Terroristen im Nahen Osten ausgehende Bedrohung war enorm. Sie beschränkten sich längst nicht mehr auf lokale Ziele wie Militärstützpunkte, die Polizei oder Sicherheitsdienste, sondern hatten auch US-Ziele im In- und Ausland in den Blick genommen. Al-Qaida hatte durch ihre Angriffe auf die US-Botschaften in Nairobi und Daressalam 1998 und auf die USS *Cole* im Jemen im Jahr 2000 ihre globalen Ambitionen als internationale Terrororganisation bereits aller Welt gezeigt. Wir befanden uns eindeutig im Visier der Terroristen.

Der Gedanke, bei der Terrorbekämpfung mitzuwirken, machte mir keine Angst, nein, ich fand ihn aufregend. Ich war schon immer stark patriotisch eingestellt. Und ich bin äußerst loyal. Natürlich würde dies kein leichter Kampf werden, das war klar. Und wenn Worte wie *Manipulation* manchen Leuten in diesem Raum Furcht einflößten, dann waren diese in der Terrorbekämpfung ganz eindeutig fehl am Platz.

Es gibt vieles, was mich einschüchtert, aber ich hatte kein Problem mit den Erklärungen der Referenten. Die Beschreibungen dessen, was CIA-Geheimagenten für ihr Land tun sollen, schreckten mich nicht ab. Ganz im Gegenteil, ich wurde ganz kribbelig vor Aufregung und konnte mich fast nicht mehr auf meinem Stuhl halten. Die Referenten redeten Klartext und ließen mir kaum eine Denkpause. Ich wäre auf jeden Fall dabei, wenn sie mich nehmen würden – ja, *wenn!*

Drei Wochen nach dieser Informationsveranstaltung erhielt ich einen unerwarteten Anruf von einer anderen Personalreferentin. Leider verlief das zweite Gespräch nicht so gut wie das erste. Die Dame fragte mich, über welchen Teil der Welt ich am besten Bescheid wüsste. Ohne zu zögern antwortete ich stolz: »über den Nahen Osten!«

»Großartig!«, entgegnete sie. »Dann frage ich Sie etwas über Lateinamerika.« *(Oh weh!)* Ich wusste so gut wie nichts über meine südlichen Nachbarn. Zwar hatte ich versucht, mir aus Zeitungsartikeln ein wenig Kenntnisse über Zentral- und Südamerika anzulesen, das hatte mich aber schnell gelangweilt und ich hatte mich wieder Afrika und dem Nahen Osten zugewandt.

Dann fragte sie mich nach dem Namen des Mannes, der kürzlich in einem lateinamerikanischen Land zum Präsidenten gewählt wurde, und erinnerte mich daran, dass er haushoch gewonnen habe. Oh wie peinlich! – Ich hatte keine Ahnung. Ich stockte. Ich stotterte und druckste herum in der Hoffnung, mir würde auf wundersame Weise ein Licht aufgehen. Nachdem ich schließlich eine falsche Antwort gegeben hatte, entschuldigte ich mich bei der Personalreferentin und sagte: »Ich möchte nicht, dass Sie glauben, ich wüsste nichts über das Weltgeschehen. Lateinamerika ist nur nicht gerade mein Schwerpunkt.«

Meine Vorstellung war ein kompletter Reinfall. Ich bereute es zutiefst, dass ich auf diese Fragen überhaupt nicht vorbereitet gewesen war, und zermarterte mich mit Selbstvorwürfen. *Das war noch nicht einmal schwierig! Ich hätte einfach mehr Zeitung lesen sollen! Ich hätte den Economist von vorne bis hinten verschlingen sollen! Ich hätte die Rubrik Lateinamerika nicht immer überspringen sollen!* Aber was nützte das schon. Es war zu spät. Ich hatte meine Chance verspielt.

Trotz meiner festen Überzeugung, dass das Kapitel CIA für mich endgültig abgeschlossen war, erhielt ich einen Monat später wieder einen Anruf. Als ich den Zweck dieses Telefonats erfuhr, konnte ich es kaum fassen – ich hatte tatsächlich die nächste Stufe erreicht und wurde zu ausführlichen Bewerbungsgesprächen sowie zu dreitägigen körperlichen und psychologischen Untersuchungen eingeladen. Ich war sprachlos. *Wie kann es sein, dass sie mich nach dem verpatzten Telefonat noch nicht ausgesiebt haben?* Aber ich hütete mich, diese Frage zu stellen. Ich nahm das Angebot einfach an und vereinbarte einen Termin.

Nach einigen Wochen fuhr ich zu einem mehrstündigen Vorstellungsgespräch in eine CIA-Außenstelle. Schon die Länge unserer Unterhaltung gab der Personalreferentin reichlich Zeit, sich ein Bild von mir zu machen. Dabei stellte ich fest: Je länger man befragt wird, desto schwieriger ist es, Schwächen oder ungewöhnliche Charakterzüge vor potenziellen Arbeitgebern zu verbergen.

Trotz meiner Aufregung fühlte ich mich wohl in meiner Haut. Es fällt mir einfach leichter, mündlich zu überzeugen als in schriftlichen Bewerbungen. Im Gespräch kann ich mich am besten ausdrücken und mit möglichen Arbeitgebern in Verbindung kommen. Die Kompetenzen, die ich auf meinen Reisen und im Studium erworben hatte, gaben mir Selbstvertrauen und mich begeisterte der Gedanke, für die US-Regierung zu arbeiten. Wie die meisten Menschen wirke ich in der persönlichen Begegnung wesentlich interessanter als auf dem Papier. Ich wollte meinem Gegenüber zeigen, wer ich wirklich war.

Alles lief reibungslos, bis die Dame erklärte, sie wolle nun in ein paar Rollenspielen herausfinden, wie spontan ich reagieren könne. Sie wusste, dass der Nahe Osten mein Spezialgebiet war, und bat mich, ein Land in dieser Region zu wählen. Aus irgendeinem unerfindlichen Grund nannte ich eines, in dem ich noch nie gewesen war und über das ich aus dem ganzen Nahen Osten am wenigsten wusste.

»Saudi-Arabien«, platzte ich heraus. *Was? Was habe ich da gerade gesagt? Wie bin ich denn darauf gekommen?*

Natürlich, meine Partnerin im Rollenspiel musste ausgerechnet eine Expertin in Sachen saudi-arabische Geschichte und Kultur sein. Ich kenne mehrere Länder dieser Region wie meine Westentasche, aber nein, ich musste mir dieses gar nicht so zauberhafte Königreich aussuchen. Innerlich hätte ich mich am liebsten geohrfeigt und hoffte inständig, sie würde nicht merken, wie wenig ich über Saudi-Arabien wusste. Ob dieses Rollenspiel wohl wieder genauso laufen würde wie das Telefongespräch, in dem ich mich mit meinen mangelnden Kenntnissen über Lateinamerika so hoffnungslos blamiert hatte?

Aber Gott sei Dank brachte ich es ohne Probleme hinter mich. Ich schaffte es, schnell zu denken und zu reagieren, und verhielt mich selbstbewusst und zeigte Fingerspitzengefühl. Das Rollenspiel war also alles andere als ein Minuspunkt, sondern der Abschluss eines gelungenen Gesprächs. Als ich den Raum verließ, hatte ich das Gefühl, die Personalreferentin hatte mich bis in die Tiefen meiner Persönlichkeit kennengelernt. Ich hatte mich gut präsentiert. Nun wusste die Dame genau Bescheid über mein Leben, meine Persönlichkeit, meine Kenntnisse und Vorlieben und konnte fundiert entscheiden, ob ich für den Geheimdienst geeignet war oder nicht. Das wusste ich natürlich nicht, aber ich hoffte es.

Nachdem ich über mehrere Tage Persönlichkeitstests und psychologische Tests durchlaufen hatte, saß ich einem Psychologen gegenüber, der das Gespräch sehr ungewöhnlich eröffnete. Wohlgemerkt, damals hielt ich die CIA für einen allwissenden, allmächtigen Apparat und war deshalb äußerst eingeschüchtert. Der Arzt erklärte mir: »Michele, aus Ihren Antworten im psychologischen Test konnten wir schließen, dass Sie entweder lügen oder Psychopathin sind.«

Was? Ich schluckte schwer. *O Herr, wie soll ich denn darauf reagieren? Was soll ich sagen?* Keine der beiden Behauptungen konnte ich in irgendeiner Weise stehen lassen.

»Hm, ich habe ganz bestimmt *nicht* gelogen«, entgegnete ich. »Ich fand nur manche Fragen schwierig zu beantworten, weil sie unklar gestellt waren; ich würde sie je nach Situation oder Umständen unterschiedlich beantworten.«

Er starrte mich eine gefühlte Ewigkeit an. Mein Herz schlug bis zum Hals und ich bekam vor Aufregung feuchte Hände. Im Verlauf des Gesprächs gelang es mir nicht mehr, das Ruder herumzureißen. Es war ein Reinfall. An die Themen erinnere ich mich nicht mehr. Ich weiß nur noch, dass ich es gar nicht erwarten konnte, endlich von diesem Stuhl aufzustehen. Kaum hatte der Psychologe mich entlassen, floh ich buchstäblich aus seinem Büro. Diesmal war ich mir ganz sicher, dass er meine Bewerbung mit einem dicken Kreuz versehen und mich endgültig ausmustern würde. Bis heute weiß ich nicht, ob er einfach einen schlechten Tag hatte oder ob hinter diesem Wahnsinn Kalkül stand. Aus welchem Grund auch immer war ich tatsächlich noch im Rennen, wie ich nach Monaten herausfand

Der nächste Schritt war ein Lügendetektortest. Ich muss eine Erklärung vorausschicken. Zu behaupten, ein Lügendetektortest sei *keine große Sache,* ist eine *dicke, fette* Lüge – es sei denn, man ist wirklich ein Psychopath, was ich eindeutig nicht bin. Da soll ich ruhig bleiben, während mein Körper an ein Furcht einflößendes Gerät mit jeder Menge Drähten, Finger-Clips und Sensoren angeschlossen wird. Da soll ich einen klaren Kopf behalten und mich entspannen, während auf die Frage, ob ich schon jemals gelogen oder geschummelt hätte, unweigerlich alle Sünden, die ich in meinem ganzen Leben begangen habe, wie ein Film vor meinem inneren Auge ablaufen. Da soll ich mich konzentrieren und einfach nur die Frage beantworten, und mein einziger Gedanke ist: *Ich bin ein sündiger Mensch. Ich habe in meinem Leben schon viele Fehler gemacht. Was habe ich nur vergessen zu beichten?*

An diesem Punkt scheitern alle ernsthaften Katholiken, evangelikalen Christen, Mormonen und anderen konservativ denkenden Gläubigen kläglich. Denn wir wissen – wie man uns jahrzehntelang gepredigt hat –, dass jede Sünde, die wir in unseren Herzen oder Gedanken bewegt haben, so viel wiegt, als hätten wir sie tatsächlich *begangen*. Wir fühlen uns angesichts unserer Übertretungen so schuldig, dass der Lügendetektor völlig verrücktspielt und es so aussieht, als hätten wir gerade kurz vor dem Test im Warteraum jemanden gefoltert oder umgebracht. Für Menschen wie uns ist dieser Test die Hölle. Aber es führt kein Weg daran vorbei. Ironischerweise ist der Lügendetektor gerade für Menschen mit ausgeprägtem Gewissen das wirksamste Folterinstrument. Alles andere ist nichts dagegen.

Und doch überstand ich die Prozedur. Nach mehreren Anläufen erklärte der Prüfer schließlich, ich hätte bestanden. Trotz meiner unrühmlichen Vorstellung am Telefon, meiner Kämpfe mit dem Lügendetektor und des gescheiterten Gesprächs mit dem Psychologen wurde mir von der CIA eine Stelle im *Directorate of Operations* angeboten. Es war *tatsächlich* passiert. Auch wenn ich jahrelang den Verdacht nicht losgeworden war, die Dümmste in ganz D. C. zu sein, war ich offenbar genau so, wie ich sein sollte. Es schien, als hätte ich endlich meine Nische gefunden.

Was aber das Beste war: Während ich noch das Einstellungsverfahren durchlief, hatte Joseph bereits eine Zusage für das *Directorate of Operations* erhalten und seine Ausbildung als Geheimagent begonnen. Wir waren zwar leider nicht in der gleichen Gruppe, da ich mich später beworben hatte. Aber wir hatten beide den Spießrutenlauf erfolgreich hinter uns gebracht. Joseph und Michele Assad – Geheimagenten in Ausbildung.

Nach Jahren erfuhr ich, dass die Absage meiner Stelle als Analystin eine bedeutungslose Formsache gewesen war. Ich hatte nichts getan, womit ich mir meine Anstellung verscherzt hätte. Das *Directorate of Intelligence* hatte nur einfach mehr Personen angeworben, als Stellen zur Verfügung standen, unter der Annahme, dass einige der Kandidaten die Recherchen nach der persönlichen Vorgeschichte, den Lügendetektortest, den Drogentest oder andere Teile des Einstellungsprozesses nicht bestehen würden. Nachdem die Untersuchung meiner Vorgeschichte länger gedauert hatte als bei anderen, waren diese Stellen bereits vergeben und ich hatte den Kürzeren gezogen. Ärgerlich musste ich erkennen, dass ich mich ohne Grund von dem Absageschreiben so sehr hatte niederdrücken lassen. Ich hatte mich so beschämt und zurückgewiesen gefühlt. Dabei war es gar nicht meine Schuld gewesen.

Aber das Interessante daran ist: Wäre alles glatt gegangen und hätte ich die Stelle als Analystin tatsächlich angetreten, hätte ich meine Berufung in das *Directorate of Operations* verfehlt, wo meinen Gaben und meiner Persönlichkeit viel besser entsprochen wird. In der CIA ist es nicht vorgesehen, von einem Direktorat in ein anderes zu wechseln. Wenn man einmal die Arbeit in einem aufgenommen hat, dann bleibt man dort. Ich hätte nicht im *Directorate of Intelligence* beginnen und später Geheimagentin werden können. Vereinzelt haben Mitarbeiter diesen großen Sprung zwar schon geschafft, es ist aber äußerst schwierig und nur unter Einmischung von höheren Führungskräften hin überhaupt möglich. Es braucht Jahre, wenn man sich als Analyst erst einmal einen Namen gemacht hat. Einfacher ist es, als Neuling einzusteigen, als von einem Direktorat in ein anderes zu wechseln.

Wäre ich Analystin geworden, wäre mein Leben ganz anders verlaufen. Ich hätte nicht die nächsten zehn Jahre in Übersee verbracht. Ich hätte im Kampf gegen den Terror nicht an der Frontlinie gestanden. Ich wäre nicht an der Sammlung von Geheiminformationen und an Operationen beteiligt gewesen, die vielen Menschen das Leben gerettet haben. Ich wäre keine Spezialistin für Terror- und Spionageabwehr geworden. Ich hätte die Fülle meiner Gaben nicht entdeckt. Damals wusste ich nichts von alledem, aber Gott wusste es. Er hatte einen besseren Plan für mich.

Dies wurde für mich die wertvollste Lektion, die ich in meinem Leben gelernt habe: Wenn wir Gott suchen und nach seinem Willen fragen, heißt das nicht, dass wir niemals scheitern werden. Wir sind Menschen. Scheitern liegt in unserer Natur. Aber Gott gibt uns nicht nur eine Chance. Er tut alles Notwendige, um uns wieder in die Spur zu bringen. Ich erkenne heute, dass Gott mich aus der Bahn warf, um mich auf die richtige Bahn zu lenken. Diese Kurskorrektur war für mich wie ein Peitschenhieb – schrecklich schmerzhaft. Aber sie lehrte mich, auf eine stärkere Kraft zu vertrauen als auf meine eigene.

KAPITEL 3

Der Schein trügt

Joseph hatte bereits die halbe Ausbildung durchlaufen, als ich meine begann. Genau vier Monate nach der Tragödie vom 11. September wurde ich als Mitglied der Klasse 10 vereidigt. Joseph war eine Klasse über mir. Diese war für die zweite Hälfte der Ausbildung gerade auf »die Farm« versetzt worden, eine geheime Trainingseinrichtung der CIA.

Er konnte mir zwar einen ungefähren Überblick über die Ausbildung vermitteln, war jedoch nicht berechtigt, Einzelheiten an die Klasse darunter weiterzugeben. Die meisten Übungen waren darauf ausgelegt, uns aus dem Konzept zu bringen und potenzielle Charakterschwächen oder unzureichende Fähigkeiten aufzudecken. Deshalb war es entscheidend, unvorbereitet hineinzugehen. Ich hatte mich zwar darauf eingelassen, aber ein wenig unsicher fühlte ich mich nach wie vor. Würde ich es tatsächlich schaffen, die Ausbildung bis zum Ende durchzuziehen? Zu gerne hätte ich das im Voraus gewusst.

Nach der Abwicklung einiger verwaltungstechnischer Dinge in den ersten Wochen zog meine Gruppe vom Hauptquartier in eine geheime Außenstelle, wo die eigentliche Ausbildung begann. Frontalunterricht und Gespräche im Klassenzimmer wechselten sich ab mit Rollenspielen auf der Straße mit einem Kader von erfahrenen Geheimagenten. Dabei lernten wir bis ins kleinste Detail die Planung und Durchführung von Geheimdienstoperationen. Insbesondere erfuhren wir etwas über Tarnung – das Leben unter einer falschen Identität.

In dieser Zeit lief im Fernsehen gerade *Alias* und ich hielt Sydney Bristow für die coolste Persönlichkeit überhaupt. Um den immensen Stress abzubauen, tat ich manchmal so, als sollte ich mich als Sydney ausgeben (natürlich ohne die coole blaue Perücke und die Nahkämpfe). Ich weiß – richtig professionell! Wie soll ich sagen? ... Manchmal spielt man Gedankenspiele, um schwierige Situationen zu überstehen, und dies war eines, das bei mir funktionierte.

Mein Trainingspartner war ein junger Mann namens Adam, ein ehemaliger Polizeibeamter aus Boston. Wir beide waren uns charakterlich sehr ähnlich. Denn als wir alle in der Klasse den Myers-Briggs-Persönlichkeitstest ausfüllen mussten, waren unsere Ergebnisse fast haargenau identisch. Unsere Ähnlichkeit war beinahe schon zum Lachen. Adam war wie mein männliches Gegenstück, was mich auf seltsame Weise beruhigte, als wir uns auf die verrückte Reise begaben, Geheimagenten zu werden.

Unser erster Ausbilder hieß Jim. Er war bei der CIA eine lebende Legende. Bei jeder Operation mit Leib und Seele dabei, verkörperte er die Art von Spion, die zum Vorbild für alle jungen Agenten nach ihm geworden war. Als ich 2002 meine Ausbildung begann, hatte Jim seine glorreichen Zeiten längst hinter sich und war schon seit zwei Jahrzehnten pensioniert. Dennoch war er das blühende Leben und strotzte nur so vor Energie. Er sprach sehr gern von seiner Zeit im Feld und erzählte uns begeistert Geschichten aus seinen ersten Jahren bei der CIA. Ich konnte mein Glück kaum fassen, für die erste Hälfte meiner Ausbildung zu seinen Schützlingen zu zählen, denn eine gute Anleitung ist beim Einarbeiten ganz entscheidend.

Unsere Klasse war ziemlich groß, aber die Einzelanleitung fand täglich in kleinen Gruppen statt, die aus nur einem Anleiter und zwei Auszubildenden bestanden, und war damit sehr viel persönlicher. Nachdem er uns mit einem Handschlag begrüßt hatte, stellte Jim sich Adam und mir vor: »Willkommen bei der CIA«, sagte er. »Ich bin da, um Sie durch die Ausbildung zu führen. Nehmen Sie sich die Freiheit, mir Fragen zu stellen, und sagen Sie ruhig, wenn ich Ihnen zu einem Thema, das Sie im Kurs durchgenommen haben, noch etwas erklären soll.« Ich nickte lächelnd und hoffte, er würde merken, dass ich ihm aufmerksam zuhörte.

Aber schon in den ersten Minuten fiel mir etwas Seltsames auf. Anstatt uns beide anzusehen, schaute Jim die ganze Zeit nur Adam an. In unserem winzigen Büro redete er mit ihm und tat, als wäre ich Luft. Immer wieder unterbrach er sich selbst, um den roten Saft seines Kautabaks in einen Becher aus Styroporschaum zu spucken. Ich versuchte, meinen Stuhl möglichst unbemerkt näher an Adams heranzuschieben, um mich in Jims Blickfeld zu rücken. Seine Augen waren aber nach wie vor nur auf Adam gerichtet.

»Zu meinen Aufgaben gehört es, Ihnen eine Vorstellung davon zu geben, wie die Theorie aus dem Unterricht in der Praxis bei echten Operationen umgesetzt wird«, erklärte Jim. Er habe die meiste Zeit im Feld verbracht und sei sogar in Ronald Kesslers Bestseller *Inside the CIA* erwähnt.

Adam und ich starrten diese Legende von Mann ehrfürchtig an und sagten immer wieder »Oh Mann, das ist ja ein Ding!«.

Kaum war Jim zur Tür draußen, da wandte sich Adam mir zu und sagte: »Das war aber seltsam, oder? Hat er dich überhaupt auch nur einmal angeschaut?«

»Ist dir das auch aufgefallen?«, fragte ich.

»Natürlich. Das war ja gar nicht zu übersehen.«

Hier wurde Jims Alter offensichtlich. Er stammte aus einer ganz anderen Ära. Jim konnte es kaum fassen, wenn ich manche Übung gut meisterte und positive Rückmeldung von anderen Ausbildern bekam. Er wusste gar nicht, wie er mit meinem Erfolg umgehen sollte. Vermutlich hätte er mir eher die Rolle einer Sekretärin oder Hilfskraft zugedacht, nicht die einer Agentin, die sich in eine schmutzige, gefährliche Welt begeben würde, um geheime Informationen zu sammeln, wie er es in seiner Glanzzeit getan hatte. Also ignorierte er mich einfach weiterhin.

Ich beschloss, es nicht persönlich zu nehmen.

Gut, dachte ich. *Unterschätze mich ruhig. Aber ich werde mit der Zeit trotzdem so viel wie möglich von dir lernen – auch dann, wenn du all deine Weisheit nur für Adam bestimmt hast.*

Und trotzdem setzen sich solche Urteile im Unterbewusstsein fest, ob man es will oder nicht. Schließlich sollte das Trainingsprogramm uns bis zum Äußersten fordern, um jeden auszusieben, der dem Leben als verdeckter Agent nicht gewachsen war. Ich hatte – um ehrlich zu sein – keine Ahnung, ob ich selbst all dem gewachsen sein würde. Es war auch nicht so, dass ich Vorbilder gehabt hätte, zu denen ich hätte aufsehen oder mit denen ich mich hätte vergleichen können. Was ich bisher gesehen hatte, war nur ein Kader von älteren, weißen, männlichen Ausbildern, die bereits im Ruhestand waren. Die einzige Frau unter ihnen in diesem Teil des Trainingsprogramms lehrte die Module über das Berichteschreiben. Ich wusste nicht, ob ich in das 007-Schema passen würde. War ich in der Lage, Quellen anzuwerben und zu führen oder Terrorabwehroperationen zu leiten? War das für mich bestimmt oder nicht?

Ungefähr einen Monat nach Beginn der Ausbildung kam Adam in sichtlich gedrückter Stimmung in unser gemeinsames Büro und schloss die Tür hinter sich. Ich spürte, dass irgendetwas nicht stimmte.

»Michele, ich muss dir etwas sagen«, begann er.

Ich holte tief Luft und machte mich auf etwas gefasst. Er setzte sich neben mich und kam sofort zur Sache. »Ich höre auf. Ich glaube, ich bin dafür nicht geschaffen. Ich habe lange mit meiner Frau darüber gesprochen und wir sind zu dem Schluss gekommen, dass wir nicht bereit dafür sind, ein solches Leben zu führen: verdeckt arbeiten, alle paar Jahre umziehen und mit all dem Stress fertigwerden, der damit verbunden ist. Wir wollen das einfach nicht. Ich habe mir diese Entscheidung nicht leicht gemacht und wollte dir sagen, wie es mir damit ging, damit du weißt, warum ich beschlossen habe, aufzuhören.«

Diese Nachricht traf mich bis ins Mark. Im ersten Moment fühlte ich mich wie betäubt. Ich hatte von Adam eine sehr hohe Meinung, aber ich wusste auch, dass seine Entscheidung richtig war. Spion zu sein, ist kein Teilzeitjob und verlangt nicht nur vom Agenten selbst Opfer, sondern auch von seiner Familie. Der Druck, verdeckt leben zu müssen, lastet auch auf dem Ehepartner. Wenn er oder sie sich dabei unwohl fühlt, hat es keinen Sinn, diesen Weg weiterzuverfolgen. Nicht jeder ist für solch ein Leben gemacht.

Als Jim an diesem Morgen davon erfuhr, war er zutiefst schockiert. In seinen Augen war Adam viel besser für den Geheimdienst geeignet als ich. Verzweifelt versuchte er, Adam umzustimmen. Aber mein Trainingspartner wusste, was er vom Leben erwartete – und die CIA war nicht sein Weg. Mit dieser Überzeugung brach Adam die Ausbildung ab.

Er räumte seinen Schreibtisch aus und war am nächsten Tag nicht mehr da. Nun musste Jim mit mir vorliebnehmen.

Die Trainingseinheiten wurden von diesem Zeitpunkt an richtig unheimlich. Nachdem nun niemand anders mehr im Raum war, blieb Jim nichts anderes übrig, als mit mir zu sprechen. Ich nutzte also die Gelegenheit, ihn zu bearbeiten. Er sollte seine Meinung über mich ändern. Da ich ihn nun ganz für mich allein hatte, könnte ich es zumindest probieren, dachte ich.

Mit Anekdoten aus meiner Zeit in Ägypten versuchte ich ihm zu zeigen, dass ich kein beschütztes junges Mädchen war. Ich erzählte ihm von einer Begegnung mit einem schlitzohrigen Kamelführer in Kairo. Nach einem wunderschönen geführten Ritt um die Giza-Hochfläche, für den ich fünfundzwanzig ägyptische Pfund hingeblättert hatte, erklärte mir der junge Mann: »Für fünfzig Pfund extra lasse ich Sie da wieder herunter.«

Ich verschränkte meine Arme, richtete mich im Ledersattel auf, und sagte: »Okay. Ich habe alle Zeit der Welt.«

Er verzog das Gesicht und fragte sich, ob ich ihn richtig verstanden hätte.

Noch einmal erklärte er: »Sie zahlen mir fünfzig Pfund, dann lasse ich Sie herunter.« Ich stemmte die Hände in die Hüften und sagte: »Na gut. Ich will aber gar nicht absteigen.«

Das brachte ihn völlig aus dem Konzept. So eine Antwort hatte ihm noch niemand gegeben. Hunderten von Touristen hatte er mit dieser Masche schon Geld aus der Tasche gezogen, aber nun hatte er es plötzlich sehr eilig, mich absteigen zu lassen.

Ich erzählte Jim auch von meinem Aufenthalt in Palästina, bei dem Tony, ein Freund von mir, und ich in einem Andenkenladen im muslimischen Viertel nach Schmuck suchten. Aus irgendeinem Grund hatte es Tony auf einen Schlüsselanhänger mit Arafats Bild als Mitbringsel für einen seiner Professoren abgesehen. Der Ladeninhaber plauderte ein wenig mit uns und fragte dann beiläufig: »Mögen Sie Arafat?« Da wir noch nicht begriffen hatten, wie brisant eine Frage wie diese war und welchen Zündstoff sie barg, antworteten wir ganz naiv: »Natürlich!«

Er bohrte nach: »Warum mögen Sie Arafat?«

»Hm, na ja, weil er beschlossen hat, Frieden zu schließen?«

Es stellte sich heraus, dass dies *keine* gute Antwort war. Zornesröte stieg dem Mann ins Gesicht, er riss seine Augen auf und starrte uns voll Abscheu an. Schäumend vor Wut begann er zu schreien: »Sie mögen Arafat? Sie mögen Arafat wirklich?«

Noch bevor wir unsere Aussage relativieren oder etwas hinzufügen konnten, kreischte er: »Arafat ist ein Verräter! Er hat sich mit dem Feind verbündet! Frieden schließen mit dem Feind? Wie kann er es wagen! Arafat sollte man abschlachten wie eine Kuh! Wissen Sie, wie Kühe bei uns geschlachtet werden?«

Verwirrt schüttelten wir zaghaft den Kopf und bewegten uns Schritt für Schritt rückwärts in Richtung Tür. Zornig brüllte der Ladenbesitzer: »Ich werde euch erzählen, wie wir Kühe schlachten: Wir hacken sie in lauter kleine Stücke!« Während er sprach, führte er demonstrativ mit den Händen Hackbewegungen aus.

Mit einem unbehaglichen Lächeln machten Tony und ich auf dem Absatz kehrt und flohen aus dem Laden. Als wir uns die alte gepflasterte Straße hinunter aus dem Staub machten, sah ich bei einem Blick über die Schulter den Ladenbesitzer immer noch unter der Tür stehen – das Gesicht rot vor Wut, die Augen sprühend vor Zorn.

Wenn ich Jim an meinen Erlebnissen teilhaben ließ, dann nicht nur, um ein paar witzige Anekdoten zum Besten zu geben. Ich wollte auf einer tieferen Ebene mit ihm in Verbindung kommen. *Halte mein Lächeln nur nicht für Schwäche oder mein sonniges Gemüt für Naivität! Ich mag vielleicht noch nicht genau wissen, wie das hier bei der CIA läuft, aber ich bin robuster, als du denkst. Und ich bin bereit, meine Fähigkeiten auszuprobieren.*

Ich war nicht nur als Touristin ein bisschen herumgekommen, ich hatte auch schon außerhalb der ausgetretenen Pfade Oberägypten, Alexandria und die Wüste Sinai bereist und war in die dortigen Kulturen eingetaucht. Natürlich erwähnte ich auch, dass ich schon in Kuwait, Marokko und Israel war. Ich mochte jung aussehen, aber niemand sollte mich deswegen unterschätzen.

Jim taute durch diese Geschichten zwar ein wenig auf, aber es war ihm anzusehen, dass er noch nicht überzeugt war. Ich musste meine Einsatzfähigkeit und Tauglichkeit als verdeckte Agentin erst noch unter Beweis stellen. Er musste sehen, dass ich den Anforderungen standhalten konnte, also schraubte er sie hoch ... sehr hoch.

Eines Morgens bekam ich von Jim einen Ordner mit den Anweisungen für den Tag. Jeder Auszubildende sollte zu einem Restaurant vor Ort fahren und sich dort mit einem Ausbilder treffen, der sich als Nuklearwissenschaftler ausgeben würde. In der Anweisung war die Quelle als Person beschrieben, die für ein Land arbeitete, das wir als Schurkenstaat bezeichnen würden. Die anderen Teilnehmer und ich hatten noch nie zuvor gegen *harte Ziele* gearbeitet, gegen Menschen aus Ländern oder Kulturen, aus denen nur schwer Leute zu rekrutieren waren. Entweder, weil wir kaum Zugang hatten oder weil ihre Ideologie so in Stein gemeißelt war, dass kaum jemand sich bereit erklärt hätte, mit der CIA zusammenzuarbeiten. Da wir es mit einem harten Ziel zu tun hatten, würde diese Übung wohl schwieriger werden als alle bisherigen. Unsere Aufgabe war es, mit dem Subjekt Beziehung aufzunehmen, dabei seine Identität zu authentifizieren und seinen Wert zu beurteilen.

Alle Auszubildenden wurden in das gleiche Szenario gestellt, auch wenn die Ausbilder ihre Rolle je nach ihrer Persönlichkeit und der Leistung der Teilnehmer unterschiedlich spielten. Wir begaben uns in die Trainingssituation mit der Erwartung, eine geläuterte Seele zu treffen, die ihr Leben aufs Spiel gesetzt hatte, um mit dem einflussreichsten Geheimdienst der Welt Kontakt aufzunehmen.

Als ich zum Ort des Treffens fuhr, versuchte ich mich auf das zu konzentrieren, was ich erreichen wollte. Bis zu diesem Punkt waren Treffen in Restaurants immer unkompliziert gewesen, also sagte ich mir, ich hätte sicherlich auch diesmal nichts zu befürchten. Äußerlich war der Ablauf immer der gleiche, auch wenn die Geschichte und die Herausforderungen naturgemäß bei einem harten Ziel ganz spezielle waren.

Es wird alles gut gehen, versuchte ich mich zu beruhigen. *Du gehst einfach in das Restaurant, bestellst einen leckeren Salat und verwickelst den Ausbilder in ein Gespräch, so wie du es immer tust.*

Die erste Hürde war genommen, als ich das Restaurant innerhalb des vorgeschriebenen fünfminütigen Zeitfensters erreicht hatte. Ich parkte meinen Wagen ordnungsgemäß, stieg aus und warf mir meine Handtasche über die Schulter. Während ich über den Schotterparkplatz in Richtung Restaurant ging, fiel mir ein ungefähr fünfzigjähriger Herr auf, der auf dem Gehsteig vor dem Eingang auf und ab lief. Er sah nervös aus. Dies musste der Ausbilder sein, der sich als »Malek« ausgeben würde, also ging ich zu ihm hinüber und sprach ihn mit dem vereinbarten Passwort an, das ich mir genau gemerkt hatte. (Dabei handelt es sich um Codeworte, die wir austauschen, um sicherzustellen, dass wir es tatsächlich mit dem Ausbilder zu tun haben und nicht mit dem Mechaniker aus der Werkstatt ein paar Häuser weiter während seiner Mittagspause.)

Der Herr antwortete mit den richtigen Codeworten, dann aber nahm das Szenario einen unerwarteten, unerwünschten Lauf. Ich war hier mit einem sehr schwierigen »Ziel« konfrontiert. Der Mann wollte nämlich nicht mit mir sprechen, weil ich eine Frau war. Er nahm mich ausgiebig in die Mangel, offenbar um meine Entschlossenheit und mein Geschick im Umgang mit schwierigen Charakteren auf die Probe zu stellen.

Ein Nachteil meiner offenen, freundlichen, umgänglichen Art ist, dass Menschen daraus oft falsche Schlüsse auf meine Persönlichkeit und meine Fähigkeiten ziehen. Wer nur kurz mit mir zu tun hat, könnte schnell annehmen, ich sei einfach strukturiert, nicht ernst zu nehmen, dumm oder naiv.

Mein Ausbilder musste sich davon überzeugen, dass ich entschlossen und mutig war und auch angesichts unerwarteter Hindernisse mein Ziel nicht aus den Augen verlieren würde. Ich musste zeigen, dass ich bei Bedarf standfest sein konnte. Der Rollenspieler fand schnell heraus, dass ich trotz meines freundlichen Wesens durchsetzungsfähig war.

Das erinnerte mich an eine Begegnung, die ich in Kairo hatte. Ich hatte von einem Straßenhändler eine Flasche Wasser gekauft. Er zählte mir auf Arabisch das Wechselgeld vor, während er die

Scheine in meine Hand legte. Nachdem ich erst kurz zuvor sorg-fältig die arabischen Zahlen gelernt hatte, fiel mir gleich auf, dass er eine ausgelassen hatte. Für einen Augenblick vergaß ich alle Höflichkeit, fuhr ihm ins Wort und sagte: »Nein, Sie haben *ashara* [zehn] vergessen!«

Kaum hatte ich das gesagt, erschrak ich vor mir selbst. In der amerikanischen Kultur ist das nicht gerade die feine Art, einen Verkäufer auf ein Versäumnis aufmerksam zu machen. Aber der alte Mann war gar nicht beleidigt, sondern kicherte und gab mir fröhlich meinen fehlenden Schein zurück. Es war ihm überhaupt nicht peinlich. Er strahlte und klopfte mir auf den Rücken, als wollte er mir zu meinem Selbstbewusstsein gratulieren.

Diese Erfahrung mag unbedeutend erscheinen, lehrte mich aber eine der wichtigsten Lektionen meines Lebens: Man kann von niemandem Respekt erwarten, wenn man seine Interessen nicht klar vertritt. Die Menschen im Nahen Osten führen keinen Eiertanz auf. Sie verfolgen ihre Ziele unnachgiebig und tragen ihre Streitigkeiten laut vor anderen aus, anstatt Probleme unter den Teppich zu kehren oder um den heißen Brei herumzureden.

Nachdem ich diese Lektion gelernt hatte, begann ich mein Verhalten gegenüber anderen zu verändern. Ich verstand lang-sam, wie wichtig es war, einen härteren Ton anzuschlagen oder aggressiver aufzutreten, wenn mein Wohlergehen oder meine Sicherheit auf dem Spiel standen, auch wenn meine Herkunft aus den Südstaaten mit ihrer Kultur, in der ich so fest verwurzelt war, mich etwas anderes gelehrt hatte.

Schließlich waren Malek und ich bei der eigentlichen Übung angelangt, aber die schien gar nicht so wichtig zu sein wie die Prüfung meines Wissens und meiner Entschlossenheit. Ich glau-be, der Ausbilder hatte Anweisung erhalten, den Stresspegel so weit wie möglich zu steigern, um zu sehen, ob er mich aus dem Gleichgewicht bringen konnte. Das schaffte er nicht. Ich knickte nicht ein, sondern behielt aufmerksam meine Ziele im Auge.

Am nächsten Tag sagte Jim: »Ich habe gehört, Sie haben sich gestern ganz gut geschlagen.«

Moment mal, hat Jim mir gerade ein Kompliment gemacht?

Langsam begriff Jim, dass ich die Anforderungen, die die Ausbilder für diese und andere Übungen gestellt hatten, nicht nur erfüllte, sondern sogar übertraf. Möglicherweise war ich nicht nur gut genug, um gerade eben meine Ausbildung zu schaffen, sondern sogar begabt und entschlossen genug, tatsächlich CIA-Agentin zu werden.

KAPITEL 4

Eine Musterspionin

Jim wurde zwar langsam zugänglich. Allerdings gelten – so hart es ist – manche Aufgaben in der CIA auch heute noch als Männersache. Wann immer es um den Umgang mit unangenehmen Menschen (wie Terroristen) oder um harte Geschäfte geht, sind die Vorurteile gegenüber Frauen sogar noch größer. Die Leute glauben, die Anwesenheit eines starken Mannes sei in bestimmten Situationen wirkungsvoller. Das könnte bei einem reinen Kampfwettbewerb sogar stimmen, aber Agenten müssen gar nicht so oft in den Ring steigen und sich gegen Wrestler wie Hulk Hogan oder The Rock behaupten.

Unter solchen Annahmen kann ich geschlechtsspezifische Voreingenommenheit niemandem verübeln. Sogar ich selbst ging früher davon aus, dass die Rolle eines *Core Collectors* (das sind Menschen, die Spione anwerben und führen) besser für Männer zugeschnitten ist, da die meisten Quellen der CIA Männer sind und viele davon aus ausgeprägt patriarchalischen Kulturen stammen.

Das ist eine ganz logische Ansicht, solange man die Psychologie von Spionage noch nicht verstanden hat. Der Schlüssel liegt darin, den Gegner durchschauen zu können. In der Spionage geht es in erster Linie um Psychologie, und wenn man es versteht, andere zu durchschauen und dabei selbst unerkannt zu bleiben, kann der vermeintlich geschlechtsspezifische Nachteil sogar zu einem Vorteil werden.

Bei der CIA zapfen intelligente Frauen die falschen Annahmen des Gegners mit dem Überraschungselement an. Das ist fast wie beim Pokerspielen. Wenn ein Verbrecher, Terrorist oder möglicher Geschäftspartner eine Frau nicht als ebenbürtig ansieht, hält man – als Frau – alle Karten in der Hand. Wenn man sie schließlich aufdeckt, fällt dem anderen vor Staunen der Kiefer herunter. Eine Frau kann die Spielregeln verändern. Sie kann all ihre Eigenschaften, ihre Intelligenz und Empathie nutzen, um das Spiel schon zu gewinnen, noch bevor irgendjemand bemerkt, dass sie überhaupt mitspielt.

Leider erkannte ich das zu Beginn meiner Laufbahn bei der CIA noch nicht. Ich wünschte, jemand hätte mir damals von Virginia Hall erzählt – einer der ersten Spioninnen, die je für das *US Office of Strategic Services (OSS)*, den Vorläufer der CIA, arbeitete. Sie ist vielleicht das beste Beispiel einer Frau, die sich bewusst von anderen unterschätzen ließ – und dies dann zu ihrem Vorteil nutzte.

Virginia wollte nie etwas anderes als Diplomatin werden. Sie reiste für ihr Leben gern, war sprachbegabt und abenteuerlustig. Ihr Traum war es, sich bis in den Auswärtigen Dienst hochzuarbeiten und schließlich eine US-Mission im Ausland zu leiten. Dies wären selbst in der heutigen Zeit noch hochfliegende, ehrgeizige Ziele, damals in den 20er-Jahren waren sie jedoch völlig unrealistisch. Im frühen 20. Jahrhundert gab es noch keine weiblichen Botschafter. Aber Virginia verfolgte entschlossen ihr Ziel, plante wie eine gute angehende Diplomatin ihre Vorgehensweise und begann Schritt für Schritt, sie umzusetzen.

Zweimal nahm sie an der Auswahlprüfung des Auswärtigen Dienstes teil – und fiel durch. Davon ließ sie sich jedoch nicht abschrecken, sondern beschloss, zunächst ins Ausland zu reisen, um praktische Erfahrungen zu sammeln; anfangs arbeitete sie in der US-Botschaft in Warschau und später im US-Konsulat in der Türkei. Während dieser Zeit hatte sie einen schrecklichen Unfall. Virginia liebte frische Luft und begeisterte sich für Wandern, Jagen und Reiten. Als sie eines Tages mit Freunden auf der Jagd war und über einen Zaun kletterte, löste sich aus ihrem Jagdgewehr ein Schuss. Sie blickte nach unten und musste feststellen, dass ihr linker Fuß völlig zerfetzt herabhing. Als sie ins Krankenhaus eingeliefert wurde, hatte bereits Wundbrand eingesetzt und ihr Bein musste unterhalb des Knies amputiert werden. Kurze Zeit später bekam sie eine Beinprothese. Dass ihre Mobilität wiederhergestellt war – und sei es auch nur durch ein schwerfälliges Holzbein –, muss für solch eine aktive Frau eine Befreiung gewesen sein. Allerdings war eine Prothese zu einer Zeit, in der auf das Erscheinungsbild einer Frau höchster Wert gelegt wurde, sicherlich auch ein ästhetisches Handicap.

Und doch war Virginia kein Mensch, der sich seine Träume durch eine Schusswunde und eine Amputation hätte zerstören lassen. Sobald es ihr Zustand wieder zuließ, arbeitete sie als Schreibkraft im US-Konsulat in Venedig. Während dieser Zeit bewarb sie sich auf eine Stelle beim Auswärtigen Dienst, erhielt aber aufgrund ihrer mangelnden körperlichen Eignung eine Absage.

Beherzt und entschlossen wandte sich Virginia mehrmals an höhere Beamte des Außenministeriums, um ihren Traum doch noch zu verwirklichen – vergeblich. Zermürbt und enttäuscht musste sie erkennen, dass ihr der Weg ins Außenministerium wohl versperrt bleiben würde. Trotz all ihrer hartnäckigen Bemühungen gelang es ihr nicht, in eine Domäne einzudringen, in der Frauen – und erst recht beinamputierte Frauen – keine Chance auf verantwortungsvolle Posten hatten.

Zunächst unsicher, was sie als Nächstes tun sollte, beschloss Virginia, den Sommer 1939 in Frankreich zu verbringen. Die Tragweite der Entscheidung, nach Paris zu gehen, war ihr zu diesem Zeitpunkt noch nicht bewusst. Doch bald schon würde sich ihr die Möglichkeit eröffnen, auf eine Krise zu reagieren, die innerhalb kurzer Zeit einen wesentlichen Teil der Welt erfassen sollte.

Nach einem langen, unruhigen Sommer in Europa überfiel Hitler am 1. September 1939 Polen. Großbritannien und Frankreich erklärten daraufhin Deutschland den Krieg und der Zweite Weltkrieg hatte offiziell begonnen.

Virginia wollte sich als nützlich erweisen und schrieb sich in ein französisches Sanitätskorps ein, um Gefallene von den Frontlinien zu evakuieren. Sie fuhr den Sanitätswagen, passierte gefährliches Gebiet und kam täglich mit der dramatischen Wirklichkeit des Kriegs in Berührung – und all dies mit einem Holzbein!

Virginia blieb beim Sanitätskorps, bis Frankreich im darauffolgenden Jahr vor Deutschland kapitulierte. Dies hieß für sie, eingeschlossen zu sein auf feindlichem Gebiet. Sie wusste, dass sie fliehen musste, und einen Monat später gelang es ihr, die Grenze ins neutrale Spanien zu überqueren, bevor sie sich auf den Weg nach England machte.

Bei ihrer Ankunft in der US-Botschaft in London konnte sie höchst aufschlussreiche Informationen über die Situation in Frankreich liefern und nahm eine Stelle im Büro des US-Militärattachés an. Aber schon nach wenigen Monaten merkte Virginia, dass ein Schreibtischposten in der Botschaft für sie nicht das Richtige war. Das war nicht ihr Platz.

Und jetzt wird die Geschichte erst *wirklich* interessant. Irgendwann während ihrer Zeit in London erkannten die Briten Virginias Potenzial und warben sie für einen Posten in der neu eingerichteten *British Special Operations Executive* (SOE) an. Diese neue, auf Geheiß von Winston Churchill eröffnete Behörde sollte mit den Widerstandsbewegungen Kontakt aufnehmen und sie dazu befähigen, die deutschen Besatzer zu besiegen. Churchill befahl der neuen Gruppe einfach und unmissverständlich, »Europa in Brand zu setzen«.

Dies war die Gelegenheit, auf die Virginia, ohne es zu wissen, gewartet hatte. Das Angebot sprach sie an, denn sie war tief davon überzeugt, dass sie in dem Konflikt an vorderster Front stehen sollte, nicht an den Nebenschauplätzen. Ohne zu zögern nahm Virginia die Stelle an. Sie absolvierte das neue Ausbildungsprogramm der SOE und wurde im April 1941 Spezialagentin. Die Frau, die beim Außenministerium weder in diplomatischer Funktion noch bei irgendwelchen Abendgesellschaften erwünscht war, bereitete sich plötzlich auf einen Einsatz in Vichy, Frankreich, vor. Dort würde sie den Codenamen »Germaine« tragen und als Brigitte LeContre, eine französisch-amerikanische Berichterstatterin für die *New York Post*, auftreten.

Virginia zeichnete sich von Anfang an als findige Agentin aus, die manches schaffte, was anderen nicht gelang. Die nächsten fünfzehn Monate verbrachte sie in Lyon, betraut mit der Organisation, Finanzierung, Versorgung und Bewaffnung des französischen Widerstands. Sie rettete abgeschossene Flieger und sorgte für deren sichere Rückkehr nach England. Sie überwachte Fallschirmabwürfe zur Versorgung von Widerstandskämpfern. Sie organisierte Sabotageangriffe gegen deutsche Versorgungslinien. Sie ermöglichte Kriegsgefangenen die Flucht aus deutschen und Vichy-französischen Gefängnissen und Camps. Sie fungierte sogar als Bindeglied für andere in Südfrankreich eingesetzte SOE-Agenten.[2]

Virginia war so effizient in ihren Missionen, dass sie von der Gestapo auf die Liste der meistgesuchten Personen gesetzt wurde, auch wenn man dort gar nicht genau wusste, wer sie überhaupt war. Im Einsatz war sie scharfsinnig und konnte sich perfekt verstellen. Dadurch gelang es ihr, ihre wahre Identität vor ihren Feinden zu verbergen. Sie wussten noch nicht einmal, dass sie Amerikanerin war. Trotzdem wurden Plakate in Umlauf gebracht, auf denen eine Belohnung ausgesetzt war für die Ergreifung der »hinkenden Frau...Von allen Spionen der Alliierten ist sie die Gefährlichste. Wir müssen sie finden und unschädlich machen.«[3]

Nur die klügsten und mutigsten Agenten und die, die einfach viel Glück hatten, blieben am Leben und im Dienst, als die Deutschen in den Widerstand eindrangen. Nur wenige entkamen den Fängen der Nazis, wenn ihre Zellen aufflogen und ihre Identitäten, Orte und Aktivitäten entdeckt wurden. Es war so gefährlich, hinter den feindlichen Linien tätig zu sein, dass die Lebenserwartung einer Funkoffizierin (eine von Virginias zahlreichen Rollen) im Jahr 1943 gerade einmal sechs Wochen betrug.[4]

Ende 1942 gelang es Virginia – die Gestapo dicht auf ihren Fersen –, über einen hochriskanten Fluchtweg einem sich immer enger zusammenziehenden Fahndungsnetz zu entkommen. Mitten im Winter marschierte sie über die schneebedeckten Pyrenäen nach Spanien (dabei war sie aufgrund ihrer mangelnden körperlichen Eignung als dienstunfähig abgestempelt worden – *was sagt ihr dazu, ihr vom Außenministerium?*). Während des ganzen Krieges blieb Virginia eines der am schwersten zu fassenden Ziele der Nazis. Alle Versuche, sie zu finden und unschädlich zu machen, scheiterten kläglich.

Nachdem sie wie eine Zauberkünstlerin den Fängen ihrer Gegner in Frankreich entkommen war, wurde Virginia vom OSS angeworben und landete Berichten zufolge 1944 mit dem Fallschirm wieder in Frankreich, ihre Prothese im Rucksack. Als alte Magd verkleidet, trainierte sie Widerstandsbataillone, organisierte Sabotageoperationen, lieferte geheime Informationen über die deutsche Armee. Sie verrichtete den gefährlichen Dienst einer Funkoffizierin, arbeitete als Botin, machte Absprunggebiete für Widerstandstruppen ausfindig und war an der Vorbereitung der Landung der Alliierten in der Normandie beteiligt.

Nach dem Krieg wechselte Virginia vom OSS in die neu gegründete CIA und blieb bis zu ihrer gesetzlich vorgeschriebenen Pensionierung im Jahr 1966 dort.

Virginia verkörperte alles, was ich mir für mich selbst wünschte: Sie war abenteuerlustig, kräftig, mutig, entschlossen und unglaublich intelligent. Von ihren Zielen war sie nicht so leicht abzubringen und nutzte alle ihr zur Verfügung stehenden Mittel, um zum Erfolg zu kommen. Sie überwand alle Hindernisse, die sich ihr in den Weg stellten, bereit und in der Lage, bis zum Äußersten zu gehen und sich nicht von Furcht überwältigen zu lassen. Virginia verstand es instinktiv, ihre Nachteile in Vorteile zu verwandeln; ihr offenkundiges Hinken nutzte sie zum Beispiel aus, um sich als alte Frau oder Bettlerin auszugeben. Wenn sie wegen ihrer körperlichen Grenzen von Gegnern falsch eingeschätzt wurde, kam ihr das sogar gelegen. Denn damit gelang es ihr, mit Methoden, die keiner in ihr vermutet hätte, Überwachung zu entgehen. Damit zog Virginia nie die Aufmerksamkeit auf sich, sondern nutzte ihre Behinderung, um sich unauffällig in ihre Umgebung einzufügen.

Virginia mag dem Außenministerium nicht gut genug gewesen sein, aber sie war gut genug, es mit der Gestapo aufzunehmen. Sie war nicht gut genug dazu, hinter einem Schreibtisch zu sitzen und Telegramme zu lesen und zu schreiben, aber gut genug, Hunderte von Militär- und Geheimdienst-Operationen gegen die Nazis durchzuführen.

Die Ausbildungsübung mit Jim und Malek sollte meine Schwächen als Frau in der gefährlichen Welt der internationalen Spionage offenbar machen. Womit sie aber nicht gerechnet hatten, war die Erfahrung, die ich bei meinen Studien und meiner Arbeit im Nahen Osten gewonnen hatte. Auf den ersten Blick sahen sie in mir wahrscheinlich ein kleines schüchternes Mädchen, das unter dem Druck zusammenbrechen würde.

Aber schließlich war auch Virginia Hall von vielen Menschen unterschätzt worden.

KAPITEL 5

Ruhig bleiben und Kompass lesen

Während dieses ersten Ausbildungsjahrs lernten wir alle Aspekte von HUMINT-Operationen kennen (HUMINT = Human Intelligence, d. h. Erkenntnisgewinnung aus menschlichen Quellen). Wie findet man Agenten, wie schätzt man diese ein, entwickelt und rekrutiert sie? Wie befragt man sie und bewertet ihre Informationen? Wie stellt man Bedrohungen durch gegnerische Spionageaktivitäten fest? Wie bemerkt man Überwachung? Wie betreibt man verdeckte Kommunikation? Wie führt man hochriskante Treffen durch? Wie schützt man Quellen? Wie tauscht man unauffällig Nachrichtenmaterial aus und schreibt Geheimdienstberichte?

Die Ausbildung war so vielfältig, dass ich mir manchmal vorkam wie in einem »Erziehungslager für junge Geheimagenten«. Die angehenden Agenten standen ständig unter der Beobachtung und dem Urteil der Ausbilder. Und die Anleitung hörte auch nicht auf, als wir begannen, im Feld zu arbeiten. Vor dem Einsatz an gefährlichen Orten mussten sich CIA-Offiziere erneuten Prüfungen unterziehen. Neben dem Erwerb des Waffenscheins für Glock und M4 war auch ein Sicherheitstraining für in Übersee eingesetzte Mitarbeiter verpflichtend. Da es bei unserer Arbeit um Leben und Tod ging, musste sichergestellt werden, dass wir in der Lage waren, verdeckte Operationen zu leiten und nicht nur für unsere eigene Sicherheit, sondern auch für die unserer Quellen und Informationen zu sorgen. Im psychologischen Bereich schnitt ich hervorragend ab. Und auch beim Schießen und Hochleistungsfahren schlug ich mich erstaunlich gut. Bei zwei der anderen paramilitärischen Übungen waren meine Leistungen jedoch weniger glanzvoll – vor allem bei dem Angriff aus dem Hinterhalt und der Landnavigation.

Auch wenn bei der Hinterhaltsübung ein Angriff nur imitiert wurde, war mir bei dem Gedanken, mich in einer solch ungeschützten Lage zu befinden, alles andere als wohl. Wie alle anderen Teilnehmer legte ich mir am Tag der Übung die Schutzmaske an, zog die Schutzjacke über mein Langarm-Shirt, stopfte meine Hose links und rechts in meine Kampfstiefel. Ich schob die Pistole in das Halfter an meiner Hüfte, ergriff die halb automatische Waffe, deren simulierte Patronen mit Farbe gefüllt waren, und kletterte mit den anderen in den bereitstehenden Kombi. Wir beobachteten, wie eine Gruppe Auszubildender aus einem anderen Wagen stieg und in den Wald hinein verschwand. Aus irgendeinem Grund bekam ich plötzlich Herzrasen. Ich versuchte, ruhig zu bleiben. Schließlich war dies kein Ernstfall: falsche Terroristen, falsche Munition, ein gestellter Hinterhalt... Kein Grund zur Sorge, oder?

Nachdem ich wusste, dass ich später aus dem Wagen klettern müsste, wollte ich testen, ob sich meine Tür auch einfach öffnen ließ. Das Schloss löste sich, aber als ich versuchte, den Griff nach unten zu drücken, gab er nicht nach. Die Tür klemmte. *Gott sei Dank war ich so weitsichtig, die Tür vorher auszuprobieren.* Fieberhaft blickte ich mich im Wagen um und suchte verzweifelt nach dem nächstbesten Ausstieg.

Der andere Auszubildende auf dem Rücksitz, nennen wir ihn Larry, war ein ziemlich übergewichtiger junger Mann. Larry tat mir leid. Vermutlich verabscheute er diesen Teil der Ausbildung ebenso wie ich. Aber mein Mitgefühl für ihn wandelte sich schnell in die nicht ganz uneigennützige Sorge um, dass er sich vermutlich bei dem terroristischen Angriff als nicht sehr beweglich erweisen würde. Auf seiner Seite aussteigen zu wollen, wäre vermutlich nicht die beste Idee, wenn ich nicht erschossen werden wollte. Ich sollte wohl besser über die Sitze klettern, um durch eine der vorderen Türen zu entkommen.

Unsere Ausbilder standen außen. Nachdem sie sich davon überzeugt hatten, dass wir angeschnallt und entsprechend ausgerüstet waren, wiesen sie den Fahrer an, dem schmalen Feldweg in den Wald hinein zu folgen. Sie fügten nur noch hinzu, er solle mit ungefähr 40 km/h einfach »immer weiter« fahren. Das war alles. Wie weit wir fahren sollten, sagten sie nicht, aber das war vermutlich der springende Punkt. Wir sollten nicht wissen, wo der Angriff aus dem Hinterhalt stattfinden würde (das sagt ja schon der Begriff *Hinterhalt*).

Der Fahrer legte den Gang ein und wir rollten langsam in die unheimliche Stille des dichten Waldes hinein. Während wir mit unserem Kombi über den unbefestigten Weg holperten, hielten wir aufgeregt Ausschau nach den Angreifern. Ein paar Teilnehmer rissen Witze, um die Anspannung zu lösen, aber ich konnte mich nicht entspannen. Ich atmete schwer unter meiner

Gesichtsmaske, sodass sich eine Wolke warmen Atems unter dem Kunststoffschirm anstaute. Ja, ich gebe es zu: Ich stand Ängste aus. Diese Übung war für mich alles andere als Spaß. Aber so sehr ich sie auch verabscheute, wusste ich, dass ich sie dringend nötig hatte. Schließlich würde ich an Orten eingesetzt werden, wo Angriffe aus dem Hinterhalt nicht ausgeschlossen waren.

Ohne Vorwarnung durchbrach ein lauter Knall die Stille, gefolgt von einer Reihe dumpfer Schläge. Unser Wagen wurde mit Gewehrfeuer belegt. Der Fahrer schrie: »Feuer von links!« und zeigte damit die Richtung an, aus welcher der Angriff kam. Plötzlich starb der Motor unseres Wagens ab. Wir waren nicht in der Lage, die Gefahrenzone – die bei der CIA als »X« bezeichnet wird – im Schutz des Fahrzeugs zu verlassen, was das Vorgehen der Wahl wäre, wenn wir tatsächlich in eine solche Situation gerieten. Dann tauchten vier maskierte Männer aus dem Wald auf und zielten mit ihren AK-47-Gewehren auf meine Seite des Wagens. Jemand schrie: »Aussteigen! Raus hier! Sofort raus hier!« und die Auszubildenden sprangen einer nach dem anderen über die rechte Seite des Wagens nach draußen.

Wie ich vermutet hatte, konnte Larry mit dem Stress nur schlecht umgehen. Er machte sich ungeschickt an seiner Tür zu schaffen, bekam sie aber offensichtlich nicht auf. *Das habe ich kommen sehen!* Wie erwartet würde ich auf die Vordersitze klettern müssen, um aus dem Fahrzeug entkommen zu können. Aber mit meiner ganzen Ausrüstung war es ein schwieriges Unterfangen, über die Mittelkonsole nach vorne zu steigen. Das hatte ich mir schon gedacht. Ich war nicht gerade wendig, aber dies würde immer noch schneller gehen, als auf Larry zu warten. Als ich es endlich geschafft hatte, nach vorne zu gelangen, versuchte er immer noch, seine Tür zu öffnen.

Ich wusste nicht, wo sich die Angreifer gerade befanden, hoffte aber inständig, dass sie sich nicht um das Fahrzeug herum auf die rechte Seite geschlichen hatten und nur darauf lauerten, dass ich aussteigen würde. Leider konnte ich keine Sekunde verschwenden, um nach ihnen Ausschau zu halten. Ich hatte ein Ziel vor Augen – aus dem Fahrzeug zu entkommen. Als ich schließlich über den Vordersitz nach draußen kroch, fiel Larry zur Seite heraus, mitten in den Matsch. In seiner Panik hatte er vergessen, seinen Sicherheitsgurt zu öffnen und hing noch immer am Wagen fest. Schlimmer noch, er hatte keine Ahnung, wie er sich aus dem Schlamassel befreien sollte. Bei dem Versuch aufzustehen, stöhnte er. *Ob er sich wohl verletzt hat?*

Nun liefen die Angreifer vor dem Wagen vorbei. Dies hielt ich für einen günstigen Zeitpunkt, um aus der Gefahrenzone zu fliehen. Ich rannte die wenigen Meter hin zum Waldrand. Inzwischen lag Larry verletzt im Schlamm (er hatte sich den Knöchel verstaucht) und würde bald »erschossen« werden, bevor die Ausbilder erkannten, dass er tatsächlich verletzt war. Wie ein Beutetier auf der Flucht rannte ich hinter meiner Gruppe her in den Wald hinein.

Ich kämpfte mich durch das Unterholz und hatte die anderen bald eingeholt. Verzweifelt versuchten wir, den Angreifern zu entkommen. Sie konnten uns zwar nicht mehr sehen, aber immer noch auf uns schießen. Platzende Geschosse flogen an uns vorbei und trafen uns hinten am Bein, am Gesäß, am Oberschenkel, an den Schultern und Armen. Als eines davon an meinem Bein platzte, spürte ich einen stechenden Schmerz und schnappte nach Luft. Da rannte ich nur umso schneller. Die mit Farbe gefüllten Geschosse hagelten weiter auf uns ein und verfolgten unsere Gruppe tiefer in den Wald hinein.

Ohne Vorwarnung stolperte ein Kollege vor mir über eine Wurzel und knallte der Länge nach in den schlammigen Sumpf. Zum Ausweichen war es zu spät. Ich stolperte meinerseits über seine Füße und fiel über ihn. Dabei stieß ich mir heftig den Kopf an. Auch der Kerl direkt hinter mir stürzte zuoberst, strampelte mit Armen und Beinen in der Luft. Da lagen wir nun auf einem Haufen und drehten und wanden uns – die besten und klügsten Köpfe Amerikas – voller Farbspritzer, Schlamm, Dreck, Schweiß und Staub. Die Spezialtruppe *Navy SEALs* war nichts gegen uns.

An diesem Tag kamen wir zerschlagen und zerschrammt aus dem Training zurück. Diese Situation war nicht nur körperlich schmerzhaft gewesen, sie hatte auch an meinem Ego gekratzt. Aber ich habe daraus gelernt, wie wichtig es ist, Angst und Unbehagen hintenanzustellen. Darauf wollten die Ausbilder uns trimmen – wir mussten unseren Hang, in kritischen Momenten in Schockstarre zu verfallen, überwinden. Sie wollten sicherstellen, dass wir handlungsfähig blieben, wenn es am meisten darauf ankam.

Verhaltenswissenschaftler sehen in dieser menschlichen Neigung, auf Bedrohungen mit dieser Schockstarre zu reagieren, eine angeborene biologische Reaktion auf extremen Stress. Sie mag zwar typisch sein, ist bei einem Angriff aber absolut kontraproduktiv. Wer seine Möglichkeiten rechtzeitig durchdenkt und auch übt, ist weniger gefährdet, handlungsunfähig zu werden. Deshalb ist es so wichtig, dass Soldaten, Polizisten, Feuerwehrleute und alle anderen, die in lebensbedrohlichen Situationen schnell reagieren müssen, in möglichst realistischen Szenarien richtiggehend gedrillt werden. Es geht darum, ein Muskelgedächtnis für Vorgänge wie Zielen und Abdrücken zu entwickeln, das auch unter extremem Stress funktioniert, oder, wenn nötig, mit seinem Fahrzeug aus der Gefahrenzone zu entkommen.

Bei ausreichendem Training automatisieren sich bestimmte Fähigkeiten und Verhaltensweisen so, dass sie praktisch nicht ausgeschaltet werden können.

Typisches Beispiel: Einige Wochen nach Beginn meiner Ausbildung war ich an einem meiner knapp bemessenen freien Tage von unserem Stadthaus in Alexandria, Virginia, nach Washington, D. C., unterwegs. Freunde hatten mich zum Sonntagsbrunch eingeladen. Nach einer Kurve sah ich etwa vierzig Meter vor mir auf der Straße ein entgegenkommendes Auto auf ungefähr 15 km/h abbremsen, als es an einer Wasseraufbereitungsanlage vorbeifuhr. Dabei beobachtete ich, wie ein dunkelhaariger Mann auf dem Beifahrersitz verstohlen eine Kamera hob und ein paar Fotos schoss. Kaum war die Kamera aus meinem Blickfeld verschwunden, gab der Fahrer Gas und der Wagen brauste davon. Die Art, wie der Mann die Kamera hob und Fotos aufnahm, ohne in den Sucher zu blicken oder die Linse zu fokussieren, kam mir sehr heimlichtuerisch vor. Da Wasseraufbereitungsanlagen keine normalen Touristenattraktionen oder typische Motive für Fotografen sind, schöpfte ich sofort Verdacht.

Terroristen erkunden mögliche Ziele, um Schwachstellen zu identifizieren, und schmieden dann unter Verwendung von Fotos, Videos und Skizzen Angriffspläne. An dieses Material müssen sie unbemerkt gelangen. Also versuchen sie, möglichst unauffällig zu wirken, um nicht den Argwohn zufälliger Beobachter zu erregen. Der gleichen Strategie bedienen sich auch Räuber, um eine Bank oder einen Supermarkt auszukundschaften, bevor sie dann zuschlagen.

Unser Land befand sich gerade in einer besonders sensiblen Phase, es waren gerade einmal sechs Monate nach dem 11. September. Wir waren voll engagiert im Dritten Weltkrieg (d. h. dem Krieg gegen den Terror) und es war uns schmerzlich bewusst, dass al-Qaida weitere Angriffe gegen unser Heimatland und gegen Ziele im Ausland, die für die USA von Interesse waren, plante. Überwachungsmaßnahmen an US-Infrastrukturen wie Brücken, Treibstofflagern, Ölraffinerien, Militäreinrichtungen, nationalen Wahrzeichen, Finanzinstituten und Regierungsgebäuden hatten einen Höchststand erreicht.

Für mich war die Sache klar. Wie ein Rennfahrer fuhr ich bis zur nächsten Ampel, wo ich wenden konnte, um das verdächtige Fahrzeug zu verfolgen. Es stand für mich außer Frage: Ich brauchte das Kennzeichen, eine Beschreibung des Wagens und so viele Einzelheiten wie möglich über Fahrer und Beifahrer. Über mehrere Kilometer musste ich erst einige Fahrzeuge überholen, bevor ich nah genug gekommen war, um die erforderlichen Informationen zu erfassen.

Glücklicherweise hatte ich einen Notizblock und einen Stift in meiner Handtasche, die ich sonst bei meiner eigenen Überwachungstätigkeit verwendete. Ich notierte die Daten und schickte sie an die Hotline des FBI als Bericht über eine verdächtige Aktivität. Zwar habe ich nie mehr etwas davon gehört und weiß bis heute nicht, wer die beiden dunkelhaarigen Männer waren oder was sie in dem blauen Mietwagen zu schaffen hatten. Ihr Verhalten war mir jedenfalls in keiner Weise normal oder natürlich vorgekommen.

Genauso ein paar Wochen später, als ich mit meiner sechsjährigen Nichte im Einkaufszentrum in einem Spielwarenladen war. Da bemerkte ich einen Mann, wohl um die vierzig, der vor den Barbiepuppen hockte. Mit seinem fettigen, etwas zerzausten Haar und seinem halb in die Hose gesteckten Hemd machte er einen äußerst ungepflegten Eindruck. Irgendetwas an diesem Kerl ließ mich erschaudern. Jemand wie er trieb sich normalerweise nicht in einer Puppenabteilung herum. Von dem Augenblick an, als ich diesen Gang betreten und ihn erblickt hatte, fühlte ich mich förmlich gezwungen, den Mann im Auge zu behalten. *Ist er allein hier?*, fragte ich mich. *Wenn nicht, wo ist denn seine Tochter oder das kleine Kind, mit dem er hier ist?*

Den anderen Kunden, die an ihm vorbeigingen, sah der Mann verstohlen nach. Schon allein die Tatsache, dass er hier ganz allein im Spielwarenladen war, und dazu noch sein seltsames Verhalten – die heimlichen Blicke auf die anderen Kunden –, hatten mich zu dem Schluss gebracht, dass hier etwas faul war. Ich hatte erst vor Kurzem mein Überwachungstraining beendet und meine Sinne waren besonders geschärft, ungewöhnliche Dinge zu bemerken und festzustellen, wenn etwas fehl am Platz war. Also beobachtete ich ihn genau, während ich mit meiner Familie an ihm vorbeischlenderte.

Als ich ihm ins Gesicht sah, veränderte sich seine Miene vollständig und die Augen fielen ihm fast heraus, während er meiner Nichte mit einem bösen, völlig unpassenden Blick nachstarrte. Ich finde dafür gar keine Worte. Eiskalt lief es mir den Rücken hinunter. Am liebsten hätte ich ihn sofort im Spielwarenladen verhaften lassen. Aber da ich nicht beweisen konnte, dass der Kerl tatsächlich das Monster war, für das ich ihn hielt, schob ich einfach meine Nichte – und die übrige Familie – aus diesem Gang hinaus, und wir verließen das Geschäft. Als ich mich umblickte, wünschte ich, ich hätte die Geschäftsleitung alarmiert, aber noch hatte ich nicht genügend Vertrauen in meine Intuition und mein Urteilsvermögen.

Tatsache ist, dass meine Ausbildung meine Wahrnehmung der Welt veränderte. Mir fielen Einzelheiten auf, die mir normalerweise entgangen wären. Wenn ich meine gottgegebene Intuition annahm, anstatt sie infrage zu stellen, herabzuwürdigen oder diese Geistesblitze zu unterdrücken, sah ich eine völlig andere Dimension. Je mehr ich geschult wurde und je häufiger ich die gelernten Konzepte anwendete, desto sensibler wurde ich für solche Dinge. Ich stellte mich zunehmend auf meine Umgebung ein – ich wurde zur Spionin.

Bei einer der letzten paramilitärischen Übungen sollten wir unseren Orientierungssinn unter Beweis stellen. Ausgerechnet am Tag der Prüfung brachte ein außergewöhnlicher Schneesturm der Region 60 cm Neuschnee. Ich stamme aus Florida und hatte erst zweimal in meinem Leben solche Schneemassen gesehen. Deshalb fühlte ich mich gar nicht in meinem Element. Am liebsten hätte ich mich in meine vier Wände zurückgezogen, mich ans Feuer gesetzt und einen heißen Kaffee geschlürft. Stattdessen musste ich den ganzen Tag im Freien in eisiger Kälte verbringen und in einem riesigen Wald eine Wegmarke nach der anderen ablaufen.

Schon ohne Schnee barg das Gebiet genügend Herausforderungen, aber Mutter Natur war so findig gewesen, die Aufgabe noch schwieriger zu machen. Bestimmt würden wir für die Strecke die doppelte Zeit brauchen. Denn wir mussten durch eine Mischung aus Schnee und verrotteten Blättern stapfen, die Tausende von Laubbäumen im Herbst abgeworfen hatten.

Eingepackt in mehrere Lagen, einschließlich kältegeeignetem Schutzanzug und Kampfstiefeln, machte sich jeder Teilnehmer allein auf den Weg. Die Ausgangspunkte hatten wir am Morgen am Start erhalten, während wir die filmreifen Schneewehen beobachteten. Für die Übung stand uns der ganze Tag zur Verfügung. Jeder musste für sich in dichten Wäldern oder darum herum, an Wasserläufen entlang, über ausgedehnte Hügel, durch Dickicht und Dornen (meine besondere Spezialität!) seine Route finden, ohne die Orientierung zu verlieren. In dieser Region gab es jede Menge Seen und Sümpfe, um die wir einen Bogen machen mussten. Dabei konnte es im Schnee nur allzu leicht vorkommen, dass man diese erst dann bemerkte, wenn man bereits hineingetappt war.

Seit einer Woche hatten wir Navigation geübt. Ein wenig nervös war ich zwar trotzdem noch, aber auch ein bisschen stolz darauf, wie weit ich schon gekommen war. Ich war zuversichtlich, meine Route bewältigen zu können, obwohl ich fror und mich im Schnee alles andere als wohlfühlte. Ausgerüstet mit einer Karte, die ich in eine wasserdichte Seitentasche meines Rucksacks gesteckt hatte, den Koordinaten jedes einzelnen Wegpunkts, einem Kompass, einem Bleistift, einer Pfeife, einer Fertigmahlzeit und einer Wasserflasche brach ich am Startpunkt auf. Ich sank bis über die Knie, stellenweise sogar bis zu den Oberschenkeln, in den Schnee ein. Nach fünfundvierzig Minuten erreichte ich meinen ersten Wegpunkt. Ich war richtig stolz auf mich und dachte: *Klar! Ich schaffe das!* Nach einer kurzen Pause nahm ich ein paar Schluck Wasser und las die zweiten Koordinaten, die oben auf dem roten Fass geschrieben standen, das den ersten Wegpunkt markierte. Ich blickte auf meinen Kompass, orientierte mich und machte mich zum zweiten Wegpunkt auf.

Nachdem ich ungefähr zwei Drittel des zweiten Abschnitts zurückgelegt hatte, führte mein Weg durch eine tiefe Senke. Ich musste ein enges Tal überqueren, das sich zwischen zwei steilen Hügeln hindurchzog. Da trat ich plötzlich in einen Bachlauf, den ich unter einer dünnen Eisschicht und dem Schnee nicht hatte sehen können. Schnell zog ich meinen Fuß aus dem eiskalten Wasser, aber er war trotz meiner Militär-Kampfstiefel schon durchnässt. Noch schlimmer als die beißende Kälte an meinen Zehen war allerdings, dass ich beim besten Willen nicht wusste, wie ich über diesen Bach gelangen sollte. Bei den Schneemassen war es schier unmöglich, einen geeigneten Übergang auszumachen. Deshalb folgte ich dem Bachlauf erst einmal eine Weile bis zu einer Stelle, an der die Senke nicht so breit war. Hier überquerte ich vorsichtig den Wasserlauf – Schritt für Schritt über rutschige Steine und verrottende Baumstümpfe, die im Matsch lagen.

Zwar war ich nun sicher auf der anderen Uferseite angekommen, hatte aber auch einen Fehler gemacht: Auf der Suche nach einem geeigneten Übergang hatte ich die Orientierung verloren. Jedes Mal, wenn ich versuchte, eine Route festzulegen, blickte ich in eine andere Richtung. *Wo ist denn nur Norden?*, fragte ich mich. *Ist mein Kompass defekt? Lese ich ihn nicht richtig?* Mein Herz schlug bis zum Hals und ich wurde nervös. Aber ich kämpfte gegen meine Angst und das Gefühl von Hilflosigkeit an. Denn ich wusste, dass ich nicht die Nerven verlieren durfte, wenn ich wieder zurück auf meinen Weg finden wollte. *Das ist keine große Sache,* versuchte ich mich zu beruhigen. *Du musst dich nur konzentrieren.* Bei diesem Chaos in meinem Kopf vergaß ich fast, dass mein Fuß schon beinahe zu einem Eisblock gefroren war.

Nachdem ich sorgfältig die Landschaftsmerkmale in meiner Umgebung mit der Karte verglichen hatte, die wir bekommen hatten, versuchte ich noch einmal, die richtige Richtung zu bestimmen. Ich schob mein Unbehagen zur Seite und steuerte entschlossen auf eine steile Hügelkette zu. Als ich mich zwanzig Minuten lang über schwieriges Gelände gekämpft und schließlich den letzten Hügel erklommen hatte, hoffte ich, endlich das rote Fass zu erblicken, das den nächsten Wegpunkt markierte. Aber da war nichts – nur Wald. Noch weitere zwanzig Minuten schritt ich das Gebiet ab und hielt verzweifelt Ausschau nach diesem Fass – vergeblich.

Ich betete und betete. Dann wurde ich von Panik ergriffen. Ich konnte mir nicht vorstellen, den ganzen Weg bis zum Bach wieder zurückzugehen. Es hatte mich so viel Kraft gekostet, so weit zu kommen. *Selbst wenn ich zu dem blöden Bach zurücklaufe, wie soll ich die richtige Richtung finden?* Ich war völlig verwirrt. Was ich falsch machte, weiß ich nicht, aber es gelang mir einfach nicht, den Kompass richtig abzulesen. Könnte ich doch nur jemanden um Rat fragen, aber ich war ganz allein in dem riesigen, sumpfigen Wald. Der Schnee verlieh dem Ganzen eine gespenstische Stille. Das steigerte nur noch mein Gefühl, von aller Welt abgeschieden zu sein. Was sollte ich nur tun?, fragte ich mich entmutigt.

Da überlegte ich, ob ich den letzten Ausweg nehmen sollte – nämlich meine Hände zu heben als Zeichen, dass ich mich geschlagen gab, und mit meiner Pfeife um Hilfe zu rufen. Man hatte uns gesagt, wir dürften die Pfeife benutzen, wenn wir uns verlaufen hatten oder verletzt waren. Es könnte eine Weile dauern, bis die Ausbilder durch den dichten Wald hindurch die Pfeife hörten, aber irgendwann würde mich schon jemand finden.

Die Landnavigationsübung nicht bestanden zu haben, hieße noch nicht, bei der ganzen Ausbildung durchgefallen zu sein. Die paramilitärischen Kurse waren zusätzlich und hatten keine Auswirkung auf unseren Abschluss der Geheimdienstausbildung. Trotzdem wäre ein Scheitern bei der Navigationsübung peinlich. Würde ich nach nur einem Fass aufgeben, stünde ich ganz schön dumm da.

Widerwillig nahm ich die Pfeife zwischen die Lippen und blieb einige Sekunden lang regungslos sitzen, um meinen ganzen Mut zusammenzunehmen, tatsächlich zu blasen. Aber dann fand ich den Gedanken, so früh bereits aufzugeben, einfach unerträglich. Ich hatte mich zwar hoffnungslos verlaufen, wollte mir aber vor meinen Ausbildern nicht die Blöße geben, es nicht einmal bis zum zweiten Wegpunkt geschafft zu haben.

Aus schierer Verzweiflung brach ich wieder auf und lief ziellos in irgendeine Richtung, während mir die Fernsehshow *I Shouldn't Be Alive (Ich sollte eigentlich nicht am Leben sein)* nicht mehr aus dem Kopf ging. Ich musste an all die hirnrissigen Typen denken, die sich bewusst immer weiter vom richtigen Weg entfernten. Je länger sie liefen, desto mehr verirrten sie sich. Als Nächstes sieht sie der Zuschauer am Rand einer Klippe am Erfrieren. (Zugegeben, *ganz* so verzweifelt war ich vielleicht nicht, aber ich hatte mich tatsächlich verlaufen – und war gründlich verwirrt.)

Noch schossen mir Todesbilder durch den Kopf, als ich plötzlich zu meiner Verblüffung bemerkte, dass ich aus dem Wald heraus auf Asphalt getreten war. Einfach so. Als wäre ich aus dem beengten, dunklen Kleiderschrank entkommen und hätte das wunderschöne, zauberhafte Narnia erreicht. Alles hatte so dramatisch ausgesehen. Dabei war ich nur wenige Schritte von einem ausgetretenen Pfad entfernt gewesen.

Vor Sekunden noch hätte ich beinahe aufgegeben. Doch nun wusste ich genau, wo ich war. Schließlich hatte mein Orientierungssinn mich doch nicht verlassen. Es dauerte nur wenige Minuten, bis ich den Weg durch den Wald zum zweiten Fass gefunden hatte. Dank meiner Ausbildung hatte ich die aufkommende Panik erfolgreich bekämpft und war weitergegangen. Was mich letzten Endes gerettet hat, sodass ich die Übung zu Ende bringen konnte, war nichts anderes als die einfache Strategie, einen Fuß vor den anderen zu setzen.

Nachdem ich nun meinen Orientierungssinn zu Fuß im Gelände bewiesen hatte, war meine Ausbildung endlich abgeschlossen.

Ich war bereit, die Welt zu erobern.

KAPITEL 6

Hinein in die Wüste

Nach einem Jahr voller Blut, Schweiß und Tränen hatte ich im Dezember 2002 meine Geheimdienstausbildung bei der CIA bestanden. Im Februar 2003 schloss ich auch das optionale paramilitärische Trainingsprogramm ab. Das war's. Ich hatte es geschafft. Ich gehörte nun ganz offiziell als Intelligence Officer dem Directorate of Operations an und war bereit, die Arbeit als Geheimagentin bei der CIA aufzunehmen.

Joseph, der seine Ausbildung vor mir begonnen hatte, hatte gerade seinen ersten sechsmonatigen Einsatz hinter sich, als ich kurz vor dem Abschluss stand. Während die meisten meiner Kollegen erst ein oder zwei Jahre am Hauptquartier auf ihre Arbeit in Übersee vorbereitet werden sollten, hatte man beschlossen, mich sofort ins Feld zu schicken. Zufällig wurden gerade in ███████ dringend zwei Agenten gesucht. Der CIA kam es gelegen, dass Joseph und ich beide mit dem Nahen Osten vertraut waren, beide Arabisch sprachen und für den Dienst freigegeben waren. Im Gegensatz zu den meisten anderen Agenten waren wir auch bereit, uns nahezu überall hin senden zu lassen.

Unser Einsatz sollte im April beginnen. Deshalb waren wir den ganzen März über mit der hektischen Vorbereitung auf den großen Umzug beschäftigt. Wir machten uns sofort daran, all unser Hab und Gut zu sortieren. Was wir nicht verkauft oder verschenkt hatten, wurde eine Woche, bevor wir wie geplant vom internationalen Flughafen Washington Dulles abflogen, von einem Umzugsdienst verpackt.

Innerhalb von zwei Tagen hatten die Packer das Haus vollständig leer geräumt. Das alles ging so schnell, dass ich kaum Zeit hatte, die Bedeutung dieses internationalen Umzugs zu ermessen. Am zweiten Tag um 16 Uhr war das Packen nahezu beendet. Joseph und ich standen im Vorgarten unseres Stadthauses in Alexandria, Virginia, und sahen zu, wie die letzten Gegenstände in den Umzugswagen verstaut wurden. Wir unterzeichneten die Papiere, bevor die beiden Lkw sich ohne Aufhebens langsam in Bewegung setzten und um die Ecke verschwanden.

Als ich ihnen nachsah, wurde mir mit einem Schlag bewusst: *Das war's! Nun gibt es kein Zurück mehr.* Wir hatten alles auf eine Karte gesetzt. Diese Lkw transportierten die Überbleibsel unseres alten Lebens als Zivilisten ab. Wir standen nun an der Schwelle zu einem Lebensstil und einer Laufbahn, die wir uns kaum vorstellen konnten: ein neues Land, eine neue Kultur, neue Aufgaben, neue Chefs, neue Kollegen, ein neues Haus … eine der wenigen Konstanten in unserem Leben bestand darin, dass wir einander hatten.

Tränen stiegen mir in die Augen. Es war ein selten emotionaler Moment, als mir die Tragweite dieser plötzlichen Veränderung klar wurde. Ich schluckte schwer und sagte: »Kein Zurück mehr!« Mein Mann legte seinen Arm um mich, während mir die Tränen über die Wangen liefen.

»Ich weiß.« Vergeblich versuchte er, mich zu trösten. »Ich weiß, es ist schwer, aber es wird alles gut. Alles wird gut.«

Ich musste loslassen – meine irdischen Güter, meine Familie, meine Freunde. Alles, was ich kannte, musste ich hergeben für diese Reise ins Unbekannte. Ich musste auf Gott vertrauen, alle Ängste vor der Zukunft hintenanstellen und nach vorne blicken.

In dieser Nacht quartierten wir uns in einem Hotel vor Ort ein, wo wir bleiben sollten, bis wir das endgültige Okay für den Abflug von Washington Dulles erhalten würden. Dies war der Beginn eines Nomadendaseins, das die nächsten vierzehn Jahre andauern sollte.

Natürlich war damit viel mehr verbunden als ein einfacher Adresswechsel. Eine falsche Identität anzunehmen, ist ein ungewöhnlicher, komplizierter Prozess. Im Wesentlichen bedeutet es … ja, im Klartext: zu verschwinden.

Wir durften zwar unsere unmittelbaren Angehörigen darüber unterrichten, für wen wir arbeiteten, aber nur, wenn wir uns sicher waren, dass sie die Last dieses Wissens tragen konnten und das Geheimnis nicht preisgeben würden. Mit anderen Worten: Angenommen, meine Mutter hätte ein mitteilsames Wesen und wäre furchtbar stolz auf mich. So, dass sie es am liebsten von den Dächern rufen würde, dass ich als Spezialistin für Terrorbekämpfung unter einer falschen Identität im fernen ▇▇▇▇▇ arbeite. In diesem Fall dann sollte ich es ihr vermutlich nicht erzählen. Oder wenn ich einen sehr besorgten Vater hätte. Einen, der vermutlich die nächsten zwei Jahrzehnte Tag für Tag wie gebannt die Abendnachrichten verfolgen würde. Der gleichzeitig in der sicheren Erwartung sein würde, seine Tochter irgendwann (natürlich in keinem erfreulichen Zusammenhang) auf dem Bildschirm zu sehen. In so einem Fall sollte ich es ihm dann vielleicht lieber nicht sagen.

Was mich betrifft, wussten es die meisten meiner nahen Angehörigen. Sie waren sehr stolz auf mich, sorgten sich aber auch um unsere Sicherheit. Denn als Kenner des Nahen Ostens würden wir bestimmt von einem Kriegsgebiet ins nächste gesandt werden. Sie bemühten sich zwar, sich ihre Sorge uns gegenüber nicht anmerken zu lassen, aber ich weiß, dass es nicht leicht für sie war. Natürlich verfolgten sie häufig die Nachrichten aus der Region und beteten ... oft. Auch schickten sie uns Pakete, kümmerten sich zu Hause um unsere Post und regelten während unserer Abwesenheit unsere persönlichen Angelegenheiten. Meiner Schwester Julie hatten wir eine Immobilienvollmacht erteilt, sodass sie in unserem Namen ein Mietshaus kaufen und verwalten konnte, während wir im Ausland waren. Mein Vater hatte eine Generalvollmacht für alle anderen Angelegenheiten. Bevor wir die Vereinigten Staaten zu unserem Einsatz verließen, hatten wir für beide ein Notizbuch vorbereitet, das wichtige persönliche Daten enthielt: Kontonummern, Codes für Schließfächer und Kopien unserer Testamente. Dies tröstete sie sicherlich ungemein. Für den Notfall hatte die CIA ihre Kontaktdaten und wusste, wer zu informieren wäre, wenn uns irgendetwas zustoßen sollte.

Einige Stunden bevor wir unser Hotel in Tysons Corner, Virginia, verließen, riefen wir einige Familienmitglieder an, um sie über unsere Abreise zu informieren. Ich sagte meinem Vater Art und meiner Stiefmutter Chrystal: »Ich liebe euch beide so sehr. Danke, dass ihr uns bei allen unseren Schritten unterstützt. Das wissen wir sehr zu schätzen.«

Die Stimme meines Vaters klang ein wenig zaghaft. Ich spürte, dass er sich bemühte, etwas Positives zu sagen und seine Sorge nicht offen zu zeigen. »Natürlich sind wir traurig, dass ihr geht, aber ihr könnt sicher sein, dass wir jeden Tag für euch beten«, sagte er. »Vermutlich werdet ihr uns nicht sofort kontaktieren können, aber bitte lasst uns so bald wie möglich wissen, dass ihr gut angekommen seid.« Wie üblich unterstützte er uns. Wenn meine Eltern Zweifel hatten, dann behielten sie diese für sich. All ihre Bedenken müssen sie Gott zu Füßen gelegt haben.

Julie hatte sich angeboten, uns Spezialitäten von zu Hause zu schicken, einschließlich aller Gegenstände, die wir vergessen hatten oder an unserem neuen Einsatzort vermissen würden. »Ich bin ja so gespannt, wie es euch in ███████ geht. Natürlich habt ihr ein mulmiges Gefühl, aber ihr macht eure Sache bestimmt gut. Ihr werdet an den Herausforderungen wachsen, wie immer. Schreibt uns, wenn ihr könnt. Wir können es gar nicht erwarten, von euch zu hören.«

»Danke, Schwesterherz. Ich rufe an und schreibe so bald wie möglich. Ich weiß nicht, wie gut das Telefonsystem oder das Internet dort sind, aber das werden wir bald herausfinden.«

»Pass gut auf dich auf, Shell.«

»Natürlich. Ich hab dich lieb, Sissie.«

Mir fiel es schwer, aufzulegen. Am liebsten hätte ich endlos weitergeredet. Ich schluckte schwer und versuchte, die Tränen zurückzuhalten. Wann würde ich wohl meine Familie wiedersehen und wie oft würden wir Gelegenheit haben, zu telefonieren? Wenige Minuten später luden Joseph und ich unser Gepäck in das Taxi und machten uns auf den Weg zum Flughafen.

Nach einem unendlich langen Flug blickte ich aus dem Fenster, während unser Flugzeug über Geröll, einzelnen Felsen und riesigen Kratern langsam sank. Die staubig braune Landschaft unter uns schien ohne eine Spur von Leben zu sein. Es war, als würden wir in privates Terrain eindringen, wie Astronauten, die sich zur Landung auf der dunklen Seite des Mondes bereitmachten. Die winzigen Zeichen von Zivilisation, die wir verstreut zwischen den sich majestätisch entfaltenden Bergen ausmachen konnten, waren der einzige Beweis dafür, dass dieser Planet noch unsere Erde war.

Als der Pilot zum Anflug auf den kleinen internationalen Flughafen ansetzte, ergriff mich ein Gefühl, auf das ich nicht vorbereitet war. Anstelle der normalen Aufregung, die mich gewöhnlich befiel, wenn ich an unbekannte Orte reise, empfand ich eine tiefe, bedrohliche Verlassenheit. Joseph und ich starrten aus dem Fenster auf unsere neue Umgebung, dann blickten wir einander nachdenklich und etwas besorgt an.

Ich wurde immer unruhiger und fragte mich, ob es wirklich eine weise Entscheidung gewesen war, unserer Entsendung an diesen Ort gleich für unseren ersten Einsatz zuzustimmen. Um unsere aufgewühlten Gedanken in Worte zu fassen, fragte ich rhetorisch: »Was haben wir nur getan?«

Wir wussten beide keine Antwort darauf. Den Blick auf die Gegend unter uns geheftet, fragten wir uns unablässig, worauf wir uns da eingelassen hatten.

Ein schlimmer Jetlag und die Erschöpfung nach der 33-stündigen Reise und Überfahrt taten ein Übriges. Wir waren richtig verstört, als wir einen ersten Blick auf unsere neue Heimat warfen. Das Land wirkte wie unberührt... eine wilde, ungezügelte Schönheit. Dieser geringe Entwicklungsgrad stand im starken Gegensatz zu allem, was uns vertraut war: zur wachsenden Metropole Kairo, zum belebten Souk von Marrakesch oder zu den imposanten Skylines in den Golfstaaten. Wir waren schon an allen möglichen Orten im Nahen Osten gewesen. Doch bei aller Vertrautheit mit der Region waren wir nicht darauf vorbereitet, so weit abseits der Zivilisation zu leben. Die Abgeschiedenheit unseres neuen Umfelds – einfache, kleine Dörfer, die durch tiefe Wassergräben und Meilen staubiger Straßen voneinander getrennt waren, dazu die begrenzte Infrastruktur – all dies nährte in mir den Zweifel, ob ich dem Leben hier tatsächlich gewachsen war. Ich war zwar schon viel innerhalb dieser Region gereist, hatte aber überhaupt keine Vorstellung davon gehabt, was mir hier bevorstehen würde.

Niemandem außer mir selbst konnte ich dafür einen Vorwurf machen. Als Joseph und seine Kumpels über mögliche Ersteinsätze diskutiert und davon geschwärmt hatten, wie toll dieses Land sein musste, hatte ich gemeint: »Warum gehen wir dann nicht hin?«

Er schaute mich an, als sei ich verrückt geworden, und fragte: »Du bist allen Ernstes bereit, dich nach ▇▇▇▇ schicken zu lassen?«

»Warum denn nicht?«, sagte ich.

Es gab gerade zwei freie Stellen beim CIA-Stützpunkt dort für Leute mit unseren Kompetenzen. Deshalb fand ich die Idee nicht so abwegig. Für das Hauptquartier war das natürlich ein Glücksfall, da nur wenige Offiziere bereit waren, nach ▇▇▇▇ zu gehen. Außerdem bekamen sie dadurch zwei Arabisten auf einen Streich.

Ein anderer klarer Vorteil, der für dieses Land sprach, war, dass unser Dienst dort eigentlich erst einen oder zwei Monate nach dem Abschluss meiner Ausbildung beginnen sollte. So etwas wünschte sich jeder Offizier, es war aber nur selten machbar. Doch das Personal in ▇▇▇▇ wollte die beiden freien Stellen dann doch dringend wieder besetzen und bat das Hauptquartier, uns baldmöglichst zu senden. Deshalb waren wir bei unserer Ankunft auf dem winzigen Flughafen – wo nicht einmal das einzige vorhandene Gepäckband richtig funktionierte – so überrascht, dass niemand uns in Empfang nahm, wie es beim Geheimdienst eigentlich üblich ist. Joseph zog sein neues Handy aus der Tasche, um mit unserem Ansprechpartner Kontakt aufzunehmen. Dieser fand daraufhin in einigen Telefonaten heraus, dass man uns wohl vergessen hatte. Schließlich schickte das Büro doch einen Fahrer, der uns vom Flughafen abholen sollte.

Vor Wochen schon hatten wir erfahren, dass unser neues Zuhause bei unserer Ankunft noch nicht bezugsfertig sein würde. Deshalb brachte uns der Fahrer zu dem einzigen Hotel in der Hauptstadt, das über ausreichende Sicherheitsstandards verfügte, um Amerikaner und andere Weststaatler aufzunehmen. Diese Übergangslösung war alles andere als ideal. Einen oder zwei Monate im Hotel zu leben, wäre schon in den USA schwierig genug. Aber in diesem Teil der Welt? Eine echte Herausforderung. Wir waren nicht nur gezwungen, sechs Koffer und vier Reisetaschen in einem winzigen Zimmer unterzubringen, es stellte sich auch noch heraus, dass das Hotel ein Relikt aus einer anderen Ära war: dunkel, baufällig und verwahrlost.

Nachdem wir uns in das staubige Zimmer gezwängt hatten, erklärte uns unser Ansprechpartner, wir dürften das Hotel nicht verlassen. Al-Qaida hatte gerade gedroht, Ziele in der Hauptstadt anzugreifen, die für die USA und andere Länder von besonderem Interesse waren. Daraufhin hat die Botschaft amerikanischen Bürgern geraten, die Altstadt zu meiden und sich möglichst wenig vom Fleck zu bewegen. Ich erinnere mich, dass wir an einem Donnerstagmorgen ankamen. Zu dieser Zeit war in diesem Land am Donnerstag und Freitag Wochenende. Wir wurden angewiesen, uns unauffällig zu verhalten und das ganze Wochenende im Hotel zu verbringen. Nachdem er uns diese unerfreuliche Nachricht überbracht hatte, gab uns unser Ansprechpartner die Notrufnummer der Marine-Sicherheittruppe der US-Botschaft und ließ uns allein.

Wir fühlten uns wie in einer Falle und waren fix und fertig. Es gab keinen Fernseher, nur eine dürftige Internetverbindung und das Essen war kaum genießbar. Ich bin im Allgemeinen anpassungsfähig, aber diese neue Situation stellte mein normalerweise optimistisches Wesen auf eine harte Bewährungsprobe.

Nachdem uns hier derartig die Hände gebunden waren und wir ein echtes Bedürfnis hatten, unseren heftigen Jetlag zu bekämpfen, beschlossen wir, genau das zu tun, wovor man uns am meisten gewarnt hatte: die Altstadt zu erkunden. Denn wir langweilten uns zu Tode und waren auf die Stadt gespannt, die für die nächsten zwei Jahre unsere Heimat werden sollte. Immerhin war sie eine der ältesten durchgehend bewohnten Städte der Welt, eine kulturelle und architektonische Ikone, von der wir gelesen hatten und die wir unbedingt mit eigenen Augen sehen wollten. Ich zog mich so bieder wie möglich an und wir nahmen ein Taxi vom Hotel bis zum Stadttor.

Als wir aus dem Wagen stiegen, fühlten wir uns, als stiegen wir aus einer Zeitmaschine. Es dauerte gar nicht lange, da starrten mich alle Augen in meiner Umgebung ungerührt an. Als wäre ich Marty McFly im Film *Zurück in die Zukunft*, der sich nach einer Zeitreise im Jahr 1955 wiederfindet. Von meinen früheren Reisen in den Nahen Osten war ich es schon gewohnt, im Mittelpunkt der Aufmerksamkeit zu stehen. Aber aus einem unerfindlichen Grund fühlte ich mich hier mehr als je zuvor fehl am Platz. Ich blickte zu Boden und versuchte, jeden Augenkontakt mit Männern zu vermeiden, die sich nach der außerirdischen Passantin buchstäblich umdrehten.

Als wir über gewundene Schotterstraßen weiter in den Souk – oder Marktplatz – hineingeschlendert waren, fiel mir ein Graffiti auf mit den Worten (auf Arabisch): »Tod Amerika. Tod Israel. Gott möge die Juden verfluchen.« Diese Botschaft war an Türen, Mauern und Fassaden zu lesen.

Als wir erkannten, wie weit die Feindseligkeit der Menschen in dieser Region gegenüber Amerikanern reichte, flüsterte Joseph mir zu: »Kein Englisch!« Ich hatte verstanden. Dann sprach er mit mir in einem stark libanesisch gefärbten Arabisch, das ich größtenteils nicht verstand. Aber ich tat so, als sei ich völlig ins Gespräch vertieft. Um meinen amerikanischen Akzent zu verbergen, beschränkte ich meine Antworten auf *na'am* (»ja«) und nickte gelegentlich mit dem Kopf, als sei Arabisch meine Muttersprache.

Zweck dieser Übung war es, zu verbergen, dass diese Botschaften *uns* galten. Joseph kam damit leicht durch. Mit seinen dunklen Haaren und seiner olivfarbenen Haut wurde er von Einheimischen nie für einen Amerikaner gehalten. Sie nahmen an, er käme aus einem – ihnen freundlich gesinnten – Nachbarland. Ich mit meiner deutlich westlichen Erscheinung konnte sie hingegen nicht so leicht an der Nase herumführen. Deshalb versuchte ich, als Libanesin helleren Typs durchzugehen.

Wir »plauderten« leise auf Arabisch weiter, brachen jedoch unseren Bummel durch das historische Viertel vorzeitig ab und ließen Moscheen, *Hammams* (Badehäuser) und Wohnhäuser aus dem elften Jahrhundert hinter uns. Dann traten wir aus dem Labyrinth des Souk hinaus auf eine gepflasterte Straße, wo wir ein Taxi rufen konnten.

Wir kehrten in unser dunkles, modriges Hotel mit seinen zahlreichen Sicherheitsvorkehrungen zurück. Die meisten westlichen Regierungsbeamten und Geschäftsleute kamen hierher. Deshalb gab es ein eigenes Sicherheitspersonal, das die Unterseite und den Kofferraum von Fahrzeugen auf Sprengstoff kontrollierte. Unter anderem fahndeten sie mittels Abstrich nach TNT, TATP und anderen häufig von Bombenherstellern verwendeten Chemikalien.

Nach diesem mittelmäßigen Wochenende erwarteten wir mit Spannung unseren ersten Arbeitstag. Auch unter diesen schwierigen Lebensbedingungen und trotz der verschärften Bedrohungslage konnten wir an unserem Arbeitsplatz doch wenigstens etwas Sinnvolles tun.

Ein Mitarbeiter holte uns an diesem Morgen im Hotel ab, um uns zum CIA-Gelände zu bringen. Nach der Passkontrolle mussten wir noch weitere Sicherheitskontrollen durchlaufen, bevor wir endlich in der eigentlichen Einrichtung angelangt waren. Sie war zwar sicher, aber klein und beengt.

Joseph und ich machten einen Rundgang, um unsere neuen Kollegen kennenzulernen, dann wurden wir ins Büro unseres Chefs geführt. Der hielt es nicht einmal für nötig, sich zur Begrüßung von seinem Stuhl zu erheben. Als seien wir nicht da, tippte er noch eine gefühlte Ewigkeit etwas in seinen Computer.

Ohne auch nur aufzusehen, sagte er: »Nehmen Sie Platz.«

Wir setzten uns. Mit einem seltsamen, unbehaglichen Gefühl fragten wir uns, wie lange das so weitergehen würde. Ich hatte mich ausgiebig mit menschlichem Verhalten befasst und erkannte, dass er uns damit wohl etwas vermitteln wollte. Es musste irgendetwas sein in der Richtung: »Ich hoffe, Sie nehmen sich genauso wenig wichtig, wie Sie es in meinen Augen sind.«

Als er schließlich aufsah, machte mir sein strenger Blick Angst. Ohne jede Wärme in der Stimme und mit einem unter der Oberfläche brodelnden Zorn begrüßte er uns in ████████ mit den Worten: »Ich habe einen kaputten Stützpunkt geerbt und versuche, ihn gerade wieder aufzubauen. Bisher war es nicht leicht, aber ich bin entschlossen, die Dinge wieder zum Laufen zu bringen. Ich erwarte, dass Sie Ihre Arbeit tun und mir keine Schwierigkeiten machen. Vermasseln Sie nichts! Haben Sie das verstanden?«

Vollkommen eingeschüchtert nickten wir und schafften es gerade einmal, ein »Ja, Sir« zu murmeln.

Ich war verwirrt. *Was ist denn mit dem los? Warum ist er so zornig auf uns? Wo um alles in der Welt sind wie hingeraten.*

»Sie können jetzt gehen«, sagte er und entließ uns.

Die nächsten drei Wochen sprach er kein Wort mit uns. Sein Führungsstil – bzw. sein fehlender Führungsstil – war beängstigend. Es war auch nicht so, dass ich ihn nie gesehen hätte. Wir begegneten einander immer wieder auf dem Flur und er tat jedes Mal so, als würde er mich nicht kennen. Ich beschloss, über den Dingen zu stehen, und sprach ihn bei jeder Begegnung mit einem »Guten Morgen, Sir« an. Dabei versuchte ich, so positiv und respektvoll wie möglich zu klingen. Auch wenn er tat, als hörte er mich nicht, ja, als wäre ich Luft, änderte ich mein Verhalten nicht.

Manchmal fühlte ich mich bei der CIA tatsächlich wie Luft. Ungeachtet meiner Qualifikation merkte ich schon früh, dass eines wohl immer gegen mich sprechen würde: Ich war eine Frau.

Joseph wurde anscheinend immer sofort respektiert. Die Leute gingen ganz automatisch davon aus, dass er wusste, was er tat. Mir hingegen brachten sie immer eine gewisse Skepsis entgegen – als fragten sie sich, wie ich dazu kommen konnte, eine solche Arbeit überhaupt nur tun zu *wollen*.

Nach den ersten paar Wochen im Feld als *Collection Management Officer* (CMO) fragte ich meinen Chef: »Werde ich jemals Quellen führen oder anwerben?«

»Warum wollen Sie denn *das*?«, fragte er ungläubig zurück.

Ich zögerte einen Augenblick. *Das kann nicht sein Ernst sein! Hat er mir tatsächlich diese Frage gestellt?* Ich schluckte und erklärte: »Weil ich dazu von der CIA das ganze letzte Jahr über ausgebildet wurde.«

»Also dafür brauchen wir Sie nicht. Sie sind hier im Büro besser aufgehoben.«

Ernsthaft?

Als ich jemanden aus der Personalabteilung auf dieses Missverständnis aufmerksam machte, wurde mir gesagt: »Für Frauen erscheint uns die Arbeit von *Collection Management Officers* geeigneter. Denn *Operations Officers* (OOs) gehen die meiste Zeit auf die Straße, rekrutieren und befragen Quellen. Diese Arbeit ist etwas für Ihren Mann. Sie sollten lieber CMO bleiben. Frauen wissen nicht, wie man mit Arabern umgeht.«

Wieder dachte ich: *Ernsthaft?*

Ich war am Boden zerstört. Allen künftigen Offizieren in meiner Klasse war von den Ausbildern gesagt worden, das CMOs genauso wie OOs Quellen anwerben und führen würden (wenn auch nicht ausschließlich), aber offensichtlich wussten die Feldleiter davon nichts.

In Wirklichkeit teilten die Personalabteilung und das Feldpersonal Frauen und Männern unterschiedliche Rollen zu, ohne auf Erfahrung, kulturelles Verständnis oder Fremdsprachenkenntnisse Rücksicht zu nehmen.

Als ich das erkannt hatte, war ich völlig ernüchtert. Vielleicht war ich ja *wirklich* am Schreibtisch besser aufgehoben als im direkten Umgang mit einer Quelle. Sie mussten es schließlich wissen, oder?

Indessen wurde jede Chance darauf, den Status quo zu verbessern, von einigen weiblichen Mitarbeitern untergraben, die die Mentalität geschwätziger Teenager noch nicht abgelegt hatten. Mit Lästerei und Misstrauen schufen sie eine Atmosphäre, die ein kollegiales Arbeitsumfeld unmöglich machte.

Es war unglaublich frustrierend. *Gott hat uns so weit gebracht,* dachte ich, *und ausgerechnet hier bin ich gelandet?* Das ergab keinen Sinn. Diese Kälte und Gleichgültigkeit am Arbeitsplatz war unfassbar. Wie sollten wir uns damit abfinden, wenn man bedenkt, was wir alles aufgegeben hatten, um hierher zu kommen? Wir hatten unseren Wagen und unser Haus in Alexandria verkauft, unseren ganzen restlichen Besitz verpackt, unser Leben entwurzelt und waren um die halbe Welt gereist an einen Ort, an dem niemand leben oder arbeiten wollte. Im Dienst für unser Land waren wir zu manchem Opfer bereit, aber damit ... hatten wir nicht gerechnet. So wollten wir von Kollegen nicht behandelt werden.

Trotz des feindseligen Arbeitsumfelds setzte ich mich voll ein. Ich machte zwar jede Menge Fehler und versuchte oft ein wenig unbeholfen herauszufinden, was ich eigentlich tun sollte, aber ich blieb am Ball. Eigentlich hätte ich Unterstützung dabei gebraucht, das Gelernte aus der Ausbildung im wirklichen Leben umzusetzen, aber es sah so aus, als müsste ich mich allein durchkämpfen.

Nach sechs bis acht Monaten hatte ich endlich mehr Durchblick. Als unser Chef sich davon überzeugt hatte, dass wir unsere Arbeit gut machten, taute er langsam Joseph und mir gegenüber auf. Wir wurden sogar Freunde.

Leider jedoch nicht lange. Als unser erster Chef seinen Einsatz beendet hatte, machte er Platz für Pfeifenkopf Nr. 2. Dieser Herr hatte sich diesen Posten nicht deshalb gesichert, weil er Führungsqualitäten gehabt hätte oder besonders sachkundig gewesen wäre. Er war nur einfach hartnäckig gewesen und kannte die richtigen Leute. Dass er absolut unfähig war, Operationen zu leiten, wusste er selbst nur zu gut, also versuchte er, seine Unsicherheit zu verbergen, indem er niemanden an sich herankommen ließ. Er verschanzte sich in seinem Büro und kam nur heraus, um irgendjemandem eine Abreibung zu verpassen oder auf die Toilette zu gehen. Ich glaube, er hatte panische Angst davor, dass wir ihn durchschauen könnten, was natürlich der Fall war. Aber schlimmer noch: Er verhielt sich gegenüber seinen Mitarbeitern boshaft und rachsüchtig. Ich wusste gar nicht, ob ich Abscheu oder Mitleid für ihn empfinden sollte. Wahrscheinlich war es eine Mischung aus beidem.

Ich will zwar nicht allzu sehr auf meinen negativen Aspekten innerhalb meiner Tätigkeit bei der CIA herumreiten. Aber ich glaube, bis zu einem gewissen Grad ist das nötig, um zu verstehen, dass trotz der wirklich interessanten Arbeit nicht ständig eitel Sonnenschein war. Denn ich habe bei der CIA wahrlich mehr als genug schlechte Erfahrungen mit Vorgesetzten und unangenehmen Situationen gemacht, aber auch viel dadurch gelernt – vor allem, mich einfach voll und ganz auf meine Arbeit zu konzentrieren. Es brauchte Zeit, aber irgendwann erkannten die Menschen meine Fähigkeiten sowie meinen Mut und begannen, mich zu respektieren.

In der Zwischenzeit vertraute ich darauf, dass Gott – wie immer – einen Plan hatte. Dieser Plan mag nicht immer offensichtlich sein, aber es gibt ihn und er dient dazu, uns auf das vorzubereiten, was noch kommen soll. Typisches Beispiel: Wenn auch sicher nicht mit Absicht, so hatte Jim mich doch durch seine anfängliche Reserviertheit ein Stück weit darauf vorbereitet, dass meine Chefs Nr. 1 und 2 mir die kalte Schulter zeigen würden. Hätte Jim mich herzlich aufgenommen, wäre der Empfang in ▮▮▮▮▮ noch weitaus enttäuschender gewesen. Und verglichen mit dem, was mir noch bevorstand, waren Intrigen am Arbeitsplatz ein Kinderspiel.

KAPITEL 7

Mr & Mrs Smith

Für die CIA war es natürlich ein Glücksfall, ein Ehepaar als Mitarbeiter zur Verfügung zu haben. Wir waren nicht nur bereit und in der Lage, in Länder zu gehen, die die meisten anderen Agenten ablehnten, sondern waren als Ehepaar sozusagen so etwas wie das Angebot »Nimm zwei und bezahle einen«. Wir bezogen zwar beide unser Gehalt und die Gefahrenzulage, aber die Aufwendungen für Haushaltsführung fielen nur einmal an: Miete, Möbel, Energieversorgung, Wasser, Geräte, Überwachung rund um die Uhr usw. Kurzum, wir waren ein Schnäppchen.

Natürlich hatte das auch für uns Vorteile. Zum Beispiel konnten wir uns gegenseitig emotional unterstützen, was unschätzbar wertvoll war. Aber machen wir uns nichts vor – unsere Tätigkeit hatte etwas Unheimliches, damit können nicht so viele Menschen etwas anfangen. Diese Erfahrungen mit seinem Ehepartner teilen zu können, jemanden zu haben, der versteht, was man durchmacht, weil er oder sie es mit einem durchmacht – das ist unbezahlbar.

Im Gegensatz zu vielen anderen Agenten hatten wir immer eine Schulter, an die wir uns in schwierigen Zeiten anlehnen konnten, wenn der Druck, in Kriegsgebieten und an anderen gefährlichen Orten zu leben, kaum mehr auszuhalten war. Wir konnten Geburtstage, Feiertage und Wochenenden gemeinsam verbringen, wenn auch manchmal im Büro. Es war immer tröstlich zu wissen, dass ein Augenpaar zusätzlich liebevoll über uns wachte und uns vor Gefahren schützte.

Insbesondere war die Last, unter einer falschen Identität leben zu müssen, auf zwei Schultern verteilt. Es ist schwierig, wenn ein Ehepartner kein CIA-Mitarbeiter ist, denn dann steht dieser immer am Rand. Zwar tut er alles, um den anderen so gut wie möglich zu unterstützen, versteht aber nie die Belastung, die mit diesem wahnwitzigen Leben verbunden ist.

Und doch taten wir gegenüber Quellen immer so, als seien wir einfach nur Kollegen. Warum sollten wir dem Feind auch einen möglichen Vorteil verschaffen? Wir versuchten also nach Kräften, unseren wirklichen Status nicht durch nonverbales Verhalten zu verraten. Aber bei aller Mühe führte der Versuch, diese persönlichen Informationen über uns unter Verschluss zu halten, immer wieder zu interessanten und witzigen Situationen.

Einmal befragten wir zum Beispiel einen mittelrangigen sunnitischen Aufständischen, der den Rebellenführern sehr nahestand. Joseph hatte ihn überredet, mit der US-Regierung zusammenzuarbeiten. Wunderbarerweise hatte er sich tatsächlich bereit erklärt, keine Anschläge auf Koalitionstruppen mehr zu verüben. Einmal holte Joseph mich dazu, damit ich Khalid direkt befragen könnte. Ich sollte versuchen, auf einem meiner Spezialgebiete an Informationen zu gelangen.

Khalid war ein egozentrischer, gewiefter Iraker mit einer gefährlichen Ideologie: Seinen eigenen Angaben zufolge war er Salafist, gehörte also einer ultrakonservativen Strömung des Islam an, die vor allem von Saudi-Arabien unterstützt wird. Manche Salafisten sind Dschihadisten und Khalid fiel in diese Kategorie. Er propagierte den offensiven Dschihad – d. h. proaktive Gewalt – gegen die vermeintlichen Feinde des Islam.

Eine Quelle wie Khalid war also kein Fall für einen x-beliebigen Agenten. Es musste jemand sein, der im Umgang mit harten Dschihadisten erfahren war und mit seiner Art zu reden bei ihm auf Resonanz stoßen würde. Joseph fiel das nicht schwer. Die Eltern von vielen seiner Mitschüler auf der Highschool hatten dem Ägyptischen islamischen Dschihad angehört. Und einige dieser Schüler wurden später Mitbegründer von al-Qaida. Joseph hatte ihr Treiben damals jeden Tag vor Augen. Ihre Mentalität und ihr Verhalten waren ihm vertraut. Durch diese besondere Erfahrung, in der Höhle des Löwen gelebt und sich darin behauptet zu haben, fand Joseph die richtigen Worte und wusste, wie er sich zu verhalten hatte.

Das Wissen um Khalids festgefahrene Ansichten half ihm, das Gespräch mit ihm in eine andere Richtung zu lenken. Er erklärte, die Vereinigten Staaten seien nicht der Feind. Die Rebellen würden anstatt ihres erklärten Ziels, die Koalitionstruppen aus dem Irak zu vertreiben, genau das Gegenteil erreichen. Immer mehr Truppen würden gesandt, um nach dem Chaos, das wir durch die Entmachtung Saddam Husseins und die Auflösung des Militärs und der Polizei angerichtet hätten, wieder für Stabilität zu sorgen. Währenddessen wachse al-Qaida wie ein Krebsgeschwür und nehme große Teile des sunnitischen Gebiets ein. Stammesführer und Rebellengruppen müssten weiterdenken und ihr Augenmerk auf Führung und Kontrolle legen, anstatt sich über die Koalitionstruppen den Kopf zu zerbrechen. Je schneller die Rebellen einlenkten, desto schneller könnte die Koalition ihre Truppen zurückziehen und das Land verlassen.

Khalid war ein kluger Kopf. Kaum hatte ihm jemand die Situation aus dieser strategischeren Perspektive dargelegt, begriff er. Und erstaunlicherweise war er in der Lage, andere Rebellen zu beeinflussen und ihnen diese Sichtweise verständlich zu machen. Die Zeit, die Joseph mit Khalid verbrachte, war außerordentlich wertvoll. Er erwies sich als hervorragende Quelle, beruhigte die Rebellen und brachte sie dazu, als Bollwerk gegen al-Qaida zu fungieren.

Um Khalid besser dafür zu öffnen, Verpflichtungen einzugehen, gab sich Joseph vor ihm nie als Christ zu erkennen. Khalid hielt Joseph für einen Moslem und Joseph klärte diesen Irrtum niemals auf. Um die Fassade zu wahren, musste Joseph in eine andere Rolle schlüpfen. Er trat unter einem anderen Namen auf (Jamal), änderte seine Wortwahl leicht und achtete auf sein Verhalten. Es gibt zum Beispiel bestimmte Redewendungen, die Muslime verwenden, Christen jedoch eher vermeiden, wie *Bismillah* (»im Namen Gottes«). Manche Muslime sprechen diesen Satz, wenn sie eine neue Tätigkeit beginnen, sei es Essen, Trinken oder auch Surfen im Internet. Joseph musste sich auch über die Bedeutung einfacher Verhaltensmuster im Klaren sein, zum Beispiel, wer beim gemeinsamen Betreten oder Verlassen eines Raums rechts bzw. links gehen sollte. Diese Feinheiten zu beachten, war ganz entscheidend, um die Tarnung aufrechtzuerhalten.

Eine andere für diese Geschichte relevante Tradition ist, dass salafistische Männer keine Goldringe tragen. Sie richten sich nach

Fatwas (islamischen Urteilen) auf der Grundlage der *Hadith,* wonach ein Mann einen Ring als Schmuck tragen darf, der jedoch aus Silber sein muss. Frauen dürfen Goldringe und anderen Goldschmuck tragen, aber in konservativen Kreisen ist man sich einig darin, dass dies nicht für Männer gilt. (*Hadith* sind historische Sammlungen von Zitaten und Taten Mohammeds, die Muslime verwenden, um die Lehren des Koran noch weiter zu erläutern.) Joseph wusste um diese Beschränkung und nahm vor seinen Treffen mit Khalid jedes Mal seinen Goldring ab.

Als Salafist unterstützte Khalid eine strenge Auslegung des Gesetzes der *Scharia,* das Männern und Frauen streng unterschiedliche Rollen zuweist und für Frauen den Platz an Heim und Herd vorsieht. Deshalb war ich mir nicht so sicher, was er dazu sagen würde, von mir befragt zu werden, einer fremden (und noch dazu nicht muslimischen) Frau im gebärfähigen Alter. In der Begegnung mit solchen Männern habe ich schon die verschiedensten Reaktionen erlebt. Das eine Extrem ist völlige Ablehnung; manche Männer vermeiden jeden Augenkontakt und jede Berührung, einschließlich Handschlag. Andere lassen sich höflich darauf ein. Das andere Extrem sind Männer, die begeistert jede Gelegenheit ergriffen, mit einer Frau Kontakt zu knüpfen, die mich berühren oder mir näherkommen wollen.

Sobald ich in den Raum trat, war Khalid ausgesprochen freundlich. Joseph stellte mich als »Sarah« vor, eine Kollegin, die sich auf Terrorbekämpfung spezialisiert habe. Ich hatte noch kein Arabisch gesprochen, sodass Khalid davon ausging, dass ich diese Sprache nicht beherrschte. Er sah zu »Jamal« hinüber und beging eine der im Nahen Osten unverzeihlichsten Sünden. Nicht ahnend, dass sein Kommentar sich auf Jamals Frau bezog, sagte Khalid: »Sie haben mir nicht gesagt, dass Sie eine wie sie zu unserem Treffen mitbringen würden! *Wallahi* [,Ich schwöre bei Gott'], hätten Sie zehn so gut aussehende Frauen wie sie mitgebracht, hätten Sie den Krieg gewonnen. Wir hätten uns alle ergeben.«

Nachdem ich Schwierigkeiten mit dem irakischen Dialekt hatte, begriff ich nicht genau, was er sagte, aber eines war mir klar: Es war höchst unpassend und aufreizend. Joseph versuchte, über Khalids Witz zu lachen, fühlte sich aber ganz offensichtlich äußerst unwohl. Er durfte sich nichts anmerken lassen, aber dass ein Aufständischer aufreizende Kommentare über seine Frau abgab, war eine ungewöhnliche Erfahrung. Vor allem in einem Land, in dem solch ein Verhalten einem Mann das Leben kosten konnte. Khalid versuchte, lässig und witzig aufzutreten (viele Araber scherzen gerne), aber ohne sich dessen bewusst zu sein, hatte er mit seiner Bemerkung hochgradig provoziert. Hätte er geahnt, was er da tat, wäre er entsetzt gewesen.

Peinlich berührt von Khalids mangelndem Anstand erhob ich mich, um aus dem Kühlschrank in der Ecke eine Wasserflasche zu holen. Als ich mich bückte, um die Flasche herauszunehmen, kam Joseph zu mir herüber und flüsterte mir zu: »Nimm deinen Ring ab.«

Der auffällige goldene Ehering, den ich vor Treffen normalerweise abnehme, glitzerte und glimmerte an meinem Finger. Ich sah Joseph an und bemerkte, dass auch er seinen – genau identischen – Ring trug. Auch er hatte vergessen, ihn abzunehmen. Ich zog den Ring von meinem Finger, stand auf und verstaute ihn in meiner Hosentasche in der Hoffnung, dass Khalid mich nicht dabei beobachtete. Mit dem Rücken zu Khalid nahm auch Joseph seinen Ring ab und verbarg ihn in der Hand vor Khalids Blicken.

Wir gingen zurück in die Mitte des Raumes und nahmen um den gläsernen Couchtisch Platz. Nach ein wenig Small Talk kam

Joseph schließlich zur Sache. (Joseph fungierte bei diesem Treffen als Dolmetscher, um Khalid und mir die Verständigung zu ermöglichen, peinlich darauf bedacht, zu verbergen, dass auch ich ein wenig Arabisch sprach.) Er erklärte, ich sei hier, um Khalid einige wichtige Fragen zu stellen, und bäte um seine volle Aufmerksamkeit. Als ich begann, den Zweck meines Kommens zu erklären, rutschte Joseph irgendwie sein Goldring aus der Hand. Er landete aber nicht nur einfach auf der Tischplatte, sondern sprang langsam und majestätisch – in Zeitlupe ... *ding! ding! ding!* – über den Glastisch und blieb direkt vor Khalid liegen. *Na glänzend!*

Joseph streckte blitzschnell den Arm aus und griff nach dem Ring in der Hoffnung, dass Khalid das Geschehen in der Kürze der Zeit gar nicht verarbeiten konnte. Um die Aufmerksamkeit von dem springenden Goldring wegzulenken, begann ich mit der Befragung. Khalid wirkte ein wenig verwirrt, wollte aber offensichtlich das Gespräch fortsetzen.

In einer solchen Situation glichen Joseph und ich nicht so sehr Mr und Mrs Smith aus der Komödie mit Brad Pitt und Angelina Jolie, sondern mehr dem inkompetenten Inspektor Clouseau. Allein wäre das Leben aber noch wesentlich schwieriger gewesen. Dass wir zusammenarbeiten konnten, war ein entscheidender Vorteil.

Einmal hatten wir die seltene Gelegenheit, bei unserer Arbeit auf ein anderes Ehepaar zu treffen, und die Sache ging ganz anders aus, als wir erwartet hatten.

Aus Hollywoodfilmen haben die meisten Menschen eine ziemlich glanzvolle Vorstellung von der CIA. Hart, aber wahr ist allerdings, dass Agenten mehr Zeit mit der Vorbereitung auf Treffen und mit dem Aufschreiben der Ergebnisse verbringen als mit der eigentlichen Operation. Dies ist eine sehr mühsame Seite der Geheimdiensttätigkeit, die die Öffentlichkeit nicht sieht.

Ein anderes zeitaufwendiges Unterfangen ist das Entwickeln von sogenannten Subjekten – von Menschen, mit denen sich Agenten anfreunden. Dahinter steht die Hoffnung, dass diese sich irgendwann bereit erklären würden, mit der CIA zusammenzuarbeiten. Im Geheimdienstjargon wird dies als Rekrutieren oder Anwerben bezeichnet. Es ist aber kein Kinderspiel, Menschen so weit zu bringen, dass sie ihr Leben aufs Spiel setzen. Joseph und ich mussten jedes Mal systematisch eine solide freundschaftlich vertrauensvolle Basis aufbauen, eine wichtige Voraussetzung jeder erfolgreichen Rekrutierung. Wenn wir eine nette Person entwickelten, konnte das richtig Spaß machen. Aber viele der Subjekte, die wir anzuwerben versuchten, waren alles andere als aufrechte Wesen.

So auch Sayf. Er arbeitete für einen Staat, der in einem höchst feindseligen Verhältnis zu den Vereinigten Staaten stand. Seine Regierung hatte zahlreiche Terroranschläge auf US-Ziele finanziell unterstützt; unsere Länder waren also wirklich nicht gerade Freunde. Sayf war zweifellos für die CIA interessant.

Zufälligerweise war er mit einer reizenden jungen Dame namens Amina gerade frisch verheiratet. Wie in diesem Land üblich, hatten die beiden Elternpaare die Hochzeit arrangiert. Trotzdem wirkten Sayf und seine junge Ehefrau sehr verliebt, und nur wenige Monate nachdem sie sich das Jawort gegeben hatten, wurde Amina schwanger. Als wir das junge Paar bei unserem zweiten Einsatz kennenlernten, war ihr kleiner Sohn ein Jahr alt.

Joseph begann, sich mit Sayf anzufreunden, und wir trafen uns häufig mit dem Ehepaar zum Kaffee, Tee oder Abendessen. Sie waren äußerst großzügige Gastgeber in ihrer Villa und setzten uns oft zehn verschiedene Köstlichkeiten zu einer Mahlzeit vor, deren Vorbereitung Amina sicherlich den ganzen Tag gekostet haben musste.

An einem Wochenende wollten wir uns revanchieren und ich verbrachte meinerseits den ganzen Tag am Herd. Ich war ziemlich nervös, denn es ist durchaus eine Herausforderung, sich zu überlegen, wie man den Geschmack und die Erwartungen von Menschen trifft, die einen völlig anderen kulturellen Hintergrund haben. In der arabischen Welt sind viele für kulinarische Experimente wenig offen. Sie essen am liebsten die Gerichte, die sie kennen, und lassen sich ungern auf etwas Neues ein. Das steht ganz im Gegensatz zu den Amerikanern, die ganz wild darauf sind, Neues zu probieren und die Kochkunst anderer Länder zu entdecken. Leider verstand ich von ihrer gewohnten Küche gar nichts. Meine erprobten Gerichte hingegen waren ihnen völlig fremd.

Ich habe in meiner Laufbahn viele Diplomaten und internationale Gäste bewirtet und es hat mich immer wieder bestürzt, wie oft ich eine Rückmeldung dazu bekam, wie ich mein Essen hätte schmackhafter machen können: »Eine Spur mehr Zitrone« (an einem Gericht, für das ich zwei Stunden in der Küche gestanden hatte) oder »Hätten Sie etwas weniger Zucker in die (hausgemachte dreilagige) Torte gegeben, wäre sie viel besser gewesen.«

Das ist doch seltsam. Für mich ist es undenkbar, einen Gastgeber oder eine Gastgeberin zu kritisieren, die mit der Zubereitung des Essens stundenlang beschäftigt war – ganz egal, wie es schmeckt. Aber im Nahen Osten ist das gang und gäbe. (Und wohlgemerkt: Ich bin eine ziemlich gute Köchin!)

Trotz meiner Aufregung verlief die Mahlzeit gut. Ich servierte das berühmte Hähnchen-Curry mit Sahnesoße nach dem Rezept meiner Schwiegermutter – eigentlich ein südindisches Gericht, das wir an unseren Geschmack angepasst haben. Für uns kann es gar nicht scharf genug sein! Dazu bereitete ich einen Salat aus gebratenem Paprika und Kichererbsen, Lamm-*Kofta* mit Knoblauch-Joghurt-Dip, türkische *Pide* (eine Art kleine Pizzas) und hausgemachte Brownies mit Schokostückchen.

Auch wenn ich ihnen nicht ihre traditionellen Gerichte vorsetzte, kritisierten sie meine Bemühungen nicht. Außerdem war ich froh, dass sie es überhaupt aßen. Schon oft hatte ich für Gäste den ganzen Tag in der Küche gestanden und musste mir dann anhören, sie hätten keinen Hunger. Und oft rührten sie die Früchte meiner Bemühungen dann auch tatsächlich nicht an.

Nach dem Essen gingen wir zu einer Tasse Kaffee, Tee, einem Dessert und verschiedenen Nüssen zum Knabbern ins Wohnzimmer. Joseph hatte mir schon zuvor gesagt, dass er mit Sayf einen Spaziergang um den Block machen würde, um zu versuchen, ihm einige Informationen zu entlocken. Ich war ganz aufgeregt, dass wir nun vielleicht an einem Punkt angelangt waren, an dem Sayf bereit wäre, uns sensible Einblicke in das autoritäre Regime zu geben, für das er arbeitete. Denn würde er tatsächlich Informationen preisgeben oder Unzufriedenheit mit der Politik seiner Regierung erkennen lassen, wäre das ein Durchbruch in unserem Verhältnis.

Zur vereinbarten Zeit erhoben sich Joseph und Sayf und teilten uns mit, sie würden kurz frische Luft schnappen. »Alles klar, viel Spaß!«, entgegneten Amina und ich.

Nun wurde die Situation für mich etwas komplizierter, weil wir keine Dolmetscher mehr hatten. Amina stammte aus einem bekannten, aber sehr zurückgezogen lebenden Stamm in ihrem Land. Ihr Dialekt war so einzigartig – ich hatte noch nie etwas Ähnliches gehört. Vom modernen Standard-Arabisch (MSA), das ich in Georgetown studiert hatte, oder dem ägyptischen Dialekt, den ich in Kairo gelernt hatte, war dieser meilenweit entfernt. Aminas Wortschatz und ihr Akzent waren so ausgeprägt, dass sich ihr Arabisch wie eine völlig andere Sprache anhörte.

Deshalb war die Unterhaltung mit ihr eine Tortur für mich. Ich musste jede einzelne meiner grauen Zellen bemühen, um sie auch nur einigermaßen zu verstehen. Nach zwanzig Minuten war ich mit meinem Arabisch am Ende. Aber so schwierig es war, ich sagte mir immer wieder, es sei die Mühe wert, wenn Joseph unten mit Sayf Fortschritte machte.

Weitere zwanzig Minuten zogen sich quälend in die Länge. Ich hoffte verzweifelt, dass Joseph und Sayf ihren Spaziergang endlich beenden, zur Tür hereintreten und mich vor mir selbst retten würden. Während ich über mein erbärmliches Arabisch sinnierte, schnitt Amina das Thema Familie an. Sie hatte keine hohe Meinung von der amerikanischen Kultur, da es dort so viele Scheidungen gäbe. Amerikaner hätten eine zweifelhafte Moral und lebten ihre Sexualität ungezügelt aus. Außerdem fragte sie mich: »Warum halten die Amerikaner ihre Familien nicht so hoch wie die Araber?«

Dies sind wohl in jeder Sprache komplizierte Themen, aber auf diese Werturteile auf Arabisch antworten zu müssen ... Noch heute bekomme ich Kopfschmerzen beim Gedanken an die linguistischen Klimmzüge, die ich vollführt habe beim Versuch, ihre Fragen sinnvoll zu beantworten. Ich war völlig unbeholfen und nicht in der Lage, Amina die Eigenheiten meines Volks und meiner Kultur zu erklären.

Mehrmals sah ich auf meine Armbanduhr. Seit meinem letzten verzweifelten Blick darauf mussten Stunden vergangen sein, aber leider waren es nur fünf Minuten. Reden – über – Unangenehmes.

Unsere Kommunikationsfähigkeiten waren mittlerweile erschöpft und Joseph und Sayf hatten schon vor fast einer Stunde die Wohnung verlassen. Ich dachte mir: *Hoffentlich entlockt er ihm dafür wenigstens ein paar richtig wichtige Informationen!*

Eigentlich liebe ich persönliche Gespräche mit einzelnen Menschen. Deshalb fühlte ich mich umso unwohler dabei, einfach nur dazusitzen und Amina anzustarren. Ich versuchte, mit ihrem kleinen Sohn zu spielen, aber der war zu müde. Dann zeigte ich Amina ein paar Fotoalben und wir versuchten anschließend, uns gegenseitig ein paar Worte in unserer jeweiligen Sprache beizubringen. Schließlich fiel uns nichts mehr ein. Amina gähnte. Ich gähnte. Das Baby gähnte. Wir waren erschöpft. Schon zwei Stunden waren unsere Männer nun weg.

Ich drehte Däumchen. Amina spielte mit ihrem Kopftuch. Das Baby gähnte wieder. Nach zweieinhalb Stunden – einer gefühlten Ewigkeit – kamen Joseph und Sayf endlich zurück. Als sie ins Haus traten, war ich grenzenlos erleichtert.

Da wir alle sehr müde waren, bedankte sich die Familie für die Bewirtung und verabschiedete sich sofort. Kaum waren sie draußen, schalteten wir unser Geräuschüberdeckungssystem ein, damit unsere Gespräche nicht über möglicherweise versteckte Überwachungsgeräte mitgehört werden konnten. Endlich bekam ich Gelegenheit, Joseph die Fragen zu stellen, die mir schon den ganzen Abend unter den Nägeln gebrannt hatten: »Also, wie lief's? Hast du etwas erreicht? Was ist passiert?«

Seltsamerweise sagte er nur ein Wort. »Nichts.«

»Was?«

»Nichts.«

»Wie ist das möglich? Ihr wart doch zweieinhalb Stunden weg!«

»Du wirst es nicht glauben«, sagte er, »aber wir haben uns überhaupt nicht unterhalten. Nicht einmal einen Spaziergang haben wir gemacht. Wir sind in sein Auto gestiegen und er ist in eine Kneipe in der Stadt gefahren, um sich mit seiner Freundin zu treffen. Ich musste däumchendrehend dasitzen und zusehen, wie er sie küsste und begrapschte. Es war lächerlich.«

Bestürzt sagte ich: »Was? Ist das dein Ernst? Er hat die Zeit mit dir als Alibi benutzt, um seine Freundin zu treffen ... in einer Kneipe?«

»Genau.«

»Und ich musste dabei auf seine Frau aufpassen?«

»Ja!«

Ich traute meinen Ohren nicht. »Sayf hat also seine hiesige Freundin abgeknutscht, während seine Frau bei mir auf dem Sofa saß und mir erzählte, die Amerikaner hätten keine Moral?«

»So ist es!«

Ich kochte vor Zorn. »So eine maßlose Verlogenheit!«, stieß ich hervor.

Und dies, liebe Leser, sind die Facetten des Agentendaseins. Manchmal läuft es richtig gut, ein andermal ist es einfach nur furchtbar. Manchmal ist es aufregend, ein andermal tödlich langweilig. Und manchmal muss man auf eine Ehefrau aufpassen, damit ihr Gatte seine Heimlichkeiten treiben kann.

Wie dem auch sei, es ist auf jeden Fall ein Vorteil, dabei nicht allein zu sein.

KAPITEL 8

Heraus aus der Gefahrenzone

Wir waren etwa ein Jahr an unserem ersten Einsatzort, als ich wie jeden Morgen mit dem Auto zum CIA-Gelände aufbrach. Da Joseph unterwegs war, war ich auf mich allein gestellt und nervöser als gewöhnlich. Die Fahrt von unserem Haus bis zu meinem Arbeitsplatz am südlichen Stadtrand dauerte ungefähr zwanzig Minuten. Meine Kollegen und ich mussten an diesem gnadenlosen Ort auf den Straßen besonders vorsichtig sein. Als amerikanische Bürger und US-Regierungsbeamte stellten wir für al-Qaida, die in der ganzen Stadt ihre Leute hatte, willkommene Ziele dar.

In der Ausbildung hatten wir gelernt, dass wir im Fahrzeug auf dem Weg zur Arbeit und zurück sowie beim Betreten und Verlassen des Arbeitsgeländes am meisten gefährdet seien. Hier brauchten Angreifer nur auf der Lauer zu liegen und uns zu überfallen.

Mir war es schmerzhaft bewusst, dass der amerikanische Diplomat Laurence Foley in seiner Wohnung in Amman ermordet worden war, und dies nur sieben Monate bevor wir unseren Einsatz in einem Land begannen, das in mancherlei Hinsicht noch feindseliger eingestellt war als Jordanien. Der Schütze traf Foley, als dieser gerade in seinen Wagen einsteigen und zur Arbeit fahren wollte. Die beiden Mörder – ein Jordanier und ein Libyer – führten das Attentat im Auftrag von Abu Musab al-Zarqawi, dem künftigen Führer von al-Qaida im Irak, aus.

Ich hatte nicht die Absicht, auch zum Opfer zu werden – nicht, wenn es sich irgendwie verhindern ließe. Vorsichtig trat ich aus unserem Grundstück heraus und sah mich um, ob jemand mir in irgendeinem Winkel um mich herum auflauerte. Ich bemerkte nichts Verdächtiges und brach ohne besondere Vorkommnisse zur Arbeit auf. Als ich aus unserem Wohnviertel in die Hauptstraße abbog, versicherte ich mich mehrmals im Rückspiegel, dass ich nicht verfolgt wurde.

Etwa auf halbem Weg musste ich an einer roten Ampel anhalten. Geduldig wartete ich, bis einige Fußgänger vor mir die Straße überquert hatten. Einer der Männer lief auffällig langsam, blickte zu meinem Wagen herüber und sah mich durch die Windschutzscheibe. Ich saß allein am Steuer eines großen SUV. Als die Augen des Mannes mich fixierten, blitzte in ihnen ein Blick auf, den ich nur zu gut kannte, hatte ich doch bereits in den rückständigsten Regionen dieser Welt gelebt. Es war der Blick eines hungrigen Hundes, der nach Tagen des Darbens gerade seine erste Mahlzeit gewittert hat – ein perverser, gieriger, finsterer Blick, so abscheulich, dass es mir heiß und kalt den Rücken hinunterlief. Ich kam mir vor, als säße ich splitternackt auf dem Fahrersitz. Wohlgemerkt, ich trug ein Langarmshirt, sodass nur mein Gesicht und mein Hals freilagen, aber offensichtlich war auch das schon zu viel für ihn (oder für den dunklen Geist, der von ihm Besitz ergriffen hatte).

Er blieb mitten auf der Straße stehen und stellte seinen Fuß vor dem Fahrzeug quer. Zu meinem Schrecken fing er an, mit den Händen zu gestikulieren und eine unglaublich unanständige sexuelle Handlung zu vollführen. Ich war bestürzt und traute meinen Augen nicht. Auf meinen vielen Reisen hatte ich noch nie zuvor so etwas erlebt. *Was erlaubt sich der Kerl? In aller Öffentlichkeit! Ein solches Verhalten ist unmöglich. Das geht einfach nicht – in keinem Land, in keiner Kultur! Abscheulich!*

Bestimmt würde der Mann gleich zur Besinnung kommen und weitergehen, aber nein, er stand einfach da in seiner weißen *Dischdascha* (einem langen, fließenden Gewand) und seiner Sportjacke im westlichen Stil mit aufgenähtem Logo auf dem Ärmel. Er setzte seine obszönen Gesten eine gefühlte Ewigkeit fort. Bald wurden andere Männer auf dem Gehsteig auf ihn aufmerksam und ich spürte, wie mir die Röte ins Gesicht stieg. Ich war zutiefst beschämt. Endlich schaltete die Ampel auf Grün um, aber ich konnte nicht weiterfahren, denn der Mann stand direkt vor meinem Wagen.

Immer wütender gestikulierte ich mit den Händen in Richtung Gehsteig und schrie: »Aus dem Weg, Sie Idiot!« Ich fuchtelte weiter mit den Armen, brüllte ihn auf Englisch und Arabisch an, er solle sich endlich in Bewegung setzen. Durch die Scheibe konnte er mich zwar nicht hören, was mich aber nicht daran hinderte, weiterzuschreien. Mittlerweile hatte eine kleine Gruppe von Männern Gefallen an dem Spektakel gefunden und trat näher, um mich besser beobachten zu können. Das Verhalten des Mannes schien sie wenig zu stören, ihr Interesse galt viel mehr *mir*. Sie *mussten* einfach hinter die Scheibe blicken, um den Auslöser dieser Vorstellung zu sehen. Seit ich für die CIA arbeitete, wurde ich anscheinend entweder völlig ignoriert, weil ich eine Frau war, oder aber ich befand mich im Zentrum der Aufmerksamkeit. Dazwischen gab es gar nichts.

Nachdem ich schon über ein Jahr in ███████ gelebt hatte, wusste ich, wie schnell sich nach einem Autounfall eine Traube von Männern um ein Fahrzeug bilden kann. Es ist immer ein höchst ungewöhnlicher Anblick: Hunderte von Männern stehen um das Unfallfahrzeug herum, manche von ihnen pressen ihre Nase gegen die Scheibe und versuchen, einen Blick auf die Insassen zu erhaschen – insbesondere, wenn Frauen darunter sind. (Nein, sie haben *wirklich* nichts Besseres zu tun.) Sie stehen einfach da und starren durch die Scheibe. Die Chance, eine Frau so nah zu sehen, ist eine Gelegenheit, die sie nicht auslassen können. Und an diesem Tag war ich an dieser Kreuzung das einzige weibliche Wesen weit und breit.

In ███████ dürfen Frauen das Haus nur verlassen, um auf dem Wochenmarkt oder im Lebensmittelladen einzukaufen oder um Verwandte oder Freunde zu besuchen. Einheimische Frauen sind *munaqabeen,* das bedeutet, sie sind völlig verhüllt in schwarzer Kleidung. Kein Körperteil, bis auf die Hände, liegt frei.

███████ ist ein derartig konservatives Land, dass selbst ein weibliches Gesicht auf einem Werbeplakat an der Straße kein langes Leben hat. Schnell nimmt irgendjemand daran Anstoß und übermalt das perverse Bildnis. Ein Mann bekommt außer seiner Mutter, seinen Schwestern, Töchtern oder Ehefrauen (ja, der Plural ist Absicht!) keine Frauen zu Gesicht.

Mein Magen krampfte sich zusammen. Ich war bestürzt und angewidert von dem Verhalten des Mannes. Es wurde mir aber auch mehr und mehr bewusst, dass er mich durch diese Szene in echte Gefahr brachte. ███████ ist eine Hochburg in Sachen Autoraub und Entführungen. Eine meiner Vorgängerinnen war genau in dieser Stadt im Auto überfallen worden. Sie hatte mir die Geschichte erzählt, als sei es keine große Sache gewesen, weil es noch in der guten alten Zeit passiert sei, als die Entführer ihre Opfer wie Ehrengäste behandelt hätten. Sie benutzten häufig westliche Geiseln, um ihren Einfluss in Verhandlungen mit der Regierung zu stärken. Es ging dabei meist um grundlegende Einrichtungen, die sie für ihr Dorf brauchten, zum Beispiel eine Schule oder eine Klinik.

In jüngster Zeit jedoch hatten sich Entführungen zu einem tödlichen Sport entwickelt, den die Opfer in der Regel mit dem Leben bezahlten, wenn die Regierung sich ungeschickt einmischte oder al-Qaida beteiligt war.

Entführungen wurden nicht zwangsläufig vorher geplant, sondern Ausländer wurden nicht selten zu Gelegenheitszielen. Stammesangehörige nahmen Fremde gefangen und verkauften sie an al-Qaida, weil sie dringend Bargeld brauchten. Und eines wusste ich als Terrorabwehr-Offizierin – solche Entführungen gingen nie gut aus.

All dies schoss mir in diesem Moment durch den Kopf. Es war mir aber klar, dass ich mich nicht von Angst überwältigen und lähmen lassen durfte. Ich konnte mich nicht einfach verstecken und hoffen, dass die Situation schon nicht eskalieren würde. Ganz automatisch zeigte mein Sicherheitstraining Wirkung und ich fühlte mich gedrängt, »die Gefahrenzone zu verlassen«.

Im CIA-Jargon wird der Ort eines Angriffs als »X« bezeichnet. Es ist die Stelle, an der die Angreifer den größten Vorteil haben, da sie die Umgebung unter ihrer Kontrolle haben. Sie erhöhen ihre Erfolgschancen durch Anhalten, Umkreisen oder Lahmlegen des Fahrzeugs, sodass jedes Entkommen schwierig ist. Aus der Sicht des Opfers gesehen ist »X« die größte Schwachstelle, die

Position, in der es den Ausgang der Situation am wenigsten kontrollieren kann. Deshalb wird uns beigebracht, alles zu unternehmen, um aus der Gefahrenzone, dem »X«, zu entkommen.

An dieser Kreuzung saß ich mitten in der Gefahrenzone. Die Menge der Männer, die sich um meinen Wagen versammelten, wuchs von Minute zu Minute. Gar nicht auszudenken, was geschehen würde, wenn sich Extremisten darunter befänden und sie entdeckten, dass ich allein war ... Darauf konnte ich es nicht ankommen lassen. Leider war ich zwischen dem Anstifter und einer kaputten Limousine nur wenige Zentimeter hinter mir eingequetscht.

Wie in einem Zombiefilm in Zeitlupe liefen Einheimische mit verschiedensten Waffen – insbesondere Ritualmessern – aus allen Richtungen herbei. Sie tauchten aus Geschäften und Seitenstraßen auf, um sich einen Platz möglichst nah an meinem Wagen zu sichern. Innerhalb von zwei Minuten hatte sich die Zuschauergruppe auf zwanzig bis dreißig anzüglich grinsende Männer ausgeweitet. Bald würde mein SUV gänzlich umstellt und ich bewegungsunfähig sein.

Fieberhaft dachte ich nach. *Was soll ich tun? Wie komme ich hier raus?*

In einem Moment höchster Verzweiflung nahm ich meinen Fuß von der Bremse. Der SUV vollführte einen Satz nach vorne und die Stoßstange traf den Mann mit einem dumpfen Schlag. Selten habe ich einen Menschen so perplex gesehen. Nie im Leben hätte er gedacht, dass ich mir herausnehmen würde, ihn tatsächlich anzufahren. Aber er besann sich schnell wieder und nahm erneut seine Position vor dem SUV ein, noch entschlossener, seine Stellung zu behaupten.

Nun erlagen noch mehr Männer ihrer Neugier. Sie mussten einfach sehen, was bzw. wer dort im Fahrzeug diese Szene ausgelöst hatte. Aus dem Augenwinkel heraus beobachtete ich, wie die Zombies mich einkreisten. Einige kamen von der anderen Straßenseite, andere den Gehsteig entlang angelaufen. Dabei sah ich an den breiten Gürteln, die sie um ihre mageren Leiber geschlungen hatten, ihre Messer blitzen. Vor Panik und Verzweiflung konnte ich nicht mehr klar denken. Binnen Sekunden würde ich hoffnungslos umringt sein. Ich musste hier weg!

Da nahm ich meinen Fuß von der Bremse und trat aufs Gaspedal. Diesmal traf ich den Mann heftiger und er fiel einige Schritte nach hinten auf das Pflaster. Ich schrie: »Das geschieht Ihnen recht, Sie Idiot – gehen Sie aus dem Weg oder Sie sind ein toter Mann!« Mit wildem Blick starrte ich ihn an, während ich den Motor aufheulen ließ wie eine Verrückte. Und das war ich auch in diesem Moment. *Wroommm! Wrrooommm!* Er riss die Augen weit auf, warf die Arme in die Höhe und trat langsam von meinem Wagen zurück. Die herumstehenden Männer erstarrten kurzzeitig vor Schreck und fragten sich, was ich nun wohl tun würde.

Sobald der perverse Typ aus dem Weg war, stieg ich voll aufs Gas und schoss über die Kreuzung. Das Herz schlug mir bis zum Hals und ich zitterte heftig. Ich raste durch die Stadt zu meinem Büro, ohne mich um Stoppschilder oder Ampeln zu kümmern. Als ich endlich das relativ sichere CIA-Gelände erreicht hatte, flutete noch immer Adrenalin durch meinen Körper. Ich brauchte mehrere Stunden, um mich zu beruhigen.

An diesem Tag wurde es mir wieder schmerzlich bewusst, wie schnell eine Situation in einem Land wie ██████ eskalieren kann. Wer weiß, was passiert wäre, wenn ich regungslos vor Entsetzen der Dinge geharrt hätte, die da kommen würden. Je länger ich am Punkt »X« geblieben wäre, umso weniger hätte ich die Situation im Griff gehabt, und umso wahrscheinlicher wäre ich den Menschen ausgeliefert gewesen, denen es um alles andere als um mein Wohl ging.

Es gibt viele Geschichten von Menschen – seien es Diplomaten oder Zivilisten –, die von Furcht gelähmt zum Opfer grausamer Terroranschläge wurden. Übrigens wird die »Fight or Flight«-Reaktion (Kämpfen oder Fliehen) nun als »Fight, Flight or Freeze«-Reaktion (Kämpfen, Fliehen oder Erstarren) bezeichnet. Denn wenn alle Chancen gegen uns stehen und wir nicht mehr wissen, was wir tun sollen, kann es vorkommen, dass wir weder kämpfen noch fliehen. In der Mehrzahl der Fälle haben Menschen jedoch ihr Nichtstun mit dem Leben bezahlt. Das versuchten uns unsere Ausbilder durch den simulierten Angriff aus dem Hinterhalt einzuschärfen: Nur ja nicht in Schockstarre verfallen! Sie wollten sichergehen, dass wir bewegungs- und handlungsfähig blieben.

Diese Übung hatte sich schon mehrmals als nützlich erwiesen, auch auf einem Ausflug nach Ägypten, den Joseph und ich an einem freien Wochenende unternahmen. Da Joseph auf Reisen war, flog ich bereits einen Tag vor ihm nach Kairo. Am nächsten Tag fuhr ich mit drei Familienmitgliedern zum Flughafen, um ihn abzuholen.

Die Infrastruktur an Flughäfen in Ägypten ist berühmt-berüchtigt. Damals gab es weder Flugverlaufsanzeigen noch eine zentrale Anlaufstelle oder einen Informationsschalter, wo man Abflugs- oder Ankunftszeiten hätte erfragen können. Angehörige und Freunde saßen einfach da und warteten darauf, dass ihre Lieben endlich durch den Zoll kommen würden.

Wir waren schon eine halbe Stunde dort, als ich merkte, dass Josephs Maschine bereits gelandet war. Ich wusste, dass ein Bekannter von uns den gleichen Flug genommen hatte, und sah ihn durch die Glasschwingtüren aus der Ankunftshalle für internationale Flüge treten. Joseph würde ihm vermutlich direkt folgen. Auf jeden Fall musste er jeden Moment herauskommen.

Aber es verging eine weitere Stunde.

Und dann strichen nochmals dreißig Minuten dahin.

Nach zwei Stunden ergriff mich Panik. Anscheinend waren alle Passagiere von Josephs Maschine bereits abgefertigt, da nun Reisende anderer Flüge aus der Ankunftshalle kamen. Ich hatte keinen Zweifel daran, dass er an Bord gegangen und gelandet war.

Noch eine Stunde lief ich unruhig auf und ab. Es verging Minute um Minute, und ich begann, mir auszumalen, was schlimmstenfalls passiert sein könnte. Was wäre, wenn die Behörden ihn immer noch für einen Menschenrechtsaktivisten hielten und darauf aus waren, ihn »verschwinden« zu lassen? So etwas kommt bei Mitarbeitern von humanitären Organisationen immer wieder vor. Mittlerweile war es mehr als fünf Jahre her, dass Joseph für einen Thinktank für Demokratie und Menschenrechte gearbeitet hatte. Vielleicht wussten Regierungsbeamte aber nicht, dass er nicht mehr dort tätig war. Vor Jahren hatten wir herausgefunden, dass Joseph wegen seiner Menschenrechtsarbeit in Ägypten auf die Schwarze Liste gesetzt worden war – neben islamischen Terroristen und Gewalttätern. Mit Josephs Reise nach Ägypten hatten wir unsere eigene Regel gebrochen. Eigentlich vermied er Reisen hierher, da wir den Behörden nicht trauten. Die Regierung

Mubarak war bekannt dafür, Personen von der Schwarzen Liste festzunehmen und zu foltern. Keinesfalls wollte ich riskieren, dass Joseph wegen seines christlichen Glaubens und seines Engagements für Menschenrechte wie ein Terrorist behandelt würde.

Drei Stunden war es nun schon her, dass unser Bekannter durch den Zoll gekommen war. Joseph hätte längst hier sein müssen. Ich fragte mich, ob ich etwas tun sollte. Aber was?

Mein Stresspegel war mittlerweile in schwindelnde Höhen gestiegen. Da hielt ich es nicht mehr aus. Es war nun an der Zeit, den Punkt »X« zu verlassen. Ich musste handeln. Möglicherweise wurde Joseph irgendwo am Flughafen festgehalten, und in diesem Fall müsste ich so schnell wie möglich zu ihm gelangen. Ich wusste, dass Joseph gelandet war und sich am Flughafen befand. Das musste ich den Mitarbeitern unmissverständlich klarmachen.

Da beschloss ich, den Sicherheitsbeamten am Ausgang direkt zu fragen. Er hatte dafür zu sorgen, dass kein Unbefugter den Sicherheitsbereich des Flughafens betrat. Ich griff nach meinem Pass, hielt ihn in der rechten Hand und ging auf ihn zu. Auf Englisch (da Englischsprachige in dieser Kultur respektiert sind) erklärte ich ihm: »Ich bin amerikanische Beamtin. Auch mein Mann ist amerikanischer Beamter. Er ist in dieser Halle. Ihre Mitarbeiter halten ihn fest. Ich gebe Ihnen zehn Minuten. In zehn Minuten will ich meinen Mann sehen, sonst werde ich persönlich hineingehen und ihn suchen.«

Das brachte ihn völlig aus dem Konzept. Er sagte: »Ma'am, das geht nicht. Ich kann Sie nicht hineinlassen.«

»Das weiß ich, aber wenn Sie nicht dafür sorgen, dass er in zehn Minuten hier ist, gehe ich hinein – ganz egal, ob es nun erlaubt ist oder nicht. Haben Sie das verstanden?«

Er stand regungslos da, sodass ich fortfuhr: »Beeilen Sie sich, die Zeit läuft. Sie haben zehn Minuten.«

Er funkte jemanden an und sprach in sein Funkgerät. Dabei war ihm anzusehen, wie unangenehm ihm die Sache war. Er schritt einen kleinen Kreis vor dem Ausgang der Ankunftshalle ab. Ich stand ganz in der Nähe, tippte mit dem Fuß auf dem Boden, und sah immer wieder auf die Uhr. Inständig hoffte ich, der Beamte würde mich sehen und merken, wie ernst es mir war.

Nach fünf Minuten sprach ich ihn erneut an. »Sie haben noch fünf Minuten. Wenn mein Mann nicht in fünf Minuten hier aus dieser Tür kommt, gehe ich hinein. Ich warne Sie.«

Er protestierte: »Ma'am, das geht nicht. Dies ist der Sicherheitsbereich des Flughafens. Da können Sie nicht hineingehen. Denn dann werden Sie festgenommen!«

»Das ist mir durchaus klar. Aber nur, dass Sie es wissen: Sie müssen dann die US-Botschaft benachrichtigen, dass Sie gerade eine amerikanische Bürgerin festgenommen haben. Haben Sie die Telefonnummer? Denn die werden Sie brauchen.«

Was tue ich da? Ich kannte mich selbst nicht mehr. Mein Mut und meine Entschlossenheit kannten keine Grenzen. Alles würde ich tun, um mich zu vergewissern, dass es Joseph gut ging, selbst um den Preis, dabei internationales Aufsehen zu erregen.

Ich wandte mich um und ging zu meinen Verwandten zurück, denen der Mund offen stand. So hatten sie mich noch nie erlebt und sie waren schockiert. Ich sagte: »Gut, Freunde. Gleich gehe ich hinein in die Ankunftshalle. Wenn ich nicht zurückkomme, ruft die US-Botschaft an und sagt ihnen, dass ich festgehalten werde, und dass auch Joseph drin ist.«

Sie konnten nichts anderes dazu sagen als ein heiseres »Okay«.

Meine Hände zitterten. Ich holte tief Luft, sah auf die Uhr (dreizehn Minuten waren vergangen), ging auf den Beamten zu und hielt ihm meinen Pass hin. Still betete ich: »Bitte, Gott, hilf mir!«

Der Beamte beobachtete mich. Mit angsterfüllter Miene wartete er, was ich nun wohl tun würde. In deutlichem Englisch verkündete ich: »Ich bin amerikanische Staatsbürgerin. Mein Mann ist amerikanischer Staatsbürger. Sie halten meinen Mann dort drinnen fest. Ich werde ihn finden.«

Mit diesen Worten trat ich an die Glastür, die sich sogleich öffnete und mir den Weg in den Zollbereich freigab. Der Beamte rannte mir nach und schrie: »Halt! Halt!«

Ich beschleunigte meinen Schritt. Zwar hatte ich kein konkretes Ziel, wollte aber zumindest den Anschein erwecken. So lief ich entschlossen weiter, blickte um mich, und versuchte, den nächsten Schritt zu planen. Etwa drei weitere Beamte hatten mich durch die Sicherheitssperre kommen sehen und liefen aus verschiedenen Richtungen heran. Ich schrie: »Wo ist mein Mann? Wo ist mein Mann?«

In diesem Augenblick erspähte ich Joseph am anderen Ende der Zollhalle. Er winkte mir munter zu. *Danke, Jesus!* Da lief ein Bediensteter zu Joseph hinüber und drückte ihm seinen Pass in die Hand. Nach wenigen Schritten hatte ich meinen Mann erreicht und wir umarmten uns flüchtig. »Was machst du denn hier?«, fragte er.

»Ich habe dich gesucht!«

Es stellte sich heraus, dass Joseph gar nicht offiziell festgehalten worden war. Sie hatten ihn lediglich auf einer Bank warten lassen. Eine konkrete Auskunft, warum man ihn gehindert hatte, durch die Passkontrolle und den Zoll zu gehen, hat er nie bekommen. »Einen Moment«, hatten sie nur einfach gesagt, aus dem dann ärgerlicherweise drei Stunden wurden.

Beunruhigt hatte er einem Beamten gedroht: »Wenn Sie mich nicht bald durchlassen, verlasse ich die Ankunftshalle ohne Pass. Ich werde die US-Botschaft informieren, dass Sie einen amerikanischen Beamten belästigen, und das kann nicht in Ihrem Interesse sein.« Er hatte keine Ahnung, dass ich zwischenzeitlich ebenfalls damit drohte, in den Sicherheitsbereich einzudringen, um meinen Mann zu finden.

Es ist schon bezeichnend, dass sie genau in dem Augenblick von ihm abließen, als sie erfuhren, dass Joseph nicht mehr für eine Menschenrechtsorganisation tätig war. Etwas verspätet hatten sie schließlich herausgefunden, dass er jetzt für die US-Regierung arbeitete. Nie mehr wurde er so behandelt.

Angesichts meiner mutigen Entschlossenheit in diesen beiden Situationen mag es verwundern, dass ich von meiner Natur her eher dazu neige, auf dem »X« sitzen zu bleiben. Ich liebe Routine und schätze stabile Verhältnisse. Im Innersten bin ich ein häuslicher Mensch. Kein Freund von Abenteuern. Auf Veränderungen reagiere ich zunächst eher mit Angst. Aufgeregt frage ich mich, was auf mich zukommt und ob ich dem wohl gewachsen bin. Das ewige »Was ist, wenn?« bekomme ich so leicht nicht aus dem Kopf. Ich muss mich förmlich dazu zwingen, vorwärts zu gehen, denn es kann nervenaufreibend sein, sich auf neue Möglichkeiten einzulassen. Meine Komfortzone verlassen zu müssen, geht mir gegen den Strich und verunsichert mich zutiefst.

Ob es angesichts all der Herausforderungen und Veränderungen, die damit verbunden sind, hart für mich war, für die CIA zu arbeiten? Ja. Beängstigend? Natürlich. Aber wenn ich meine Lebensaufgabe erfüllen wollte, musste ich meinen instinktiven

Hang, in Schockstarre zu verfallen, überwinden. Mit Angst würde ich nicht weit kommen. Der Glaube jedoch sollte mich noch an Orte bringen, die ich mir nie hätte vorstellen können.

KAPITEL 9

Die Wahl zwischen Irak und Cholera

Eine der größten Herausforderungen bei der Arbeit in der Terrorismusbekämpfung sind die häufigen Umzüge. Kaum hat man sich an seine neue Umgebung gewöhnt, wird man in ein anderes Land versetzt und muss komplett von vorne anfangen – neue Stadt, neue Kultur, neue Vorgesetzte, neue Kollegen. Manchmal berücksichtigt die CIA die Wünsche ihrer Mitarbeiter, aber allzu oft haben dienstliche Erfordernisse Vorrang vor persönlichen Vorlieben.

Typisches Beispiel: Ich wollte eigentlich nicht in den Irak. Schließlich hatte ich doch mit meinem Einsatz in ███████, dem anderen Land, in das niemand gehen wollte, mein Soll fürs Erste erfüllt. Mehrere Kollegen versuchten mich zu beruhigen: »Keine Sorge, du hast deine Zeit abgesessen, du wirst auf keinen Fall in die engere Auswahl für den Irak kommen.« Aber im Herbst 2005 verschlechterte sich die Lage im Irak derart, dass ein Mitarbeiter nach dem anderen von anderen Einsatzorten abgezogen und in einen der verhasstesten Kriege der Neuzeit abgestellt wurde.

Die Sorge wuchs, als der Irak in Flammen stand, angefacht durch unser unrealistisches demokratisches Experiment, das Eingreifen von anderen Streitkräften (d. h. dem Iran) und sich ständig vertiefenden Spannungen zwischen verschiedenen religiösen Gruppierungen. Die abschreckenden Statistiken unterstützten die Rekrutierungsbemühungen der US-Regierung natürlich nicht. 2005 waren im Irak fast elftausend verborgene Sprengkörper am Straßenrand platziert.[5] Es gab mehr und mehr Tote auf allen Seiten – Soldaten wie Zivilisten. Die Situation lief völlig aus dem Ruder und das Jahr 2006 würde wohl noch schlimmer werden.

Deshalb war meine Erleichterung im Frühjahr 2005 groß, als wir erfahren hatten, dass unser nächster Einsatzort nicht der Irak sein würde, sondern ein Land, das bei leitenden Mitarbeitern äußerst beliebt war. Manche haben schon im Scherz gesagt, sie würden ihr Erstgeburtsrecht dafür aufgeben, dorthin gesandt zu werden. Joseph und ich hatten einfach Glück. Nach fünf Wochen Heimaturlaub in den Vereinigten Staaten ließen wir uns in unserer neuen Heimat nieder, gespannt darauf, was uns diesmal erwartete.

Die ersten Monate waren ungemütlich, weil unsere Wohnung noch nicht bezugsfertig war und wir in Übergangsquartieren leben mussten. Aber als schließlich ein schönes neues Heim am Stadtrand für uns bereitstand, freuten wir uns wie die Schneekönige. Es war eine moderne, luftige Wohnung, die einen herrlichen Balkon mit Ausblick auf ein grünes Tal hatte. Vier Wochen später kam unser Hausrat an und wir konnten uns endlich häuslich einrichten.

████████ war so wunderbar, dass ich schon fast einen Kulturschock bekam. Zum ersten Mal nach fast zwei Jahren konnte ich mich tatsächlich zu Fuß durch die Straßen bewegen, ohne befürchten zu müssen, entführt zu werden. Ich konnte normale Kleidung tragen und niemand sah mich deshalb komisch an. Es starrte mich tatsächlich überhaupt niemand an. Das Essen war gesund und köstlich, ganz im Gegensatz zu dem, was wir vorher erlebt hatten. Fast zwei Jahre lang hatte es uns buchstäblich krank gemacht. Jetzt musste ich mein Obst und Gemüse nicht mehr in Bleiche einweichen, um es gefahrlos verzehren zu können. Ich konnte nach Belieben in Restaurants essen und musste keine Angst haben, davon Durchfall zu bekommen.

Aber vier Wochen später erhielt ich eine seltsame SMS von Stacey, einer guten Freundin, die im Hauptquartier arbeitete.

Hallo M! Ich habe gehört, ihr geht in den Irak.

Schnell schrieb ich zurück.

Nein, meine Liebe, wir sind hier in ██████. Noch ziemlich am Anfang. Erst fünf Monate hier. Habe gerade meine Sachen ausgepackt.

Es dauerte nicht lange, bis sie zurückschrieb.

Ich bin mir aber ziemlich sicher, dass sie euch bald in den Irak schicken. Erst heute Morgen hatte ich ein langes Gespräch mit Leuten von der Personalabteilung. Sie versuchen, ein paar Arabisten zu bekommen, die die Truppenverstärkung unterstützen können.

Der Schrecken fuhr mir in alle Glieder. Das war doch nicht möglich! Wieder und wieder las ich ihre Nachrichten, um sicherzugehen, dass ich sie nicht falsch verstanden hatte. Noch einmal fragte ich:

Bist du sicher, dass es dabei um uns ging und nicht um jemand anders? Vielleicht jemand mit einem ähnlichen Namen?

Wieder antwortete sie:

Nein, es ging um Joseph und dich. Hundertprozentig. Sie haben gerade herauszufinden versucht, wo ihr seid, und wussten, dass wir gut befreundet sind … deshalb haben sie mich zum Gespräch dazugebeten.

In meinem Kopf überschlugen sich die Gedanken. Wie um alles in der Welt konnten sie Joseph und mich in ein neues Land versetzen, nur um uns kurze Zeit später wieder herauszureißen und uns in ein Kriegsgebiet zu werfen? Das war doch verrückt. Das ergab keinen Sinn. Außerdem war der Krieg im Irak in vollem Gange. Einen schlimmeren Einsatzort konnte ich mir nicht vorstellen.

Aber anstatt völlig auszurasten, beschloss ich, darüber zu beten. Ich betete und betete. Ich flehte Gott an, zu verhindern, dass sie uns in den Irak schickten. Dann teilte ich das schreckliche Geheimnis meiner Familie mit und bat sie, zu beten. Sie gingen sofort auf die Knie und baten Gott, ihre Tochter, Schwester, Nichte oder Cousine nicht in den Irak zu schicken.

Aber all unsere Gebete blieben unerhört, all unser Heulen und Klagen beim Hauptquartier war vergeblich. Bald erreichte uns der Brief, den niemand bekommen wollte. Darin wurden wir aufgefordert, die Unterlagen für unsere Rückkehr nach Washington,

D. C., vorzubereiten, von wo aus wir unmittelbar in den Irak gesandt würden.

Ich war am Boden zerstört. Der Kloß in meinem Hals verging nicht. Ich konnte kaum noch klar denken, als ich unseren Hausrat wieder verpackte und mich auf den Rückflug nach D. C. vorbereitete. Was noch mehr auf mir lastete, war der Gedanke, vor dem Aufbruch nach Bagdad den Waffenlehrgang wiederholen zu müssen. Die Zertifizierung für den Umgang mit der halb automatischen Pistole Glock und dem Gewehr M4 musste alle zwei Jahre erneuert werden. Das war bei mir schon überfällig – insbesondere im Hinblick auf meinen Einsatz im Kriegsgebiet.

Zu allem Überfluss erwachte ich drei Tage vor dem geplanten Abflug in ██████ mitten in der Nacht mit Quaddeln an Armen und Bauch. Ich konnte mir nicht erklären, auf was ich allergisch reagiert haben könnte, und machte mir auch nicht weiter Gedanken darüber. Schließlich ließ der Juckreiz etwas nach und ich schlief wieder ein. Am nächsten Tag war keine Spur von den Quaddeln mehr zu sehen.

In der folgenden Nacht jedoch erwachte ich erneut nach ein paar Stunden Schlaf und die Quaddeln waren wieder da. Diesmal jedoch waren sie größer und hatten sich auch auf andere Körperteile ausgebreitet. Verdutzt und unsicher fragte ich mich, was diese nächtlichen Ausbrüche von Nesselsucht verursacht haben könnte. Ich nahm ein paar Allergietabletten und schlief irgendwann endlich wieder ein. Am Morgen war ich noch immer etwas beunruhigt wegen der Quaddeln, sie vergingen aber schnell. An unserem letzten Tag in diesem wunderschönen Land hatte ich noch alle Hände voll zu tun.

Nachdem Joseph und ich alle Behördengänge erledigt hatten, kehrten wir in unsere Wohnung zurück, wo nur noch unser

Gepäck stand. Wir schliefen unruhig in dieser Nacht, denn die Rückkehr in die Vereinigten Staaten und der bevorstehende Einsatz in Bagdad besetzten unsere Gedanken. Als ich nach einigen Stunden erwachte, brannte mein ganzer Körper wie Feuer – ein entsetzliches Gefühl. Die Nesselsucht, die am Tag immer wieder verschwand und nachts wiederkehrte, war mit Macht zurückgekommen. Schlimmer noch, die Quaddeln schwollen immer mehr an und liefen zu riesigen Flecken zusammen, die fürchterlich brannten. Nun hatte ich nicht mehr hundert Quaddeln am Bauch, sondern drei riesige um meinen ganzen Oberkörper. Das Gleiche auch an Armen und Beinen. Wenige gigantisch große geschwollene Flecken bedeckten beinahe meinen ganzen Körper.

Als ich irgendwann dachte, schlimmer könne es eigentlich gar nicht mehr kommen, merkte ich, dass ich Probleme beim Atmen hatte. Joseph rief einen Arzt. Der meinte, ich stünde kurz vor einem anaphylaktischen Schock und er müsse mich sofort ins Krankenhaus einliefern lassen. Anscheinend handelte es sich um eine schwere allergische Reaktion auf die Antibiotika, die ich wegen einer seltenen Form von Lebensmittelvergiftung bekommen hatte. Ich musste dringend ins Krankenhaus, bevor sich meine Luftwege noch weiter verengen würden. Noch nie zuvor hatte ich einen anaphylaktischen Schock gehabt und es machte mir Angst. Hoffentlich würden wir rechtzeitig im Krankenhaus sein.

Endlich dort angelangt, bekam ich Epinephrin und eine hohe Dosis Benadryl verabreicht, worauf ich mit einem fürchterlichen Schüttelfrost reagierte, der einige Stunden anhielt. Der Arzt sagte, er könne mich nicht mit gutem Gewissen am gleichen Tag noch in die Vereinigten Staaten zurückfliegen lassen, aber ich bestand darauf. Unsere nächsten Tage waren dicht verplant. Einen Tag würden wir benötigen, um im Hauptquartier alle Formalitäten zu erledigen, dann stand eine Woche Waffentraining auf dem Programm, bevor wir ins Flugzeug steigen und direkt ins Kriegsgebiet fliegen würden. Wir hatten keine Zeit zu verlieren. Könnte ich diesen Flug nicht antreten, würde das unseren gesamten Terminplan umwerfen.

Wenn ich heute zurückdenke, weiß ich nicht, warum ich mir damals solche Sorgen machte. Warum drängte ich darauf, noch am gleichen Tag fliegen zu dürfen? Warum habe ich nicht einfach akzeptiert, dass diese Sache nicht in meiner Hand lag und das Hauptquartier das Waffentraining eben auf die nächste Woche hätte verschieben müssen? Warum habe ich mir nicht ein wenig Zeit zum Ausspannen, Gesundwerden und zur Vorbereitung auf den nächsten Einsatz gegeben? Aber ich ließ nicht locker, bis mir der Arzt schließlich widerwillig sein Okay gab. Noch am Nachmittag flogen wir in ▮▮▮▮▮▮ ab.

Der erste Flug verlief ohne besondere Vorkommnisse. Auch auf dem zweiten Flug, der uns von Europa nach D. C. bringen sollte, ging es mir gut, bis ich nach einem kurzen Nickerchen mit einem Stechen in der Magengegend aufwachte. Auf der Toilette hob ich mein T-Shirt hoch und schaute in den Spiegel. Ich traute meinen Augen nicht. Diese verflixten Quaddeln waren wieder da ... und breiteten sich auch schon wieder aus. Da packte mich die Angst. Würde ich zum zweiten Mal einen anaphylaktischen Schock bekommen – und dies *in der Luft?*

Wieder auf meinem Platz, überbrachte ich Joseph die Hiobsbotschaft. Ich beschloss, erst einmal eine Stunde abzuwarten, ob die Quaddeln vielleicht von allein verschwinden würden. Aber irgendwann konnte ich das Brennen nicht mehr ignorieren und hielt es nun doch für ratsam, der Besatzung mitzuteilen, dass ich kurz vor einem medizinischen Notfall stehen könnte.

Die Stewardessen reagierten sehr schnell. Sie machten sich ein Bild über meinen Zustand und informierten den Kapitän. Dieser beantragte die Landepriorität für unsere Maschine am Flughafen Washington Dulles. Wir wurden auch in die erste Klasse verlegt, sodass wir das Flugzeug als Erste verlassen könnten. Glücklicherweise waren wir schon am Boden, als es schlimmer wurde.

Als wir über die Landebahn rollten, sahen wir schon den Krankenwagen auf dem Rollfeld neben unserem Gate, der mich ins Krankenhaus bringen sollte. Es war mir furchtbar peinlich, der Auslöser dieses fieberhaften Treibens zu sein. Die anderen Passagiere warteten geduldig, während Vertreter vom Ministerium für innere Sicherheit an Bord kamen, unsere Pässe abstempelten und für unseren Eiltransport aus dem Flugzeug in den Krankenwagen sorgten.

Die nächsten Stunden verbrachte ich im *Reston Hospital Center*. Nach einer massiven Dosis Benadryl, die ich intravenös erhalten hatte, erholte ich mich schnell und wurde noch vor Sonnenaufgang entlassen. Wir meldeten uns in unserem Hotel an, schliefen ein paar Stunden und machten uns dann auf den Weg zum Hauptquartier. Ich war alles andere als scharf darauf. Sich durch das riesige Gebäude zu schleppen und alle Formalitäten an einem einzigen Tag zu erledigen, macht keinen Spaß. Aber es waren Papiere zu unterzeichnen und wir mussten uns wegen der bevorstehenden dauerhaften Verlegung unseres Einsatzortes in zahlreichen Büros melden.

Zuerst sollten wir in der Personalabteilung bei Flo haltmachen, die unsere Akte bearbeitet hatte und uns bei der Vorbereitung auf den Irak unterstützte. Besonders freundlich war sie noch nie gewesen, aber wir hatten keine Wahl. Sie war für unseren Wechsel zuständig und würde uns informieren, was wir an diesem einen Tag im Hauptquartier alles zu erledigen hätten.

Als die Empfangssekretärin Flo telefonisch informierte, dass wir hier seien, überraschte Flo sowohl sie als auch uns mit der Nachricht, sie sei zu beschäftigt, um uns zu empfangen. Das fand ich seltsam, da sie um unser Kommen wusste und wir nur einen Tag zur Verfügung hatten. Deshalb beschloss ich, selbst zu ihrem Schreibtisch hinüberzugehen, um herauszufinden, was los sei.

Flo saß mit dem Rücken zu uns und merkte daher nicht, dass wir direkt hinter ihr standen.

»Die Assads sind da«, kündigte die Sekretärin an.

Mit einem ärgerlichen Unterton in der Stimme entgegnete Flo: »Für die Assads habe ich leider *keine* Zeit. Sie sollen später wiederkommen. Die Fahrt hierher heute Morgen war schrecklich. Heute habe ich einen schlechten Tag.«

Normalerweise bin ich ein freundlicher, ruhiger Mensch. Ich hasse Konfrontationen und beschwichtige mein Gegenüber lieber. Bei mir muss viel kommen, um das Fass zum Überlaufen zu bringen, aber Flo hatte es tatsächlich geschafft.

»*Du* hast also heute einen schlechten Tag?«, herrschte ich sie an.

Mit einem Schlag hielten alle Anwesenden der Personalabteilung erschrocken in ihrer Tätigkeit inne – sogar Flo, die sich jedoch weigerte, sich umzudrehen und mich anzusehen. Das steigerte meinen Zorn nur noch. Ich wiederholte noch einmal, was ich gesagt hatte, diesmal noch lauter.

»*Wirklich*, Flo? *Du* hast heute einen schlechten Tag?«

Und wieder schwieg sie und wollte sich nicht zu mir umdrehen, wie es sich für einen höflichen Menschen gehört hätte. Die knisternde Spannung im Raum war spürbar. Nun konnte ich mich nicht mehr länger beherrschen: »Flo, soll ich dir sagen, was ein schlechter Tag ist: Da wirst du gegen deinen Willen in ein Kriegsgebiet geschickt, wo jeden Tag Hunderte von Menschen sterben. Du wirst nach nur wenigen Monaten aus deinem Wunschland herausgerissen und erfährst, dass du in den Irak gehen musst – nachdem du bereits zwei Jahre in einem anderen Kriegsgebiet gedient hast. Dann hast du eine allergische Reaktion bis hin zum anaphylaktischen Schock in der Nacht vor dem Rückflug. Du wirst auf schnellstem Weg in die Notaufnahme gebracht und hoffst, dass du dort ankommst, bevor dir die Luft wegbleibt. Im Flugzeug drei Stunden vor der Landung in D. C. geht das gleiche Spiel von vorne los. Vor Stunden noch hing ich hier in der Notaufnahme am Tropf, um nicht wieder in den anaphylaktischen Schock zu fallen. Und übermorgen gehe ich für eine Woche ins Waffentraining, bevor ich auf direktem Weg zu den Pforten der Hölle fliege. Nur zu gerne würde ich meinen schlechten Tag gegen deinen tauschen, liebe Flo!«

Man hätte eine Stecknadel fallen hören. Kein Mensch war im Raum, der sich nicht in seinem Stuhl nach vorne gelehnt hätte, um unseren ungewöhnlichen Zusammenstoß zu verfolgen. Als ich mich umwandte, sagte ich zu einer von Flos Kolleginnen, die in der Nähe saß: »Ihr müsst jemanden anders finden, der unsere Akte bearbeitet, denn Flo hat heute einen schlechten Tag.« Keiner sagte etwas dagegen.

Während des Waffentrainings wachte ich die ganze Woche über jede Nacht mit Quaddeln übersät auf. Ich nahm Unmengen an Benadryl und verteilte Hydrocortison-Creme über meinen ganzen Körper, bevor ich wieder unten in mein Stockbett stieg und versuchte, mit Dutzenden von Fremden in einem Massenquartier zu schlafen. Nicht nur die Quaddeln, auch der Jetlag raubte mir in dieser Woche den Schlaf. Das war natürlich keine gute körperliche Voraussetzung für die Wiederzertifizierung an der Glock. Aber ich wollte die Sache unbedingt durchziehen.

Bei jeder Übung mussten wir unsere versteckten Waffen blitzschnell ziehen und exakt schießen, bevor wir sie wieder in das unter unseren Jacken verborgene Halfter steckten. Aus unterschiedlichen Entfernungen schossen wir auf bestimmte Ziele. Auch Nachladen und mögliche Defekte wurden geprobt. Wir schossen aus einem Versteck heraus, machten Übungen zur Unterscheidung von Zielen und bewegten uns vorsichtig durch das Übungsobjekt. Dort waren wir mit »feindlichem Feuer« konfrontiert und mussten darauf reagieren. Jeder Teilnehmer verschoss in dieser Woche Tausende von Patronen. Meine Hände und Finger waren schon ganz zerschunden vom ständigen Schießen und Nachladen der Magazine. Ich überstand die Woche nur mit Mullbinden um die Hände.

Am schlimmsten war für mich der erste Tag. Meine Hände zitterten, ohne dass ich etwas dagegen hätte tun können. Ich brauchte Stunden, um meine Nervosität und mein Unbehagen in der Arena abzulegen. Seltsamerweise haben Schusswaffen mir noch nie Angst gemacht, und die Glock selbst erschreckte mich auch nicht. Aber ich hatte Mühe, mich an den Geräuschpegel zu gewöhnen, wenn fünfzehn Teilnehmer gleichzeitig schossen. Ohrenstöpsel und Kopfhörer halfen zwar ein wenig, der Lärm verunsicherte mich aber immer noch. Als ich mich daran gewöhnt hatte, wurde ich ruhiger und sicherer.

Trotz all der ungewöhnlichen Herausforderungen überstand ich die Woche. Beim Abschlusstest schaffte ich 30 von 30 Punkten, sodass ich auf die Liste der Mitarbeiter gesetzt wurde, die in

Kriegsgebieten eingesetzt werden können. (Mindestens 26 Treffer bei 30 Schüssen waren zum Bestehen des Tests erforderlich, bei dem es auch um Zeit ging.) Vielleicht hätte ich den Einsatz im Irak abwenden können, wenn ich es darauf angelegt hätte, »durchzufallen«. Aber das wäre gegen meinen angeborenen Ehrgeiz gegangen. Und trotzdem – wohl war mir nicht bei dem Gedanken, dass ich mich in einem tödlichen, hochexplosiven Umfeld behaupten konnte. Denn in ein solches tödliches, hochexplosives Umfeld wurde ich nun tatsächlich geschickt. Kein Weg führte mehr daran vorbei. Auch ein Aufschub war nicht mehr möglich. Ob wir nun dazu bereit waren oder nicht – wir würden in den Irak gehen.

KAPITEL 10

Willkommen in der Hölle auf Erden

Als die Regierungsmaschine sich dem internationalen Flughafen von Bagdad näherte, vollführten die Piloten einen ungewöhnlichen Landeanflug. Vorsichtig lenkten sie das Flugzeug über den vorgesehenen Luftraum und anschließend in einer steilen, engen Spirale zu Boden. Bei einer normalen Landung wäre die ganz reale Gefahr, von Flugabwehrraketen abgeschossen zu werden, sehr viel größer gewesen. Die Flugbegleiterinnen wiesen uns an, die Rollos an den Fenstern zu schließen und alle elektronischen Geräte in der Kabine auszuschalten, sodass kein Lichtschein uns verraten könnte. Auf keinen Fall sollten die Rebellen auf das Flugzeug aufmerksam werden und uns kurz vor dem Flughafen abschießen können.

Für Joseph und mich sowie für einige weitere Passagiere war dies der Beginn eines einjährigen Einsatzes. Die meisten anderen würden nur kurze Zeit bleiben. Aber ganz egal, wer wir waren oder wozu wir hierherkamen – dieser Landeanflug verstärkte den

Eindruck, dass uns etwas bevorstand, was die Grenzen unseres bisherigen Erlebens und unserer Komfortzone sprengen würde. Unsere sichere Heimat tauschten wir gegen ein Land, in dem ein Flugzeug im »Korkenzieher-Verfahren« landen musste, um nicht abgeschossen zu werden. Wir ahnten, dass dies ein hartes Jahr werden würde, und im Nachhinein kann ich dies nur bestätigen.

Joseph und ich waren erleichtert, als die Maschine in den frühen Morgenstunden aufsetzte. Während der dramatischen Landung hatten wir uns an den Händen gehalten und gebetet, dass alles gut gehen würde. Nachdem wir ausgestiegen waren, gaben Verwaltungsbeamte uns eine kurze Sicherheitseinweisung und nahmen Fotos für unsere neuen Ausweise auf. Nach der Begrüßungsrede »Willkommen in Bagdad« bekamen wir jeder einen Helm, eine Glock, eine M4, ein Halfter, zwei Magazine, ein Sicherheits-Funkgerät und eine schusssichere Weste. Dann warteten wir geduldig darauf, mit dem Hubschrauber vom Flughafen zum CIA-Gelände in der »Grünen Zone« gebracht zu werden. Dies war wesentlich sicherer als über die berüchtigte »Route Irish«, die auch als »IED Alley« bekannt war. Denn entlang dieser Straße wurden jeden Tag neue Bomben gelegt. Jede Nacht wurden mehrmals Mitarbeiter vom Flughafen abgeholt oder dorthin gebracht. Die Hubschrauber flogen tief und schnell, nur knapp über den Dächern von Gebäuden, sodass sie nicht so leicht von Rebellen gesehen werden konnten.

Es gab jedoch ein Zeitlimit: Wenn wir nicht bis zum Sonnenaufgang zum CIA-Gelände befördert werden könnten, würden wir bis zum nächsten Abend am Flughafen festsitzen. Erst zur Sperrstunde könnten die Shuttle-Flüge im Schutz der Dunkelheit wieder relativ sicher stattfinden.

Unsere Maschine war viel später gelandet als geplant, sodass nur die Hälfte der Gruppe vor Sonnenaufgang abgeholt werden konnte. Alle anderen mussten bis zum nächsten Abend warten.

Als wir da so im Flughafen festsaßen, fühlten wir uns wie im Fegefeuer. Joseph und ich hatten es zwar bis in den Irak geschafft, aber immer noch nicht unser Ziel erreicht. Wir konnten nur der Dinge harren, die da kommen würden. Die grellen Farben im Flughafengebäude verstärkten nur noch das Gefühl, in einer Zeitschleife gefangen zu sein. Die eigens für Saddam Hussein errichteten VVIP-Gebäude waren im Stil der 1970er-Jahre gestaltet: mit goldenen Armaturen, Marmor, Spiegeln und selbstverherrlichenden Wandbildnissen von Saddam. Zeichen einer vergangenen Zeit und eines Kults, der strategisch um seine Person herum aufgebaut worden war. Es blieb uns nichts anderes übrig, als auf den Einbruch der Dunkelheit zu warten. Wir zogen die Mahlzeiten absichtlich in die Länge, lasen Bücher und lungerten auf den dick gepolsterten Sofas herum.

Als es endlich Zeit zum Aufbruch war, begaben wir uns mit unserem Gepäck und unserer Ausrüstung zum Sammelpunkt. Während ich aufs Einsteigen wartete, fühlte ich mich plötzlich wie an der Schwelle zu einer ganz anderen Welt. *Wie bin ich bloß hierher geraten?*, fragte ich mich immer wieder. Ich hatte mir niemals vorstellen können, in einem Kriegsgebiet zu arbeiten, und es machte mir nun wirklich Angst. Entgegen meinem Willen wurde ich hier in eine völlig andere Wirklichkeit geworfen.

Einer nach dem anderen stiegen wir über die winzigen Stufen in die Kabine und versuchten dabei, all unser Hab und Gut im Gleichgewicht zu halten, während die Rotoren die heiße Wüstenluft durchschnitten und jedes Körnchen Staub auf dem Boden aufwirbelten. Gedrängt wie Sardinen in der Dose, nahmen wir im

Hubschrauber Platz. Die Richtschützen setzten ihre Nachtsichtgeräte auf und bezogen an den Türen Stellung, die freie Sicht auf den Nachthimmel gewährten. Mit einem prüfenden Blick auf ihre Farbbildschirme bereiteten sich die Piloten aufs Abheben vor. All dies war mir so fremd. Ich war mental nicht darauf vorbereitet. *Was habe ich an einem solchen Ort zu suchen?*

Unvermutet behielt mein Unbehagen dann aber nicht die Oberhand. Erstaunlicherweise konnte ich diesen Flug tatsächlich genießen. Ich war froh, neben dem Richtschützen zu sitzen und durch die Tür freie Sicht auf Bagdad zu haben. Beim Blick auf die Stadt mitten in der Nacht vergaß ich fast, zu welchem Schlachtfeld sie geworden war. Während der Sperrstunde wirkte sie richtig friedlich. Eine vorübergehende Atempause von der Hölle Irak.

Ich hatte alles versucht, um nicht hierher versetzt zu werden. Deshalb war mein Ziel bescheiden: Ich wollte es nur irgendwie überstehen. Warum mein Leben eine solch plötzliche, schwierige Wendung genommen hatte, wusste ich nicht. *Warum, Herr, warum? Warum hast du mich nicht vor diesem schrecklichen Ort bewahrt?*

Gott hatte zwar unseren Einsatz hier nicht verhindert, ich war aber immer noch voller Zuversicht, dass er Joseph und mich bei unserem Aufenthalt bewahren würde. Schließlich hatten wir mit seiner Hilfe auch unsere ersten beiden Einsätze überstanden. Joseph und ich hatten beide schon so viel durchgemacht, um erkennen zu können, dass Gott uns ab und zu in Situationen wirft, denen wir bei Weitem nicht gewachsen zu sein scheinen. Üblicherweise jedoch, um uns auf noch größere Herausforderungen vorzubereiten. Und es stand völlig außer Frage: Dieses Mal waren wir *absolut* überfordert.

Die Sirenen waren typischerweise das erste Anzeichen dafür, dass unsere Feinde Raketen oder Granatwerfer auf die Grüne Zone abgeschossen hatten, in der einige irakische Ministerien und die Stützpunkte der Koalitionsstreitkräfte untergebracht waren. Nach dem lauten Heulen der Sirenen warnte eine seltsam unbeteiligte Stimme über Lautsprecher: »In Deckung! In Deckung! In Deckung!«

Das Raketenerkennungssystem gab uns fünf Sekunden, um uns in Sicherheit zu bringen. Wenn wir uns nicht bereits in einer bombensicheren Einrichtung befanden, konnten wir in Bunkern Schutz suchen, die strategisch auf dem ganzen Gelände verteilt waren. Es gab so viele davon, dass wir normalerweise einen erreichen konnten, bevor Raketen einschlugen.

Im Dienstgebäude selbst, der »Work Villa«, waren wir weitgehend sicher. Diese Villa hatte früher einem von Saddam Husseins Söhnen gehört. Sie wurde als bombensicher betrachtet, hielt also direkten Einschlägen von Raketen oder Granatwerfern stand. Das Büro, in dem ich arbeitete, hatte jedoch zahlreiche Fenster, deshalb mussten wir es bei Alarm schnellstmöglich verlassen.

Mindestens die Hälfte der CIA-Mitarbeiter, einschließlich Joseph und mir, schlief in kleinen Wohnwagen, die über das Gelände verteilt standen. Diese waren im Gegensatz zur Villa gegenüber indirektem Feuer völlig ungeschützt. Sie wurden als »Pods« bezeichnet (etwa: Kapseln) und waren so dünnwandig, dass sie heftig vibrierten, wenn ein Hubschrauber darüberflog. Das geschah ungefähr alle fünfzehn Minuten, denn wir befanden uns in der Nähe eines Hubschrauberlandeplatzes. Wenn mitten in der Nacht die Sirenen losgingen, was häufig vorkam, war es am besten, sich in einen nahegelegenen Bunker zu flüchten, bis die Gefahr vorüber war. Gut, dass sich direkt gegenüber der Tür unseres »Pods« der Eingang eines Bunkers befand, sodass er für uns leicht zu erreichen war. Hunderte von Malen suchten wir darin Schutz.

Die Angriffe gingen von einer Gruppe schiitischer Rebellen aus. Als sie begannen, die Internationale Zone (IZ), die auch als »Grüne Zone« bezeichnet wird, zu bombardieren, war ihr Vorgehen ziemlich planlos. Die meisten ihrer Raketen waren wenig präzise und trafen zum Glück nur unbedeutende Ziele oder landeten auf irgendeinem Acker. Es war ungefähr so, als würden sie aus der Hüfte heraus schießen, anstatt die Waffe anzulegen und zu zielen. Aber irgendwann im Frühherbst 2006 änderte sich diese Situation grundlegend.

Vermutlich hatte man iranische Ausbilder angeheuert, um die Rebellen zu schulen, wie sie ihre Raketen besser steuern konnten. Die Ergebnisse, die sie damit erzielten, hatten mit den stümperhaften Versuchen von einst nichts mehr gemein. Es war ihnen wohl beigebracht worden, Koordinaten richtig zu setzen und Flugbahnen zu berechnen. Außerdem hatten sie Erkunder in der Grünen Zone platziert – Iraker, die in unterschiedlichsten Rollen mit den Koalitionsstreitkräften zusammenarbeiteten und damit Zugang zu unseren Stützpunkten hatten. Diese Iraker sympathisierten entweder mit dem Feind oder waren Mitglieder der Rebellengruppe. Wie dem auch sei, sie halfen den Schützen, ihre Ziele genauer anzusteuern und die Effizienz indirekter Angriffe zu verbessern. Aus unpräzisen Raketen und Granatwerfern waren furchterregende kleine Projektile geworden, die ihre geplanten Ziele mit zunehmend erschreckender Genauigkeit erreichen konnten.

Kaum war es den schiitischen Rebellen gelungen, in die schwer befestigte Grüne Zone vorzudringen, begann sich das

Kräfteverhältnis zu verschieben. Nun konnten sie gezielt Saddams ehemalige Paläste und Besitztümer bombardieren, die von den Führern der Koalitionsstreitkräfte, von Diplomaten, Geheimdiensten, Sicherheitsdiensten und irakischen Ministerien übernommen worden waren. Sie waren in unsere kleine Sicherheitszone eingedrungen und hatten uns zu leichten Zielen gemacht. Unser Dienst würde nie mehr das sein, was er einmal war.

Anfangs war es uns peinlich, uns unsere Sorge allzu stark anmerken zu lassen. Lässig schlenderte ich in Richtung Bunker, ohne zu zeigen, dass mir innerlich angst und bange war. Denn im Kriegsgebiet will man nicht uncool wirken. Es landeten auch nur einige wenige Bomben alle paar Tage. Ich konnte also immer noch so tun, als würde außerhalb der Grünen Zone kein Krieg wüten.

Aber innerhalb weniger Wochen hatten die Terroristen den Bogen heraus und schossen mehrere Raketen gleichzeitig in unsere einst gemütliche Internationale Zone ab. Dies taten sie gleich mehrmals am Tag. Die Rebellen bedienten sich beweglicher Plattformen, sodass sie ihre Geschosse abfeuern und sich sofort wieder vor den Koalitionsstreitkräften verbergen konnten. Da die Angriffe jedes Mal von einem anderen Ort aus erfolgten, hatten sie sich schon in Sicherheit gebracht, bevor wir ihre Position ausmachen und zurückschießen konnten. Die Rebellen genossen dieses neu entdeckte Katz-und-Maus-Spiel in vollen Zügen, warfen mehrere Mörserbomben gleichzeitig und verschwanden in den belebten Straßen von Sadr City, einer schiitischen Enklave im Nordosten von Bagdad.

Als wir nun regelmäßig bombardiert wurden, hatte ich alle vorgebliche Ruhe abgelegt und rannte jedes Mal wie eine Wahnsinnige zu den Bunkern, um mich in Sicherheit zu bringen. Was hatte ich davon, »cool« zu sein? Was zählte, war meine Sicherheit.

Denn ich hatte beschlossen, alles zu tun, was in meinen Kräften stand, um nicht zum Opfer zu werden. Ich bereitete mich mental vor, indem ich mir die Position der Bunker genau einprägte und immer, wenn ich die Work Villa verließ, berechnete, auf welchem Weg ich am besten einen erreichen könnte. Sobald der Alarm ertönte, war mein Körper im Bruchteil einer Sekunde reaktionsbereit. Nachdem von diesen Bunkern unsere ganze Existenz abhing, waren alle meine Zellen darauf getrimmt, bei Auslösen des Systems sofort zu handeln. Ständig in diesem Bereitschaftszustand sein zu müssen, war ein ganz besonderer Stressfaktor, der körperlich und emotional seinen Tribut forderte.

Einer meiner Kollegen vom Militär sagte mir einmal, wenn man die Raketen wie Spielzeuggeschosse über sich hinwegfliegen sehe und ihr Geräusch hören könne, habe man nicht allzu viel zu befürchten. Das bedeutete, dass die Raketen zu einem weiter entfernt gelegenen Ziel flogen. Ich hatte dieses seltsame Summen schon oft über mir gehört, wenn die Geschosse zu ihrem Ziel unterwegs waren. Aber dann sagte mir dieser Kollege: »Vor denen, die du nicht hörst, musst du dich in Acht nehmen.« Leider hörten wir diese Raketen gewöhnlich erst dann, wenn sie einschlugen und in tausend Stücke zerbarsten. Auf die ohrenbetäubenden Detonationen folgten Schockwellen, die sich vom Einschlagpunkt aus ausbreiteten. Es fühlte sich an, als bebte die Erde unter unseren Füßen.

Während wir im Bunker saßen und mit angehaltenem Atem auf das Ende des Angriffs warteten, erfüllte allmählich der Geruch von brennendem Abfall die Luft. Wenn der indirekte Beschuss nachgelassen hatte, mussten wir unsere jeweilige Vermittlungsstelle anrufen und uns durch bestimmte Rufzeichen identifizieren. Die Sicherheitsbeamten konnten erst dann Entwarnung geben, wenn alle Agenten und anderen Mitarbeiter sich gemeldet hatten. Dies konnte zwischen fünf Minuten und einer halben Stunde dauern, je nachdem, wie schnell wir reagierten und wie hoch der festzustellende Schaden war. Denn das Sicherheitspersonal musste das ganze Gelände durchkämmen, um sicherzustellen, dass keine Verletzten zu bergen und keine Blindgänger zu entschärfen waren.

Draußen vom Raketenhagel überrascht zu werden, war mit steigender Temperatur immer unangenehmer. An einem besonders schlimmen Tag hatte ich bereits dreimal in den Bunker hasten müssen. Als ich gerade auf dem Weg zur Essensausgabe war (keine befestigte Anlage), ging der Alarm erneut los. Ich sprang in den nächstgelegenen Bunker, in dem sich mittlerweile zehn meiner Kollegen und zehn irakische Arbeiter versammelt hatten.

Es war unerträglich heiß. Das Thermometer hatte das Ende der Skala bereits erreicht; es konnten also gut und gern 50 Grad gewesen sein. Der zwanzigjährige irakische Arbeiter, der direkt vor mir stand, war schweißgebadet. Schweißperlen liefen ihm über die Arme und tropften von seinen Fingern. Wie bei Eiszapfen, die in der Sonne schmelzen: tropf ... tropf ... tropf. Ich weiß nicht, wie er das aushielt. Ich weiß nicht einmal, wie *irgendjemand* es aushalten kann, in dieser Hitze im Freien zu arbeiten. Die Sonne brannte so stark, dass das goldene Kreuz, das ich um den Hals trug, mir jedes Mal buchstäblich die Haut versengte, wenn es von mir weg pendelte und erneut auf meiner Brust auftraf. *War es in dieser Wiege der Zivilisation eigentlich schon immer so heiß oder haben sich die Menschen angepasst, als die Temperaturen langsam anstiegen,* fragte ich mich.

Während wir auf die Entwarnung warteten, hing der Geruch von Schweiß, Körperausdünstungen und brennendem Gummi in der glühend heißen Luft. So elend ich mich fühlte, ich wusste, dass es den Arbeitern im Bunker noch viel schlimmer gehen musste. Es wütete ein gnadenloser Krieg in einem gnadenlosen Land.

Aber Raketen und Granatwerfer waren nicht das Einzige, was uns zu schaffen machte. Jeden Morgen zwischen 6 und 8 Uhr riss mich die laute Detonation einer Autobombe auf den Straßen von Bagdad aus dem Schlaf. Diese Bomben wurden absichtlich in der Hauptverkehrszeit gezündet, um möglichst viele Menschen damit zu treffen. Den massiven Explosionen folgte das Geräusch von Schockwellen. Diese breiteten sich aus vom Epizentrum des Angriffs und erschütterten auf heftige Weise alles, was sich ihnen in den Weg stellte, einschließlich der dünnen Wände unserer Wohnwagen.

Es war jeden Morgen das Gleiche: Eine Autobombe ging los, und wenn ich mir bewusst machte, was das bedeutete, drehte sich mir der Magen um. (1) Dutzende von unschuldigen Menschen hatten gerade ihr Leben gelassen und (2) ich saß nach wie vor im Irak fest. Ich war gefangen in einer Endlosschleife, in einem Albtraum, aus dem ich verzweifelt wünschte zu erwachen – vergeblich. Wir lebten unter ständiger Anspannung; keinen Ort gab es, an dem wir einmal hätten durchatmen können. Es war ein einziger Teufelskreis aus Stress und Angst.

Und mitten in dem ganzen Chaos hatten wir eine enorme Arbeitsbelastung.

KAPITEL 11

Dem Feind ins Gesicht sehen

Als wir schon einige Monate im Irak waren, gab es bei Yarmouk, Bagdad, einen Terroranschlag auf einen Konvoi einer Nichtregierungsorganisation (NRO), bei dem eine US-Bürgerin getötet wurde. Wir beschlossen, die Hintergründe des Überfalls zu untersuchen. Um herauszufinden, wer für diese grausame Tat verantwortlich war, bat ich CIA-Kollegen, ihre Quellen zu dem Vorfall zu befragen.

Yarmouk lag zwar nicht weit von der Grünen Zone entfernt, hatte sich aber zu einem äußerst gefährlichen Viertel entwickelt. Ethnische Säuberungen waren hier wie in ganz Bagdad an der Tagesordnung. Die sunnitischen Einwohner, die die größte Sekte dort stellten, hatten die meisten – wenn nicht sogar alle – ihrer schiitischen Nachbarn vertrieben. Die Furcht vor »dem Anderen« und die unendliche Spirale der Gewalt gegen die jeweils gegnerische Sekte hatten Yarmouk und mehr oder weniger den ganzen Irak in ein Schlachtfeld verwandelt. Sunniten töteten Schiiten und Schiiten töteten Sunniten.

Aber dies war nicht das einzige Problem. Auch innerhalb der Gruppierungen kam es zu Gewaltausbrüchen und Machtspielen, in denen Schiiten Schiiten und Sunniten Sunniten zum Opfer fielen. Dabei ging es um die Vorherrschaft in bestimmten Wohnvierteln, um Regierungsposten und Führungsansprüche in Rebellengruppen. Iraker, die sich im falschen Stadtteil aufhielten und nicht der »richtigen« Sekte, Religion oder Gruppe angehörten, liefen Gefahr, niemals mehr zurückzukommen. Die sterblichen Überreste derer, die sich zur falschen Zeit am falschen Ort befunden hatten, fand man später oft an Laternenpfählen hängend oder irgendwo in einem Straßengraben, streunenden Hunden zum Fraß vorgeworfen. Die Straßen waren voller Leichen. Verwandte hatten Angst, die Toten zu bergen, da manchmal Sprengkörper daran befestigt waren, die bei jeder Bewegung explodieren konnten.

Mitten in diesem ganzen Chaos plante eine Funktionärin einer amerikanischen NRO einen Besuch in Yarmouk, um im Hauptquartier einer bekannten sunnitischen Partei ein Ausbildungsprojekt zum Thema Demokratie durchzuführen. Um die Sicherheit der jungen Frau zu gewährleisten, hatte man ihr einen Personenschutzdienst (PSD) mit drei Fahrzeugen zugewiesen: im mittleren würde sie selbst sitzen, eines würde den Konvoi anführen und ein drittes ihn abschließen. In jedem Fahrzeug sollten mindestens zwei Sicherheitsbeauftragte den Transport vom Gelände der NRO zum Hauptsitz der Partei überwachen.

Das Sicherheitsgefolge brachte die Funktionärin unbeschadet zum Ort des Treffens und blieb während des gesamten eineinhalbstündigen Besuchs dort. Nach der Zusammenkunft hätten Parteifunktionäre angeblich der amerikanischen Ausbilderin zusätzliches Schutzpersonal für die Fahrt aus dem Viertel angeboten. Dies habe sie jedoch abgelehnt.

Vermutlich war ihr nicht klar, dass der Konvoi durch ein Gebiet fahren musste, das von Einheimischen als »Todesdreieck« bezeichnet wird. Die Parteizentrale befand sich in der nordwestlichen Ecke dieses Dreiecks und die Besucher würden zuerst nach Süden und anschließend nach Osten fahren müssen, um das Viertel zu verlassen. Ihr Weg führte durch einen der gefährlichsten Korridore in Yarmouk, der größtenteils von einheimischen Sicherheitsdiensten prominenter Familien und informellen Beobachtergruppen überwacht wurde. Da die öffentliche Ordnung völlig brachlag, sorgten diese Gruppen nicht für Sicherheit, sondern erinnerten mehr an Straßenbanden. Die jungen, in Billigimitaten von Adidas-Trainingsanzügen gekleideten Männer mit *Schibschib* (Sandalen) an den Füßen waren schlicht und einfach Gangster. Sie terrorisierten die Viertel, anstatt sie zu bewachen, wie sie vorgaben. Von Religion oder Ideologie hatten sie wenig Ahnung.

Ich kenne die Motive für den Anschlag nicht und weiß auch nicht, inwieweit er vorher geplant war ... aber was dann geschah, war ein einziger Albtraum. Das erste Fahrzeug bog aus dem stark gesicherten Gelände in die Straße ein. Nach kurzer Zeit wurde es von einem Wagen aufgehalten, der offensichtlich mitten auf der Straße liegen geblieben war. Das zweite Fahrzeug, in dem die Funktionärin saß, hielt hinter dem führenden Fahrzeug an. Die Fahrer brauchten einige Sekunden, um zu begreifen, dass das Hindernis kein liegen gebliebenes Auto war, sondern dass es sich um einen Überfall handelte.

Ohne Vorwarnung setzte eine Schießerei ein. Jede Art von Waffen kam zum Einsatz: Pistolen, AK-47 und eine Abschussvorrichtung für Panzerfäuste. Das hintere Fahrzeug des Konvois, das verspätet aus dem Gelände ausgefahren war, konnte wegen des

Rauchs nicht sehen, was vor sich ging. Es krachte in das mittlere Fahrzeug und kam abrupt zum Stehen.

Mit platten Reifen saßen die drei Wagen auf der Straße fest. Die Terroristen näherten sich dem Konvoi und versuchten, die Türen des mittleren Fahrzeugs zu öffnen, vermutlich, um die Funktionärin als Geisel zu nehmen, schafften es aber nicht. Aus Wut warfen sie eine Handgranate unter den Wagen. Diese explodierte nach wenigen Sekunden, was die Situation nun gänzlich eskalieren ließ. Inmitten des Chaos gelang es einigen Bewachern aus den anderen Fahrzeugen wie durch ein Wunder, aus ihren Wagen zu entkommen und sich in Sicherheit zu bringen. Die junge Funktionärin und ihr Fahrer jedoch waren in ihrem brennenden Fahrzeug gefangen und kamen um.

Die Straße war übersät mit Bombensplittern, die von einem Trommelfeuer unsäglicher Gewalt zeugten. Eine Wolke schwarzen Rauchs stieg aus dem brennenden Wrack aus verbogenem Stahl, Glassplittern und geschmolzenem Plastik auf. Es schwelte noch zwei Tage.

Ich war in Bagdad in erster Linie für das Sammeln und Weitergeben von Geheiminformationen über Terrorismus und den sunnitischen Aufstand zuständig. So wusste ich am besten, welche Quellen Zugang zu den Informationen haben könnten, die wir suchten. Es würde nicht einfach sein, irgendjemanden in diesem Viertel zum Reden zu bringen. Wer nicht zu einer Rebellengruppe gehörte, fürchtete die Aufständischen und sah die Amerikaner als unwillkommene Besatzer und/oder Feinde an.

Wir wollten trotzdem tun, was in unseren Kräften stand, um herauszufinden, wer für den Anschlag verantwortlich war und wer ihn ausgeführt hatte. Nachdem ich mich eingehend mit dem Fall befasst hatte, setzte ich eine Reihe von Fragen auf, die die zuständigen Offiziere ihren Quellen stellen könnten, um die Hintergründe des Anschlags aufzuklären. Welches Ziel wurde mit dem Angriff verfolgt? Was hofften die Terroristen ggf. zu erreichen?

Zuerst untersuchte ich, ob eine unserer Quellen uns vorher schon einmal Informationen über Yarmouk geliefert hatte. Dann prüfte ich auf einer Karte, welche unserer Quellen in der Nähe von Yarmouk lebten oder arbeiteten und über Freunde, Angehörige oder Kontakte mit Rebellen von dem Anschlag erfahren haben könnten. Auf dieser Grundlage listete ich die Quellen auf, die uns bei der Aufklärung behilflich sein könnten. Dann notierte ich noch weitere Fragen, auf die ich hoffte, Antworten zu finden.

Eines hat mich die Arbeit beim Geheimdienst gelehrt: Ich weiß nie, was mir eine Quelle nutzen kann, wenn ich mir nicht die Mühe mache, sie persönlich kennenzulernen, und beständig mit ihr zusammen Möglichkeiten auslote. Angenommen, eine meiner Quellen hätte einen Bruder, der in Yarmouk lebt. Über einen Besuch bei dessen Familie könnte sie vielleicht etwas über dieses Gebiet herausfinden, obwohl sie noch nie selbst darüber berichtet hat. Deshalb ist es nur von begrenztem Nutzen, die Aufzeichnungen in der Akte einer Quelle zu durchforsten. Um wirklich herausfinden zu können, ob meine Quelle Zugang zu relevanten Informationen hat oder sich verschaffen könnte, muss ich direkt mit ihr sprechen.

Ganz unerwartet hat mich manche motivierte und findige Quelle schon mit Einzelheiten überrascht, die sie anderen durch geschicktes Befragen entlockt hat. Auch Dinge, die ich einfach vom Hörensagen weiß oder über Dritte erfahren habe, können hilfreich sein, um Kontakte aufzubauen oder künftig Informationen gezielter zu sammeln.

Als ich mich mit meiner dringenden Bitte um Informations-beschaffung an meine zuständigen Kollegen wandte, boten einige mir an, dass ich ihre Quellen bei ihren nächsten Treffen mit ihnen direkt befragen könne. Diese Befragungen waren eine willkommene Abwechslung zu meiner Schreibtischtätigkeit als CMO, der Position, die ich in Bagdad innehatte. Ich war dafür zuständig, die Beschaffung und Verteilung von Informationen zu verwalten, die in und um Bagdad gesammelt wurden. Jeder CMO hatte einen bestimmten Schwerpunkt; meiner lag auf Berichten über Terrorismus und sunnitische Aufständische. Ich arbeitete mit den *Operations Officers* (den für die jeweiligen Fälle zuständigen Sachbearbeitern) zusammen und verwaltete ihre Terrorismus-Berichterstatter. Wir mussten feststellen, wie unsere Quellen an relevante Informationen gelangten, mussten Fragen ausarbeiten, die Antworten bewerten und die Informationen prüfen, bevor wir sie an den Nachrichtendienst weiterleiteten.

CMOs arbeiten am Computer, bearbeiten Berichte mit geheimen Informationen, lesen Telegramme, werten SIGINT-Berichte aus (Signals Intelligence; deutsch: Signalerfassende Aufklärung aus elektronischer Kommunikation und Waffensystemen). Sie beantworten auch Fragen von Militärkollegen und koordinieren analytische Auswertungen. Bis zu fünfzehn Stunden am Tag taten wir nichts anderes. Eine anstrengende Aufgabe – sowohl für die Augen als auch für den Kopf. Nie zuvor hatte ich so viele Informationen gelesen und verarbeitet und werde es vermutlich auch nicht mehr tun.

Andererseits wird ein CMO durch dieses Eintauchen in eine Flut von Daten auch schnell zu einem Experten seines Fachs und einer wertvollen Quelle für Informationsbeschaffer, -verwalter und Mitarbeiter im Hauptquartier. CMOs wissen in ihren jeweiligen Bereichen nur allzu gut um alle Stärken und Schwächen der CIA bei der Informationsbeschaffung. Da CMOs so viele Berichte lesen und verarbeiten, kennen sie sich in ihren Verantwortungsbereichen sehr gut aus. Wer das Neueste über eine Region wissen möchte, frage am besten einen CMO. Wer wissen möchte, welche Quellen brauchbar, welche verdächtig und welche Lügner oder Doppelagenten sein könnten, frage am besten einen CMO. Diese Experten wissen, wie solide Informationen aussehen, was sie von ihren Quellen zu erwarten haben und was zu schön ist, um wahr zu sein, oder was niemals gut ausgehen wird.

Die Unterbrechung meiner Schreibtischtätigkeit durch eine Vernehmung schenkte nicht nur meinen Augen eine willkommene Ruhepause, sondern gab mir auch Gelegenheit, meine Kommunikationsfähigkeiten auszuprobieren. Endlich konnte ich einmal selbst die Quellen befragen, deren Informationen ich Tag für Tag verarbeitete. Was nun folgte, war die beste Schulung in Sachen Terrorismus, die ich bekommen konnte, denn ich merkte sehr schnell: Es ist eine Sache, über Terroristen zu lesen, aber eine ganz andere, ihnen von Angesicht zu Angesicht gegenüberzustehen.

Erwartungsgemäß blieben auch nach mehreren Vernehmungen die Einzelheiten rund um den Angriff auf die NRO-Funktionärin im Dunkeln. Ich hatte zwar einen Verdacht, mit welchen Rebellenführern die Täter möglicherweise in Verbindung standen, konnte ihn jedoch nie bestätigen. Trotzdem erfuhren wir bei jedem Gespräch wieder ein Stück mehr über die Vorgehensweisen der Rebellen – und darüber, wie wir unsere amerikanischen Soldaten und Zivilisten in Bagdad besser schützen konnten.

Zugegeben, eine der Quellen, die ich im Zuge dieses Ermittlungsverfahrens befragen musste, hat mich gründlich eingeschüchtert. Denn Abu Muhammad war nicht nur einfach ein überzeugter Dschihadist. Er konnte zwar weder Webseiten programmieren, Mudschahedin rekrutieren noch war er ein Ideologe. Aber er war ein Kämpfer. In seiner Akte hatte ich alles über ihn gelesen, und je mehr ich über ihn erfuhr, desto nervöser wurde ich. Nicht nur seine dschihadistische Herkunft ließ mich erschaudern, schon allein sein Erscheinungsbild auf dem Foto in seinen Unterlagen war auffällig. Für Leute wie ihn rechtfertigt der Zweck in jedem Fall die Mittel.

Ich arbeitete erst seit drei Jahren für die CIA, aber ich wusste nur allzu gut um das gespaltene Verhältnis zu Abu Muhammad. Wahre Terroristen beschließen nicht aus Sympathie, mit der CIA zusammenzuarbeiten. Wir sind der Feind, und ihre Motivationen für ihre Verbindung zu uns sind vielfältig. Einige haben genug vom Töten, manche fühlen sich von ihren Mitterroristen ausgenutzt, hinter deren Ideologie und Verhalten sie nicht mehr stehen können, und einige brauchen schlicht und einfach Geld. Andere suchen Schutz und meinen, diesen zu bekommen, wenn sie sich mit der allwissenden und allmächtigen CIA verbünden. Und manche arbeiten deshalb mit der CIA zusammen, um ihre Konkurrenten zu übertrumpfen, ihren Einfluss und ihr Prestige auf den Straßen zu steigern.

Abu Muhammad war ursprünglich ein Ableger einer anderen Quelle, die wertvolle Geheiminformationen über Terroranführer in Bagdad geliefert hatte. Ein unangekündigter Anruf des zuständigen Offiziers hatte Abu Muhammad zwar überrascht, jedoch zu einer Reihe von Treffen geführt. In diesen erklärte er sich schließlich bereit, im Kampf gegen al-Qaida-Elemente in seinem Stadtteil mit der CIA zusammenzuarbeiten.

Um ein Maximum aus der Beziehung herauszuholen, musste ich verstehen, wer Abu Muhammad war. Ohne sein Wesen zu begreifen, konnte ich ihn nicht motivieren: Was war er für eine Persönlichkeit? Was trieb ihn zu seinen Entscheidungen? Was waren seine Motive? Was mochte er und was hasste er? Wie tickte er? Ohne ein grundlegendes Verständnis seiner Weltsicht und Ideologie konnte ich nicht mit ihm als einer terroristischen Quelle zusammenarbeiten. Ohne seinen Lebenswandel in irgendeiner Weise gutzuheißen (natürlich nicht!), musste ich wissen, wo er herkam.

Und hier wurde es wirklich schwierig: Bis zu einem gewissen Grad musste ich mich mit dem Terroristen »anfreunden«. Ich musste einen Weg finden, mich mit ihm zu verbünden.Schließlich wollte ich ihm Informationen entlocken, die wir benötigten, um Anschläge gegen irakische Bürger und Koalitionstruppen zu verhindern. Auch wenn diese Kerle sich kooperativ zeigten, hielten sie doch immer auch Informationen zurück, um sich selbst und ihre Interessen zu schützen. Meine Geheimdiensttätigkeit in einem Kriegsgebiet erforderte gewissenhafte, gezielte Bemühungen, um die Quellen dazu zu bringen, die Details preiszugeben, die ich für meine Arbeit brauchte.

Beim Verhör eines dschihadistischen Rebellen haben die meisten Agenten drei Handicaps: 1. Wir sind Amerikaner. 2. Wir sind »Ungläubige«. 3. Wir arbeiten für die CIA. Während ich mich mental auf meine erste Begegnung mit Abu Muhammad vorbereitete, wusste ich, dass ich gleich noch ein viertes Handicap hatte: Ich war eine Frau.

Für die meisten dieser Männer war ich eine einzige Kuriosität. Davon abgesehen, dass ich ihrer Ansicht nach sowieso an den Kochtopf gehört hätte, dürfte ich auf keinen Fall meiner Regierung in einem Kriegsgebiet dienen. Als Frau war ich ohne meine Familie schutzlos, eine Fremde, Tausende von Meilen fort von zu Hause. Allein schon deshalb, weil ich Männern gegenübertrat, die nicht zu meiner Familie gehörten, wurde ich als loses Weib ohne Glauben und ohne Moral und nicht als Beamtin der US-Regierung betrachtet.

Und in der Kultur des Nahen Ostens, in der Sexualität so stark unterdrückt wird, ist jede Gelegenheit, frei mit einer Frau in Kontakt zu treten, etwas Verbotenes und Aufregendes. Mir war diese Dynamik nur allzu bewusst und es war mir klar, dass Abu Muhammad in dem Moment, in dem er mich erblickte, nur an eines denken würde. Und ich konnte nichts dagegen tun. Dies war mein Leben im Nahen Osten, ob ich wollte oder nicht. Daran war ich gewöhnt. Wiederholt schon hatten Männer mich unsittlich angegangen, verfolgt, drangsaliert, berührt, begrapscht oder anderweitig belästigt. Dies in der ständigen Annahme, dass ich wegen meines Geschlechts, meiner Hautfarbe und meiner Nationalität nicht ehrbar sei.

Sogar mein Nachname ist verdächtig. Wenn ich in den Nahen Osten reise – insbesondere nach Ägypten –, achte ich peinlich darauf, mich wie ein Tourist zu verhalten. Also nicht wie jemand, der Arabisch spricht und das Land kennt. Auf diese Weise werde ich nicht als Bedrohung wahrgenommen. Sobald jedoch die Sicherheitsbediensteten am Flughafen meinen Nachnamen sehen, kann ich mich gleich auf die Frageszene einstellen, die unweigerlich folgt.

»Sind Sie aus dem Nahen Osten?«

»Nein.«

»Warum tragen Sie dann diesen Namen?«

»Jemand aus meiner Familie ist aus dem Nahen Osten.«

»Wer? Ihre Mutter? Ihr Vater?«

»Nein, mein Mann.«

»Woher stammt Ihr Mann?«

»Er ist im Libanon geboren.«

»Dann ist er also Libanese?«

»Nein, er ist Ägypter.«

»Waren Sie schon einmal in Ägypten?«

»Ja.«

»Wie oft?«

»Hm ... oft.«

»Ist Ihr Name Assad oder *Asaad?*«

Wenn jemand aus dem Nahen Osten mir diese Frage stellt, dann will er wissen: »Sind Sie Muslima oder Christin?« Es gibt nämlich im Arabischen zwei unterschiedliche Versionen dieses Namens. »Assad« bedeutet »Löwe«. Dies ist der Nachname des syrischen Präsidenten Bashar al-Assad. Wer diesen Namen trägt, wird für muslimisch gehalten. Die andere Version, die »Asaad« ausgesprochen wird, ist ein christlicher Name und bedeutet »glücklicher«.

Sie stellen diese Frage, weil sie mich in Gedanken in eine Schublade stecken und mich einschätzen wollen. Weshalb? Um herauszufinden, wie sie sich mir gegenüber verhalten sollen.

Nachdem ich dies schon so viele Male erlebt habe, bin ich mittlerweile Expertin darin, solche Vorurteile zu widerlegen und mich als ehrbarer Mensch zu erweisen – selbst als Frau, Christin *und* CIA-Agentin.

Zugegeben, es ist eine Sache, mit einem für Einwanderung zuständigen Beamten am Flughafen fertig zu werden – mit einem Mann wie Abu Muhammad umzugehen, ist eine ganz andere. Denn hier hatte ich es nicht mit *irgendeinem* Araber zu tun. Abu

Muhammad war Terrorist. Schurken wie er sind unglaublich intelligent. Sie gehören sogar zu den cleversten Menschen, die einem je über den Weg laufen können. Betrug oder hinterhältiges Verhalten erkennen sie schon von Weitem. Sie haben ein Gespür für Schwäche oder Unsicherheit und sie durchschauen jeden, der nicht genauso scharfsinnig ist wie sie. Ihre Menschenkenntnis ist eine von klein auf eingeübte Überlebenstaktik, die es ihnen ermöglicht, sich in der mörderischen Welt der Stammespolitik und in hochgradig unterdrückenden, autoritären Regimen zu behaupten. Sie kommen aus Regionen, wo nur der Stärkste überlebt und nur derjenige Erfolg hat, der es versteht, andere zu manipulieren. Respekt erfährt man hier nicht einfach so, man muss ihn sich verdienen. Deshalb versuchte ich, so ruhig wie möglich in mein Treffen mit Abu Muhammad zu gehen. Ich durfte mir meine Angst nicht anmerken lassen.

Vor der Tür zum Vernehmungsraum strich ich meine Jacke glatt und bereitete mich mental auf die großen Begegnung vor. In manchen Filmen gibt es an dieser Stelle einen durchsichtigen Spiegel, durch den ich schon vor meinem Eintreten einen Blick auf ihn hätte erhaschen können. Hier leider nicht. Ich schloss die Augen und rief mir noch einmal all das in Erinnerung, was ich über ihn wusste. Schließlich schaltete ich mein Mobiltelefon aus, nahm den Akku heraus und steckte es wieder in meine Handtasche, damit nicht darüber das CIA-Gelände geolokalisiert oder das Treffen über das Mikrofon aufgenommen werden könnte. Ich atmete ganz langsam aus in der Hoffnung, durch tiefes Durchatmen das Zittern meiner Hände in den Griff zu bekommen.

Alles gut, versicherte ich mir selbst. *Nur Mut. Keine Schwäche zeigen. Du schaffst das. Auf diesen Moment hast du dich ein*

Leben lang vorbereitet. Er mag Terrorist sein, aber auch er ist nur ein Mensch.

Um mir zu vergegenwärtigen, wie der Mensch Abu Muhammad wirklich war, dachte ich über die jüngsten Bitten nach, die er an den für ihn zuständigen Offizier gerichtet hatte. Dieser Terrorist, der es sicherlich mit Herausforderungen wie ethnischen Säuberungen oder Sektenkriegen zu tun hatte, suchte aus persönlicheren Gründen Hilfe. Es ist kaum zu glauben, aber Terroristen sind tatsächlich auch Menschen, die selbst mit Komplexen und Unsicherheiten zu kämpfen haben.

Als ich mir das klarmachte, fühlte ich mich besser, und mein Selbstvertrauen wuchs. *Ich werde mit Abu Muhammad fertig,* sagte ich mir. *Kein Problem.* Ich holte tief Luft und öffnete die Tür.

In dem Bruchteil einer Sekunde, als Abu Muhammad mich erblickte, war seine Reaktion genau wie vermutet. Seine Augen leuchteten vor Verwunderung und Erregung. Ich kann mir vorstellen, dass er innerlich jubelnd ausrief: *Oh ja!*

Als John, der zuständige Offizier, sich erhob, um mich zu begrüßen, sprang Abu Muhammad von seinem Stuhl auf und stand in entzückter Aufmerksamkeit da. Seine Augen verfolgten eindringlich jede meiner Bewegungen.

Gar nicht so einfach, mich natürlich zu geben, wenn ich weiß, dass mein Erscheinungsbild und mein Verhalten genau unter die Lupe genommen werden. Diesen Kerlen entgeht nichts. Sie mustern mich aus jedem Winkel. Sie nutzen jede Gelegenheit, um das aufzunehmen, was im konservativen Islam *haram* (verboten) ist. Hier war ich also – eine gut aussehende, nicht in Schwarz verhüllte Frau, die dazu beauftragt war, mit ihm Kontakt aufzunehmen. Dies war sein Glückstag.

Die Kontaktaufnahme ist einer der kritischsten Bestandteile jeder Vernehmung. Ich kann gar nicht genug betonen, wie wichtig es ist, Vertrauen aufzubauen. Wenn ein Terrorist erwog, sein Leben in meine Hände zu geben und als Maulwurf andere Mitglieder seiner Gruppe zu verraten, musste er sicher sein können, dass ich über das erforderliche operative Know-how verfügte und genügend Grips hatte, um ihn und seine Informationen zu schützen. Nach den vielen Jahren des Studierens, Lebens und Reisens im Nahen Osten war mir nur allzu bewusst, dass ich wegen meines Geschlechts sofort benachteiligt war. Meine Quelle konnte sich nicht vorstellen, dass ich sie zu beschützen verstand, da ich mich in der gefährlichen Welt von Terrorismus und Spionage unmöglich zu behaupten wusste. An diesem Punkt war ich nicht mehr als ein Objekt sexueller Begierde.

Die besten Agenten wissen ganz genau, wie sie von anderen wahrgenommen werden, und kalkulieren diese Faktoren mit ein. Die richtige Selbsteinschätzung ist der Schlüssel. Ohne sie könnte ich die Hindernisse zwischen mir und meiner Quelle niemals ausräumen und meine gottgegebenen Stärken niemals ausspielen. Wie könnte ich mit einer Quelle in Verbindung kommen oder sie manipulieren, ohne zu verstehen, wie ich wahrgenommen werde, wenn ich in den Raum trete? Mein männlicher Kollege mit seinen 1,92 Metern und seinen 115 Kilogramm wird anders eingeschätzt als ich mit meinen 1,65 Metern und meiner zierlichen Figur. So widerlich das auch sein mochte, ich musste die Vorurteile dieser Person mir gegenüber vollständig begreifen und ihnen ins Auge sehen.

Kommunikationswissenschaftler behaupten, der erste Eindruck entstehe innerhalb von wenigen Sekunden. Ich glaube, dass Agenten bei Treffen mit Quellen genau vor dieser Herausforderung stehen. Nach dem ersten Eindruck sind noch die nächsten paar Minuten entscheidend. In denen sieht der Gesprächspartner seine Annahmen entweder bestätigt oder es können noch andere Variablen in die Gleichung gebracht werden. Mir stand ein Zeitfenster von ungefähr fünf Minuten zur Verfügung, mich als vertrauenswürdig zu erweisen. Länger braucht ein Terrorist nicht, bis er weiß, ob er mich respektieren würde oder nicht. Ich hatte es schon oft erlebt, wie Agenten diese ersten fünf Minuten verspielt, dadurch die Kontrolle über die Beziehung verloren und nie mehr zurückgewonnen hatten. Und beim Geheimdienst ist Kontrolle ganz entscheidend.

Als ich Abu Muhammads Körpersprache genau beobachtete, merkte ich, dass es diesem hartgesottenen Terroristen mehr um einen Flirt als um die Sache ging. Es galt also, mich doppelt um Professionalität und Takt zu bemühen und mich dabei freundlich und umgänglich zu zeigen. Um ein Maximum aus den ersten Minuten herauszuholen, musste ich auf alles zurückgreifen, was ich jemals über Araber und den Nahen Osten gelernt hatte. Gelänge mir das nicht, wäre ich in seinem Denken für alle Zeiten als Frau und nicht als professionelle Agentin abgespeichert, in deren Hände er sein Leben legen könnte.

Während der Offizier uns einander vorstellte, begrüßte ich Abu Muhammad mit einem Handschlag. Hätte ich es zugelassen, hätte er wohl die Gelegenheit genutzt und meine Hand so lang wie möglich festgehalten. Mit dieser Masche kam er bei mir allerdings nicht weit. Nach einem kräftigen Handschlag entzog ich meine Hand vorsichtig seinem Griff und wir setzten uns jeder auf einen Stuhl. Meine Aufregung legte sich langsam, während ich mich darauf konzentrierte, wie ich ihn am besten für meine Ziele gewinnen konnte.

Als ich ihn das erste Mal vernahm, war es wie eine Gratwanderung. Jeder von uns beiden wollte die Oberhand behalten. Ich hatte mich nicht zu nah zu ihm gesetzt, um nicht unangemessen vertraulich zu wirken. Andererseits aber auch nicht zu weit weg, um nicht den Anschein zu erwecken, ich sei von ihm eingeschüchtert. Ich sah ihm beim Sprechen bewusst in die Augen, aber doch nicht so lange, dass er es als einen Flirtversuch interpretieren konnte (Augenkontakt spricht im Nahen Osten Bände). Bei zu wenig Augenkontakt könnte er mich für ängstlich oder zwielichtig halten. Zwar war ich immer noch nervös, nahm jedoch die Schultern zurück und richtete mich auf, so gut ich konnte. Durch meine Körpersprache vermittelte ich ihm in diesem Moment das genaue Gegenteil von dem, was ich empfand: Vertrauen.

Aus meiner Freundlichkeit und meinem einladenden Verhalten lesen meine Gesprächspartner häufig einen Mangel an Gewandtheit oder Intelligenz ab. Deshalb durfte ich in meiner Unterredung mit Abu Muhammed von Beginn an keinen Zweifel daran lassen, dass ich belesen und gebildet war. Er musste wissen, dass ich meine Hausaufgaben gemacht und die Akte gelesen hatte. Dass ich über seinen Hintergrund und seine Aufzeichnungen genauestens Bescheid wusste. Was genauso wichtig war: Er musste wissen, dass ich die verrückte, komplizierte Welt des Irak und ihn als Person verstand. Wenn ich seinen Gerechtigkeitssinn (wie verzerrt der auch immer sein mochte) und sein Ego nicht ansprach, würde ich scheitern.

Deshalb trat ich selbstsicher auf.

»Abu Muhammad«, begann ich auf Englisch, »ich bin so froh, Sie kennenzulernen. Ich habe Ihren Fall genau studiert und finde es beeindruckend, was Sie in der kurzen Zeit, in der Sie mit John zusammenarbeiten, schon erreicht haben. Auch schätze ich Ihre Intelligenz, Ihre Tatkraft und Ihre Bemühungen, uns rechtzeitig vor Angriffen zu warnen. Das ist nicht einfach, aber Sie haben offensichtlich gute Verbindungen und sind klug.«

Ich sah ihm an, dass diese Komplimente ihm schmeichelten. Abu Muhammad strahlte.

Er antwortete auf Englisch mit starkem Akzent.

»Danke. Schön, Sie kennenzulernen, Layla.« (Layla war der Name, den ich bei Abu Muhammad verwendete, weil er sich gut auf Englisch und Arabisch übersetzen ließ und einfach zu merken war.)

Ich sagte: »*Shukran, shukran, tasharrafna!*« (»Danke, danke, es ist mir eine Ehre, Sie kennenzulernen!«)

Abu Muhammad war überrascht. »*Bititkalami ‚Araby?*« (»Sie sprechen Arabisch?«)

»*Na'am, bas ana batkalam ‚Araby shwaya bass. Darast fil al-Qa'hira wa lakin la atathakar kitir min al kalimat.*« (»Ja, ich spreche Arabisch, aber nur ein klein wenig. Ich habe in Kairo studiert, aber viele Wörter weiß ich nicht mehr.«)

»*Darast fi Misr?*« (»Sie haben in Ägypten studiert?«)

»*Na'am, ana bahab Misr. Darast al-'Arabiyah, al-thaqafah, al-deen, wal-tarikh hinak.*« (»Ja, ich liebe Ägypten. Ich habe Arabisch, Kultur, Religion und Geschichte dort studiert.«)

Abu Muhammad blickte John an und kicherte. Er traute seinen Ohren nicht. Auch wenn von dem Arabisch, das ich in Georgetown gelernt hatte, nicht mehr viel übrig war, überschätzte so mancher meiner Gesprächspartner meine Sprachkenntnisse wegen meiner guten Aussprache erheblich. Deshalb überschlugen sich in Abu Muhammads Kopf die Gedanken und es veränderte sich der Eindruck, den er von der Frau gewonnen hatte, die gerade zur Tür hereingekommen war. Nachdem ich ihn nun mit meinem Arabisch verblüfft hatte, wusste er nicht mehr, in welche Schublade er mich stecken sollte.

Als ich dies verstanden hatte, wollte ich natürlich das Gespräch gleich in die richtige Richtung lenken und kam sofort zur Sache.

»Abu Muhammad, das, was im Bezirk Mansour von Bagdad vor sich geht, macht mir Sorgen. Die wachsende Gewalt zwischen den Sekten und die immer häufigeren Angriffe auf Koalitionstruppen dort. Die vielen USBVs (unkonventionelle Spreng- und Brandvorrichtungen) in Ihrem Viertel sind der helle Wahnsinn. Sie töten nicht nur unsere Soldaten, sie töten unschuldige Menschen. Denn letzte Woche sind vor allem sunnitische Zivilisten von USBVs verletzt worden, nicht Soldaten der Koalitionstruppen.«

Er nickte. Mittlerweile las ich aus seinen Augen Überraschung, als er erkannte, dass ich tatsächlich wusste, wovon ich sprach.

Ich fuhr fort. »Wir brauchen Ihre Hilfe jetzt mehr als je zuvor, wenn wir Ihr Viertel stabilisieren wollen. Die Rebellen mögen mit diesen willkürlichen Attacken weitermachen, aber wie John bereits gesagt hat, sind Ihre wirklichen Probleme viel weitreichender. Das Eingreifen des Iran im Irak richtet unter den Sunniten viel mehr Schaden an als die Koalitionstruppen.«

Er nickte lebhaft und ich sah ihm an, dass er es kaum fassen konnte, wie eine westliche Frau das alles wissen und mit Sachverstand über solche Themen sprechen konnte.

Als ihm das aufging, spürte ich, wie sich sein Bild von mir grundlegend veränderte. Schnell hatte ich ihn da, wo ich ihn haben wollte: Er war zu dem Schluss gekommen, dass ich mehr war als eine Frau. Ich war eine Offizierin, der er vertrauen konnte. Tatsächlich hatte ich es geschafft, ihn als Verbündeten zu gewinnen. Er konnte sich mich als Partnerin im Kampf gegen den Terror vorstellen. Das war vielleicht ein Gefühl! Die Spannung im Raum fiel spürbar ab (zumindest was mich betraf). Die Veränderung war greifbar. War die Luft gerade noch sexuell geladen gewesen, herrschte nun eine respektvolle Atmosphäre. Wir konnten an die eigentliche Arbeit gehen. Als Abu Muhammad nicht nur gerne mit mir zusammenarbeiten, sondern auch bereitwillig meine Fragen beantworten und meine Bitten erfüllen wollte, wusste ich, dass ich ihn für unsere Sache gewonnen hatte. Abu Muhammad wollte mir zu verstehen geben, dass er liefern konnte, dass er der richtige Mann sei.

Ohne es zu merken, hatte ich Abu Muhammads schmutzige Vorurteile mir gegenüber benutzt, um seine Schale zu knacken. Jetzt würde ich ihm mehr Informationen entlocken können als irgendjemand anders. Als ich in dieses Treffen hineinging, war ich in seinen Augen ein Nichts. Und nun würde ich aus diesem herauskommen mit den Erkenntnissen, die unser CIA-Team so dringend brauchte: mit kritischen Geheiminformationen über die Identität der Terroristen, die die US-Funktionärin und ihr Sicherheitsgefolge in Bagdad angegriffen und getötet hatten.

Für diese Momente lebte ich. Kulturelle Hürden zu überspringen, Klischees zu entlarven und in solch kurzer Zeit eine Situation in den Griff zu bekommen, war eine echte Herausforderung und eine fantastische Errungenschaft. Dass ich als Frau ein Handicap hatte, dafür konnte ich nichts. Aber wenn ich trotz dieser Probleme schaffte, was andere nicht vermochten, war das ein doppelter Erfolg.

Diese Vernehmung war ein Wendepunkt in meiner Karriere. Ich entdeckte Fähigkeiten, von denen ich bisher nichts geahnt hatte. Aber nicht nur ich selbst war überrascht, auch Kollegen und

Vorgesetzte waren verblüfft. Sie hatten immer gedacht, eine so nette Person wie ich könne nicht intelligent, gebildet oder in der Lage sein, gegen solch schwierige Subjekte etwas auszurichten.

Nach meinem Erfolg im Vernehmungsraum wurden endlich mein praktischer Verstand, meine Fähigkeit, kritische Informationen zu beschaffen, und meine ausgeprägte Intuition anerkannt, mit deren Hilfe es mir gelang, auch schwierige Fälle zu lösen.

Ja, konnte ich mir endlich sagen. *Ich schaffe das.*

KAPITEL 12

Sein oder Schein – eine Geschichte von drei Quellen

Im Film treten Geheimagenten ihren Gegnern mit Pistolen, Gewehren und glänzenden Wagen gegenüber. Und sie sind so geübt im Nahkampf, dass sie ihre Feinde mit dem richtigen Würgegriff in die Knie zwingen oder mit einem gezielten Schuss niederstrecken können. So sehr ich mir etwas von ihrer coolen Gelassenheit wünschte – das Leben in der CIA ist viel mehr von akribischer Kleinarbeit gekennzeichnet.

Die meisten Leute wissen nicht, dass die CIA in Wirklichkeit eine riesige Sortierbehörde ist. Geheimdienstoffiziere müssen Berge von Daten sichten, um zu entscheiden, was davon echt und brauchbar ist und was verworfen werden muss. Sie brauchen ein Gespür für sprachliche Feinheiten und müssen zwischen den Zeilen lesen können. Sie müssen alles infrage stellen, um einen komplizierten Informationsstrom zu entwirren. In der Welt der Terrorismusbekämpfung ist bei diesem Prozess Eile geboten. Es gilt, alles daranzusetzen, falsche Informationen auszusieben.

Bei der Sammlung, Verarbeitung, Verteilung und Bewertung von Geheiminformationen über terroristische Aktivitäten dürfen keine Fehler passieren. Bei der CIA pflegt man zu sagen: »Die Terroristen müssen es nur einmal richtig machen, wir aber jedes Mal.«

In dem ungeheuren Datenstrom befinden sich jede Menge nutzloser, ungenauer, irreführender oder erfundener Informationen. Es ist unglaublich, wie viele Falschmeldungen nicht nur der CIA, sondern Geheimdiensten in aller Welt zugehen.

Genau deshalb war es für uns als Spezialisten in der Terrorismusbekämpfung eine der größten Herausforderungen, zu erkennen, wer uns brauchbare Informationen gab und wer nicht. Hier Fehler zu machen, könnte jemandem das Leben kosten, denn schließlich hatten wir es mit Terroristen zu tun.

Anfang 2007, als der Irak von einer Welle der Gewalt erschüttert wurde, liefen zahlreiche Iraker auf die andere Seite über. Sie, die früher in den USA den großen Satan gesehen hatten, der ihr Land besetzte, zeigten sich nun bereit, im Kampf gegen irakische Terroristen mit den Koalitionstruppen zusammenzuarbeiten. Tapfere Einheimische lehnten sich gegen das brutale Vorgehen von al-Qaida auf und taten, was sie konnten, um diesen Verbrechern die Macht über ihre Straßen wieder zu entreißen. Dies war ein Wendepunkt in dem Krieg. Dank genauer, sehr zuverlässiger Informationen trugen unsere Anstrengungen im Kampf gegen den Terrorismus endlich Früchte.

In einem derartigen Fall wurden wir von einer unserer bewährten Quellen kontaktiert. Der Mann gab sich äußerst aufgeregt. Mahmud war aus seinem Dorf gekommen und behauptete, etwas beobachtet zu haben, das ihn hatte erschaudern lassen. Als er nicht weit von zu Hause mit seinem Wagen unterwegs war, habe er eine unbekannte Person aus einem Gebäude kommen sehen, das einem seiner Cousins gehöre. Angeblich sei das Haus leer und unbewohnt. Mahmud konnte nicht erklären, warum, wurde aber den Gedanken nicht los, dass hier etwas faul sein müsse und dass dieser Mann möglicherweise ein Mitglied von al-Qaida im Irak (AQI) sei.

Bis zu diesem Zeitpunkt hatten die Koalitionsstreitkräfte Mahmud immer als äußerst zuverlässige Quelle eingestuft. Natürlich wussten sie weder seinen Namen noch seine Personalien. Aber sie versicherten uns immer wieder, dass sich seine Informationen als brauchbar erwiesen hätten. Mehrmals nahmen sie mit uns Kontakt auf und lobten Mahmuds Berichterstattung. Er habe ihnen geholfen, USBVs zu entschärfen und Rebellen festzunehmen, die in seinem Dorf Unruhe gestiftet hätten.

Mahmud hatte eine solide Erfolgsgeschichte vorzuweisen. Aber die Brocken, die er uns diesmal lieferte, waren höchst lückenhaft und ungenau. Man kann nicht einfach einen geheimen Bericht weitergeben, nur weil jemand »das Gefühl hat«, dass an einem bestimmten Ort »etwas faul ist« oder dass irgendein x-beliebiger Kerl, den er gerade gesehen hat, ihm »wie ein Schurke vorkam«. Diese Art von Information erfüllt die Mindestanforderungen für eine Weiterleitung durch die CIA nicht. In diesem Fall verstießen der zuständige Offizier und ich jedoch gegen das Protokoll und gaben den Bericht heraus.

Innerhalb von einer Stunde wurden wir von einer der MNF-I-Einheiten (Multinationale Streitkräfte – Irak) kontaktiert, die für das Gebiet zuständig war. In diesem Dorf führten sie regelmäßig Terrorabwehroperationen durch und wollten mehr über die Quelle wissen. Sie zeigten sich interessiert, einen Blick auf das verlassene Gebäude zu werfen. Schon längere Zeit hatten sie versucht, in der Umgebung des im Bericht erwähnten Gebäudes Häuser zu identifizieren, in denen sich Terroristen verschanzen könnten. Sie hatten nämlich das Gefühl, dass Häuser in dieser Gegend als Waffenlager genutzt würden und einige davon sogar als Autobombenfabriken umfunktioniert worden seien. Es gab dabei aber ein großes Problem: Militäreinheiten waren zuvor bereits ähnlichen Berichten nachgegangen, die sich jedoch als Komplott erwiesen hatten – die angeblich geheimen Unterschlupfe waren verdrahtet, sodass beim Eintreten der Soldaten Sprengsätze explodierten.

Eine Welle derartiger Explosionen hatte es östlich von Bagdad im Gouvernement Diyala gegeben. Wir hatten zwar im Westen, im Gouvernement al-Anbar, noch nichts Derartiges erlebt, aber man konnte nie vorsichtig genug sein. Im Wesentlichen wollte das Militär wissen: Wie gut ist eure Quelle? Vertraut ihr ihr? Glaubt ihr, sie könnte euch hereingelegt haben? Könnte dies ein Komplott sein?

Dies war einer der schwierigsten Aspekte meiner Tätigkeit. Ich musste einerseits die Identität unserer Quellen schützen, wenn ich Informationen weitergab. Andererseits musste ich den Soldaten aber auch ausreichend Details liefern, damit sie ihre Arbeit tun konnten. Sie waren darauf angewiesen, genügend über die Quellen, deren Zugang zu Informationen und deren Berichtsakten zu wissen, um einschätzen zu können, wie brauchbar ein Bericht war. Wir hatten mit diesen Militäreinheiten schon länger erfolgreich zusammengearbeitet und ich wusste, dass sie sich auf mein Urteil verlassen würden. Dieses Vertrauen durfte ich natürlich nicht enttäuschen. Es standen schließlich Menschenleben auf dem Spiel.

In meinem Kopf überschlugen sich die Gedanken.

Was soll ich davon halten? Ist dies ein Komplott? Er ist normalerweise ein so guter Berichterstatter, aber was wäre, wenn er sich als Maulwurf entpuppte?

Auch wenn Mahmud auf »unserer Seite« stand, könnte es sein, dass die Rebellen ihn gegen uns aufzuhetzen versuchten, indem sie das Leben seiner Frau und seiner Kinder bedrohten. So etwas hat es schon öfter gegeben. Ich betete: »Bitte, Herr, gib mir Weisheit.«

Im Grunde wusste ich nichts Genaues und sagte dies dem Militärkommandeur auch. Mir fiel aber ein, dass Mahmud erst in der Woche zuvor einen Bericht zu einer Stelle in seinem Dorf geliefert hatte, an der eine USBV platziert war. Der hatte sich nach Aussage der MNF-I-Einheiten als erstaunlich genau erwiesen. Sie hatten die USBV gefunden und ausgegraben, bevor der Supertransporter der Koalitionstruppen über die Stelle rollte. Bis dahin war Mahmud also eindeutig eine gute Quelle. Auch das sagte ich dem Kommandeur.

Am nächsten Tag kam der zuständige Offizier an meinen Schreibtisch und fragte: »Hast du schon gehört?«

»Was soll ich gehört haben?«

»Mahmuds Information war ein Volltreffer!«

»Wirklich?« *Was für eine Erleichterung!*, dachte ich. »Was ist passiert?«

»Als die Soldaten in das verlassene Gebäude eintraten, fanden sie sieben Iraker verschnürt am Boden liegen. Die Männer hatten schon fast jede Hoffnung aufgegeben. Dies war mehr als nur ein Unterschlupf. Es war eine Folterkammer. Im angrenzenden Zimmer lagen Berge von Leichen.«

Mahmuds Intuition bezüglich des Fremden, den er aus diesem Gebäude hatte kommen sehen, war richtig gewesen. Etwas am Verhalten oder Aussehen des Unbekannten – sei es sein Gesichtsausdruck, seine Körperhaltung, sein Gang oder seine Kleidung – hatte in Mahmud den Verdacht erweckt, dass etwas »faul war«. Es stellte sich heraus, dass einheimische al-Qaida-Anhänger das Gebäude in ihre Gewalt gebracht hatten und es als Stützpunkt verwendeten, um die einheimische Bevölkerung zu terrorisieren.

Mein Kollege fand Kopien der Fotos, die die Soldaten aufgenommen hatten und auf denen der unglaubliche Schauplatz festgehalten war. Die Bilder zeigten die geschundenen Körper der jungen Männer, die gerade dem sicheren Tod entronnen waren. Als die Soldaten ins Haus traten und die Gefangenen auf dem Boden fanden, standen diese unter Schock.

Ausgemergelt und zitternd sagten sie immer und immer wieder: »Danke. Danke. Danke.« Sie konnten kaum stehen und die Soldaten mussten sie stützen, während die Männer ihre blutverschmierten T-Shirts für die Kamera hochhoben, sodass die Striemen und Blutergüsse auf ihren Oberkörpern zu sehen waren. Wenn die Einheit nicht rechtzeitig gekommen wäre, wären die Gefangenen spätestens am nächsten Tag tot gewesen.

Ich schluckte schwer, als ich die Fotos vom Nachbarzimmer durchblätterte, und Tränen stiegen mir in die Augen. Die Terroristen hatten die verstümmelten Leichen von anderen Dorfbewohnern in den angrenzenden Raum geworfen und sie dort auf einem Haufen der Verwesung überlassen. Ich konnte es nicht fassen, was ich da sah. Es erinnerte mich an die Fotos vom Holocaust, so unmenschlich, dass man die Tiefe der Verderbtheit gar nicht verarbeiten kann: Männer und Frauen … geschlagen und geschunden … gestohlene Menschenleben … der leere Blick in vor Entsetzen aufgerissenen Augen.

Mein Magen drehte sich um, als ich mich zwang, die Fotos anzuschauen. Ich musste begreifen, wofür wir kämpften und womit unsere Soldaten jeden Tag konfrontiert waren. So sehr ich mir wünschte, ein tiefes Loch zu graben und den Kopf in den Sand zu stecken, ich durfte die Augen nicht vor dem verschließen, was außerhalb unserer beschützten Grünen Zone tatsächlich vorging.

Wer behauptet, Krieg sei die Hölle, weiß nicht einmal die Hälfte davon.

Zugegeben, nicht jede Quelle, mit der ich zu tun hatte, war so zuverlässig – oder uneigennützig – wie Mahmud. Zum Beispiel Mansur. Mansur war kein x-beliebiger Terrorist. Er war der *Amir* (Führer) einer al-Qaida-Zelle im westlichen Bagdad. Was noch interessanter war: Er behauptete, vor der US-Invasion im Irak Mitglied von *Fedayeen Saddam* gewesen zu sein. *Fedayeen Saddam* kann als »Saddams Verteidiger« oder »Saddams opferbereite Männer« übersetzt werden. Die Wurzel des Wortes *fidaya* im Arabischen bezeichnet die Bereitschaft, sich für andere zu opfern, bis hin zum Tod. Es ist das gleiche Wort, das in der arabischen Version der Bibel benutzt wird, um Jesu Bereitschaft zu beschreiben, sich für die Erlösung der Menschheit ans Kreuz schlagen zu lassen.

Fedayeen Saddam war eine streng geheime paramilitärische Armee, deren Mitglieder Angehörige von Saddam Hussein gegenüber höchst loyal gesinnten Stämmen waren. Diese Männer töteten, verstümmelten und folterten Menschen, um Saddam Hussein vor seinen realen (und imaginären) Gegnern zu schützen. Gruppen wie Fedayeen ermöglichten es dem Tyrannen, einen eisernen Griff auf das irakische Volk auszuüben. Er bediente sich ihrer ähnlich wie die iranischen Revolutionsführer der Basij oder wie Bashar al-Assad der Schabiha-Milizen in Syrien. Die Gruppe forderte vom Volk Loyalität ein und beherrschte es durch Gewalt und Einschüchterung.

Ich hatte menschliches Verhalten studiert und war erfüllt von dem brennenden Verlangen, Menschen zu verstehen. Deshalb war ich äußerst neugierig darauf (und auch ein bisschen nervös), ein ehemaliges Mitglied von *Fedayeen Saddam* hautnah zu erleben.

Wie ein Kerl wie er wohl tickt?, fragte ich mich.

Meinen ersten Eindruck von Mansur werde ich niemals vergessen. Der Fahrer und ich bogen auf den Parkplatz ein, wo wir ihn abzuholen vereinbart hatten. Die Person, die dort aus dem Schatten hervortrat, entsprach überhaupt nicht meiner Erwartung. Mansur war ganz und gar keine stämmige, stattliche Erscheinung. Er war spindeldürr und wirkte so zerbrechlich, dass ich dachte: *Mit ihm würde sogar ich fertig, wenn es darauf ankäme.* Schnell rügte ich mich selbst dafür, diese Zaunlatte von Mann zu unterschätzen.

Du weißt es besser, Michele. Zieh keine voreiligen Schlüsse. Hab Nachsicht mit ihm. Er hat vermutlich auch nicht damit gerechnet, ein Mädchen zu treffen.

Wir öffneten die Tür unseres Wagens und Mansur stieg hinten ein. Sofort duckte er sich, sodass ihn von außen niemand sehen konnte. Als ich mich umdrehte, war ich erstaunt, wie ängstlich er wirkte. Ich streckte meine Hand aus und begrüßte ihn auf Arabisch.

»Sabah al-khayr. Ahlan wa sahlan.« (»Guten Morgen. Herzlich willkommen.«) Zögernd erwiderte er meinen Handschlag und murmelte die passende Antwort.

»Sabah al-nur.«

Seine Hand war feuchtkalt, sein Händedruck schlaff.

Aber für Höflichkeiten oder Small Talk hatten wir ohnehin keine Zeit. Wir mussten so schnell wie möglich zum Ort unseres Treffens gelangen. Das Fahrzeug schlängelte sich durch den Verkehr, während der Fahrer und ich in Rück- und Seitenspiegel prüften, ob wir auch ja nicht verfolgt wurden. Wir waren zwar in der Grünen Zone, aber Sicherheit war nirgendwo im Irak eine Selbstverständlichkeit. Ständig mussten wir unsere Umgebung im Auge behalten und wissen, was neben, hinter und vor uns passierte.

Wir hatten im Laufe unserer Ausbildung ein Gespür für Gefahr entwickelt und versuchten durch unsere Fahrweise, das Risiko eines Angriffs möglichst gering zu halten. Auch hüteten wir uns davor, MNF-I-Transportern zu nahe zu kommen, an denen Warnschilder angebracht waren: »Halten Sie Abstand von diesem Fahrzeug, sonst wird tödliche Gewalt eingesetzt.« Als wir nach ein paar Minuten den Ort des Treffens erreicht hatten, atmeten wir alle erleichtert durch.

Kaum hatten wir im Raum Platz genommen, fiel die Spannung von Mansur ab. Er begann mit seinem vorbereiteten Vortrag. Fieberhaft schrieb ich auf meinem Notizblock mit, was Mansur uns über die jüngsten Pläne von al-Qaida für einen Anschlag in einem Wohnviertel im Westen von Bagdad offenbarte. Keine Atempause ließ er mir. Die Informationen sprudelten nur so aus ihm heraus, sodass ich kaum mitkam. Am Ende unseres Treffens hatte ich ungefähr zehn Seiten vollgekritzelt und hoffte, später im Büro meine eigene Schrift noch entziffern zu können.

Geheimdienstberichte und brauchbare Mitteilungen von Gesprächen mit Quellen zu verfassen, ist der am wenigsten reizvolle Part am Agentendasein. Aber es führt kein Weg daran vorbei. Es kostet zwar sehr viel Zeit, alle Einzelheiten eines persönlichen Treffens abzutippen, aber, wie wir bei der CIA sagten: »Was du nicht aufschreibst, ist nie geschehen.« Ich musste auf geeignete Weise den vielen Mitarbeitern im Hauptquartier, die mit dem Fall befasst waren, das Wesentliche und die Atmosphäre des Treffens vermitteln.

Außerdem durfte ich den Nutznießern der Geheiminformationen auch keine relevanten Einzelheiten geplanter Terroranschläge vorenthalten. Jedes Detail war für die Koalitionsstreitkräfte und für Analysten und Akteure vom Militär wichtig, die diese Berichte verwendeten, um Anschläge zu verhindern. Eine dreißigminütige Vernehmung konnte einen ganzen Arbeitstag für Recherchen und das Verfassen der Berichte bedeuten.

Treffen mit Quellen vergingen wie im Flug. Drei Stunden kamen mir dabei oft vor wie fünf Sekunden. Sie waren für mich immer ein ultimativer Balanceakt, da ich mich auf so viele Dinge gleichzeitig konzentrieren musste: aufmerksam zuhören, mir Notizen machen, angemessen nachfragen, um verwirrende oder unvollständige Informationen klarzustellen; Warnhinweise auf gegnerische Spionageaktivitäten erkennen; die Beziehung pflegen; auf Veränderungen des Verhaltens, der Berichterstattung oder der allgemeinen Haltung der Quelle achten; Kommunikationspläne prüfen, mein Gegenüber unterweisen und das nächste Treffen vorbereiten.

Da all dies so unglaublich viel Energie erforderte, war ich völlig fertig, als wir Mansur nach unserem Treffen am vereinbarten Ort absetzten. Am liebsten wollte ich mich nun in unserem kleinen Wohnwagen in mein Bett verkriechen. Stattdessen fuhr ich ins Büro zurück in dem Wissen, dass ich nicht nur meinen Bericht schreiben, sondern auch mehrere Telegramme absenden musste, um die Ergebnisse des Austauschs weiterzuleiten.

Eigentlich hätte ich es als Erfolg betrachten können, dass diese Vernehmung sicher und produktiv verlaufen war, aber ich spürte bald, wie sich ein anderes Gefühl in mir breitmachte: Unbehagen. Ich konnte gar nicht verstehen, woher es kam. Irgendetwas beunruhigte mich und legte sich für den Rest des Tages wie ein Schatten über mich. So sehr ich es auch versuchte, ich wurde das seltsame Gefühl einfach nicht los. Tagelang nagte es an mir. *Was ist los mit mir?*, fragte ich mich immer wieder. Ich wollte es mir nicht eingestehen, aber es war etwas an Mansur, was mich bekümmerte, *aber was?*

Dieses ständige Gefühl der Angst, das sich nicht abschütteln ließ, war ein Zeichen dafür, dass etwas nicht stimmte. Ich hätte aber nicht sagen können, wo das Problem lag. Nachdem ich es ungefähr eine Woche mit mir herumgeschleppt hatte, zeichnete sich endlich der Grund für meine vorübergehende Verwirrtheit ab. Schließlich sagte ich dem zuständigen Offizier: »Ich glaube, Mansur ist nicht der, als der er sich ausgibt.«

Ein bisschen dumm kam ich mir dabei vor, denn ich hatte nichts in der Hand, womit ich meine Vermutung hätte untermauern können. Der Offizier mochte Mansur und versicherte mir, dass die CMOs und die Bereichsleiter im Hauptquartier einen sehr guten Eindruck von Mansur und den von ihm gelieferten Informationen hätten. Außerdem erinnerte er mich daran, wie viel Mansur schon für uns getan habe. »Ihm ist es zu verdanken, dass al-Qaida aus seinem Dorf verschwunden ist. Alle seine Berichte über die Gruppe dort haben sich als zutreffend erwiesen.«

In Gesprächen mit Kollegen vom US-Militär erfuhr der zuständige Offizier, dass die meisten al-Qaida-Mitglieder in Mansurs Heimatdorf entweder von Koalitionstruppen festgenommen oder bei Terrorabwehroperationen getötet worden seien, die er durch seine Informationen ermöglicht hatte. Dies waren erstaunliche Erfolgsmeldungen zu einem Fall. Mehr konnte man nicht erwarten. Aber aus Gründen, die ich noch immer nicht verstand, ließ sich der Zweifel nicht unterdrücken. Immer wieder stieg er in mir hoch.

Natürlich hätte ich mir das Leben einfacher machen können, wenn ich diese Intuition beiseitegeschoben hätte, aber ich konnte nicht anders; ich musste diesem Gefühl nachgehen, dass an der Sache etwas faul war. Während der nächsten Tage gelang es mir, Informationsfetzen aus meinem Unterbewusstsein hervorzuholen, die langsam aufdeckten, was ich vom ersten Moment der Begegnung mit ihm »gewusst« hatte.

Dieser Mann verhielt sich nicht wie alle anderen Terroristen, mit denen ich bisher zu tun hatte. Er verkörperte nicht die Person eines Terroranführers oder *Amirs*. Schon beim Einsteigen in unser Fahrzeug hatte ich ihm seine Angst angemerkt und er hatte zusammengekauert auf dem Rücksitz unseres gepanzerten Wagens minutenlang gezittert wie Espenlaub. Ich erinnerte mich, dass ich dachte: *Dieser Kerl macht sich gleich in die Hose!*

Alle anderen Terroristen, mit denen ich bisher zu tun hatte, füllten jeden Raum, den sie betraten, immer sofort aus. Sie gehörten zu den arrogantesten, egoistischsten Menschen, die mir je begegnet waren. Es waren starke Persönlichkeiten, und zumindest irakischen Terroristen war nie irgendeine Furcht um ihr Leben anzumerken. Vielleicht hielten sie sich aber auch einfach für unbesiegbar. Regelmäßig taten sie Dinge, die aus unserer Sicht den sicheren Tod bedeuten mussten. Sie zeigten eine Art von Stolz, die nahelegte, dass sie entweder besonders klug oder strohdumm waren, oder sich aber den Tod herbeisehnten (vielleicht auch eine seltsame Kombination aus all dem).

Ein bestimmter sunnitischer Aufständischer war der Inbegriff eines Schurken und ein glänzendes Beispiel für jemanden, dessen Ego ihm vorausging. Die CIA brachte ihn dazu, gegen andere Mitglieder seiner Terrorgruppe zu arbeiten. Er lieferte einen guten Einblick in ihre Pläne und Absichten und ermöglichte es uns, Anschläge gegen Soldaten der Koalitionsstreitkräfte, die in den Straßen von Bagdad patrouillierten, zu vereiteln. Für diese Zusammenarbeit wurde er von der CIA großzügig entlohnt.

Das einzige Problem war, dass sein Lohn bar bezahlt werden musste. An einem bestimmten Tag überbrachten wir ihm eine Tragetasche mit 100-Dollar-Noten. Leider wurde aufgrund einiger tödlicher Autobomben, die die Stadt an diesem Tag erschüttert hatten, die Sperrstunde in ganz Bagdad vorgezogen. Es war weit und breit kein Taxi in Sicht, mit dem er hätte nach Hause fahren können. Wir schlugen vor, das Geld bis zum nächsten Treffen zu behalten, sodass er für einen sicheren Transport sorgen könnte.

Trotz unserer Einwände beschloss der Mann, die Tasche mit dem Geld mitzunehmen und zu Fuß nach Hause zu gehen, geradewegs durch ein schiitisches Wohnviertel. Wohlgemerkt, dieser Kerl war Sunnite. Damit forderte er das Schicksal bewusst heraus. Wenn ein Iraker sich versehentlich in das falsche sunnitische Viertel verirrte und aus seinem Führerschein hervorging, dass er Schiite war, wurde er nie mehr gesehen, und umgekehrt verhielt es sich nicht anders. Auch wenn es keine Grenzzäune gab, wussten beide Konfliktparteien genau, welche Gegenden sie zu vermeiden hatten und welche sicher waren.

Aber der sunnitische Aufständische bestand darauf. Er beschloss, zu Fuß nach Hause zu gehen, geradewegs durch ein feindliches Viertel. Wir konnten es uns zwar nicht erklären, aber er kam tatsächlich sicher und unversehrt daheim an. Vielleicht war es seine furchtlose Haltung, die Anwohner glauben ließ, er gehöre hierher. Es könnte an seinem angeberischen und arroganten Gehabe gelegen haben. Durch seine Haltung erlangte er Sicherheit. Nur wenige Menschen auf der Welt könnten mit so etwas durchkommen, er aber gehörte offensichtlich dazu.

Mansur hingegen hatte sich völlig anders verhalten. Auf dem Rücksitz meines Wagens hatte er gezittert und nervös herumgezappelt, als ich ihm bestimmte Fragen stellte.

Irgendwie hatte mein Gehirn Mansurs Verhalten und seine Persönlichkeit mit anderen Terroristen verglichen, die ich schon kennengelernt hatte, und instinktiv gewusst, dass hier etwas nicht stimmte. In dieses Profil passte er nicht. Mein Verstand hatte jedoch einige Tage gebraucht, um die Hinweise auszuwerten, die ich in einem Wimpernschlag erfasst hatte. Erst als ich diese Einzelheiten aus meinem Unterbewusstsein geholt und meine wirren Gedanken geordnet hatte, erkannte ich, was mein Bauchgefühl mir schon die ganze Zeit gesagt hatte.

»Es tut mir wirklich leid, das so deutlich sagen zu müssen«, erklärte ich meinen Kollegen, »aber ich glaube, Mansur ist ein Schwindler.«

Natürlich will niemand hören, dass sein eigenes Baby hässlich sei. Und niemand will denken, dass er sich in einem Fall getäuscht hat oder mehr als ein Jahr lang an der Nase herumgeführt wurde. Deshalb ist es so wichtig, alle Bedenken entweder bestätigen oder widerlegen zu können. Nun galt es herauszufinden, ob diese Theorie stimmte oder nicht. Wir mussten tiefer graben, um etwas über Mansurs Zugangsweg zu Information und über seine Stellung zu erfahren, da diese Dinge die Grundlage jeder funktionierenden Beziehung sind. Dazu begannen wir zu prüfen, was er uns bisher geliefert hatte. Wir erkannten, dass er uns in den ersten sechs Monaten des Falls tatsächlich mit brauchbaren Informationen versorgt hatte. Das letzte Jahr über aber konnte man das nicht mehr so eindeutig sagen.

Während der folgenden Vernehmungen achtete ich sorgfältig auf alle Einzelheiten in Mansurs Geschichten, um etwaigen Ungereimtheiten auf die Spur zu kommen. Darüber hinaus studierte ich genau seine Körpersprache auf Hinweise darauf, dass er sich im Gespräch über bestimmte Themen unwohl fühlte. Ich bemerkte, dass er auf seinem Stuhl herumrutschte und sehr nervös wirkte, als ich ihn im Einzelnen zu seiner Stellung in der Gruppe und zum gruppendynamischen Gefüge befragte.

Ein Buchhalter kann genau über seine täglichen Aufgaben wie Kontenausgleich und Bilanzerstellung berichten. Ein Lehrer kann sich ausführlich über sein Fach, seine Schule, seine Schüler und seine Erfahrungen im Beruf äußern. Wenn jemand ein aktives Mitglied einer Terrorzelle ist, die Operationen plant und ausführt, muss er mir über den Planungsprozess logischerweise Auskunft geben können. Also z. B. wie in seiner Gruppe Ziele ausgewählt werden, wer die Ziele inspiziert und Selbstmordattentäter rekrutiert, wie man an Waffen gelangt und UBSVs baut, wo die Planungssitzungen stattfinden. Äußert sich jemand nicht dazu, dann kann das zwei Dinge bedeuten: Entweder derjenige gibt die Informationen nicht preis oder er lügt und hat gar keinen Zugang dazu. Und Mansur behauptete nicht nur, ein Mitglied der Gruppe zu sein, sondern einer ihrer Anführer. Er hätte die Gruppe besser kennen müssen als irgendjemand anders.

Wir benötigten noch einige Sitzungen, um Mansurs Behauptungen zu widerlegen, aber schließlich gelang es uns, zu beweisen, dass er definitiv kein *Amir* war. Er war noch nicht einmal al-Qaida-Mitglied.

Zu Beginn seiner Beziehung zur CIA hatte Mansur kritische Geheiminformationen geliefert, die sein Dorf im Kampf gegen den Terror wesentlich vorangebracht hatten. Mansur hatte etwas sehr Ehrenwertes getan: Er hatte den Mut besessen, sich an die Behörden zu wenden und anzubieten, die Identität einheimischer Terroristen und die Standorte ihrer Unterschlupfe offenzulegen. Mithilfe dieser Hinweise konnte al-Qaida, die die Provinz al-Anbar im Westen des Irak fast vollständig in ihre Gewalt gebracht hatte, in Mansurs Dorf besiegt werden.

Mansur hatte jedoch nicht deshalb Zugang zu diesen Informationen, weil er selbst einer der Verbrecher gewesen wäre. Das Dorf war so klein, dass jeder Bewohner die Terroristen kannte. Das war kein Geheimnis. Mansurs fünfjähriger Sohn wusste schon, wer die al-Qaida-Kämpfer waren und wo sie wohnten. Mansur war auch nie Mitglied von *Fedayeen Saddam* gewesen. Er hatte nur ursprünglich mit dieser verlockenden Behauptung die CIA auf sich aufmerksam gemacht. Mansurs Rechnung war aufgegangen: Wenn ein Anführer einer al-Qaida-Zelle und ehemaliger Saddam-Getreuer sich an uns wandte, weckte dies natürlich unser Interesse. Aber Mansur hatte die Geschichten alle erfunden.

Nachdem das Dorf aus den Fängen der Terroristen befreit war, wollte Mansur seine Beziehung zur CIA aufrechterhalten, um seine einzige Einkommensquelle nicht zu verlieren. Das konnte ich ihm nicht verübeln. Er hatte viele hungrige Mäuler zu stopfen, und angesichts der schwächelnden Wirtschaft in einem Kriegsgebiet wollte er ein gutes Geschäft nicht so einfach aufgeben. Mansur war der einzige Versorger seiner großen Familie. Das bedeutet für einen jungen Mann ohne Ausbildung oder besondere Kompetenzen einen enormen Druck. Da begann Mansur, sich Geschichten auszudenken. Die wenigen Informationen, zu denen er Zugang hatte, baute er so aus, dass er in Vollzeit als Quelle für die CIA arbeiten konnte. Unglaublich, aber wahr. Diesen Schwindel hielt er über ein Jahr aufrecht.

Wenn ich eine Familie ernähren müsste und keine Arbeit hätte, wer weiß, ob ich nicht auch sehr erfinderisch wäre, um etwas zu essen auf den Tisch zu bringen. Allerdings war es nicht immer ganz einfach herauszufinden, wer die Wahrheit sagte und bei wem andere, verborgene Motive mitspielten.

Dies war bei Ahmad der Fall. Ahmad war einer der vielen Menschen, die gegen AQI arbeiteten. Er lieferte nicht nur der CIA Informationen, sondern Ahmads Leute hatten schon monatelang gegen al-Qaida gekämpft, um Reste der Gruppe aus ihrer Stadt zu vertreiben. AQI wollte die Kleinstadt jedoch unbedingt zurückerobern.

Aus irgendeinem Grund wurde ich mit Ahmad nie warm. Er hatte uns zwar schon seit Monaten Informationen geliefert, aber ich traute ihm nicht. Immer wenn ich einen Bericht von Ahmad erhielt, kämmte ich ihn sorgfältig durch. Nicht, dass er »schlechter« oder ideologisch festgefahrener gewesen wäre als andere Quellen. Ich hatte schon viele Männer erlebt, die mir unheimlicher gewesen waren als er. Auch wenn ich ihre Ideologie und ihre Weltsicht ablehnte, wusste ich bei ihnen jedoch zumindest, *warum* sie mit uns zusammenarbeiteten. Die CIA konnte mit vielen Motivationen umgehen, aber wir mussten sie kennen.

Mir war es lieber, wenn Quellen von Anfang an keinen Zweifel an ihren Motiven ließen: »Ich hasse euch, aber aus diesem oder jenem Grund arbeite ich trotzdem mit euch zusammen.« Da weiß man, woran man ist. Zumindest führten sie uns nicht an der Nase herum. Wir wussten, wo sie standen und warum. Aber bei Ahmad wusste ich nichts. Wem sah er sich verpflichtet und aus welchem Grund ließ er sich auf die Amerikaner ein?

Ahmad wirkte auf mich gerissen. Ich fragte mich, wessen Interessen er tatsächlich diente. Mich beschlich der Verdacht, dass Ahmad ein Auftragskiller, ein Gauner oder ein Schwindler sein könnte, der nur seine eigenen Ziele verfolgte. Ahmad arbeitete immer für den, der ihm gerade am meisten bot, und von dem er die meisten Vorteile für sich herausschlagen konnte.

Um AQI auf Abstand zu halten, hatte Ahmads Gruppe einen Kontrollpunkt eingerichtet, an dem sie den Zugang in die Stadt kontrollierten. Ahmad und seine Männer überprüften Ausweise und ließen nur Ortsansässige passieren. Immer wieder bat Ahmad um Unterstützung, um den Kontrollpunkt halten zu können und um seiner Gruppe die Herrschaft über das Gebiet zu sichern. Aber er trat in meinen Augen zu fordernd auf. Mir schien, als unterstütze Ahmad nicht deshalb die Überwachungsbemühungen der Bewohner, weil er Terroristen hasste oder weil die Stadt ihm am Herzen gelegen hätte. Nein, sondern weil er seine eigenen Ressourcen aufbauen und sich auf der Straße Respekt verschaffen wollte.

Ist er nun ein guter Kerl oder ein Schurke? So genau konnte ich das nicht sagen, glaubte jedoch nicht, dass er bei seiner Zusammenarbeit mit uns tatsächlich das Wohl des Gemeinwesens im Auge hatte. Er spuckte große Töne, aber ich nahm sie ihm nicht ab. Mehr noch: Ich hatte sogar den Verdacht, dass er von den Einheimischen Geld erpresste, um sie vor AQI zu »schützen«.

Dann trat Ahmad an den zuständigen Offizier bei der CIA heran, weil er ihm etwas Wichtiges mitzuteilen hatte. Er sagte:

»Am Kontrollpunkt kam es gerade zu einem größeren Kampf. Seit Tagen versuchen wir schon, AQI aus der Stadt fernzuhalten. Nun sind überall Sprengsätze detoniert und ich habe viele meiner Leute in dieser Schlacht verloren. AQI hat fünf Fahrzeugbomben gegen uns eingesetzt, auch automatische Waffen verwendet und am Kontrollpunkt Hunderte von Menschen umgebracht. Es war die Hölle, aber am Ende haben wir gesiegt, *al-hamdu-lil-allah* [Gott sei Dank]. Meine Männer haben standgehalten und die Terroristen daran gehindert, wieder in die Stadt zurückzukommen.«

Nachdem er uns in allen Einzelheiten die blutige Schlacht der Ortsansässigen gegen al-Qaida geschildert hatte, bat Ahmad um zusätzliche Mittel für seinen Kampf gegen den Terror. Aber irgendetwas an dieser Geschichte schien mir nicht zu stimmen. Angriffe wie dieser auf Dörfer und Städte durch AQI waren keine Seltenheit, aber fünf Autobomben gleichzeitig? Das kam mir unverhältnismäßig vor, wenn man den Wert des Ortes bedenkt, um den hier angeblich gekämpft wurde.

Für uns als Geheimagenten war es das A und O, Informationen zu überprüfen, aber das kostete Zeit und Energie – kostbare Güter in einem Kriegsgebiet, wo die Arbeitslast enorm und Schlafmangel an der Tagesordnung war. Diesen Luxus konnten sich die meisten von uns nicht leisten. Von allen Seiten wurden wir mit Aufgaben überhäuft und es war unmöglich, die Anforderungen an das Informationsmanagement auch nur einigermaßen zu erfüllen.

Ich hätte es auf sich beruhen lassen und es mir damit einfacher machen können, aber ich wusste eines: Je mehr Zeit wir mit schlechten Quellen verschwendeten, desto weniger Zeit blieb uns für unsere eigentliche Aufgabe – nämlich die AQI-Netzwerke zu identifizieren und zu zerschlagen. Also zerbrach ich mir den Kopf darüber, wie ich herausfinden konnte, ob an Ahmads Bericht etwas dran war. Noch einmal ging ich alle meine Notizen von dem Treffen durch und überprüfte sorgfältig seine Beschreibung der blutigen Schlacht vor den Toren dieser Kleinstadt.

Dann dämmerte es mir: Hatte es gestern an einem klar definierten Ort wirklich eine Auseinandersetzung dieses Ausmaßes gegeben, dann dürften sich leicht Beweise dafür finden lassen. Wenn Ahmad die Wahrheit sagte und er und seine Freunde tatsächlich im Kampf gegen den Terror ihr Leben aufs Spiel gesetzt (und manche es verloren) hatten, dann sollte uns eines nicht schwerfallen: seinen Bericht zu bestätigen und Wege zu finden, den Bewohnern im Kampf gegen den Feind zu helfen.

In Kriegsgebieten gibt es zum Glück verschiedene Möglichkeiten, den Wahrheitsgehalt von Informationen zu prüfen. Man muss sie nur zu nutzen verstehen, muss die Menschen überzeugen, einem zu helfen, auch wenn sie genauso überlastet sind wie man selbst.

Innerhalb von vierundzwanzig Stunden gelang es uns, das Gebiet mit menschlicher Unterstützung und technischen Hilfsmitteln genauer unter die Lupe zu nehmen. Und was haben wir wohl dabei herausgefunden? Nichts, nada, *walla haga!* Wir fanden keinen Hinweis darauf, dass sich so etwas wie eine Schlacht oder auch nur eine kleine Auseinandersetzung an dieser Stelle abgespielt hätte. Es gab keine verbrannten Fahrzeuge, keine Metallsplitter am Boden, keine versengte Erde oder Hinweise auf Explosionen. Dabei waren angeblich mehrere Fahrzeugbomben detoniert. Ahmad hatte von Tausenden von Geschossen in diesem Kampf berichtet, es lagen aber keine Patronenhülsen herum.

Und was sollte mit all den Leichen geschehen sein? Im Islam müssen Tote sobald wie möglich, üblicherweise innerhalb von vierundzwanzig Stunden, beerdigt werden. Die Opfer wären also am Tag darauf oder spätestens am übernächsten Tag begraben worden. Es hatte aber keine Trauerzüge durch das Dorf gegeben. Auf dem Friedhof waren keine Anzeichen von frischen Gräbern und keine Trauernden zu sehen. Die Leichenhalle war nicht voll mit nicht identifizierten Toten und in den örtlichen Krankenhäusern waren keine Verletzten behandelt worden.

Wir zogen daraus den Schluss, dass Ahmads Geschichte von A bis Z erfunden war. Dies zeigte der CIA, wie unzuverlässig er und seine Leute im Kampf gegen AQI waren. Ihm ging es nur ums Geld, und er war zu allem bereit, um uns immer mehr aus der Tasche zu ziehen.

Es ist kurios ... In meiner ersten Zeit als Feldoffizierin dachte ich, es müsse wahnsinnig schwer sein, herauszufinden, welche Informationen brauchbar, welche irreführend oder erfunden sind. Im Irak lernte ich, dass das nicht unbedingt so sein muss. Es war nicht unmöglich, Wahrheit und Lüge zu unterscheiden. Ich brauchte dafür nur meinen gesunden Menschenverstand und eine gewisse Motivation.

Dies und den Glauben an meine von Gott gegebene Intuition. Sowohl bei Ahmad als auch bei Mansur hatte mir mein Bauchgefühl verraten, dass etwas faul war. Dass eine Quelle anfangs nützlich gewesen war, musste nicht zwangsläufig bedeuten, dass dies immer so bleiben würde. Die Dinge, die Menschen und die Umstände änderten sich (insbesondere in einem Kriegsgebiet). Ich musste ständig auf der Hut sein.

Das Jahr, das ich im Irak verbrachte, war – in vielerlei Hinsicht – die Hölle. Aber die Erfahrung, die ich in meiner Arbeit mit Informanten sammeln konnte, war nicht nur für die CIA, sondern auch für mich persönlich unbezahlbar. Langsam konnte ich es glauben: Ich war nicht nur gut genug, sondern tatsächlich ziemlich geschickt darin, mit Quellen umzugehen und ihnen Informationen zu entlocken. Dies war für mich eine wertvolle Erkenntnis, denn ich hatte jahrelang geglaubt, ich sei für die CIA nicht geeignet, sei eigentlich am falschen Platz und nur zufällig beim Bewerbungsverfahren nicht ausgemustert worden.

Ich hatte immer geglaubt, dass Menschen, die als Spione rekrutiert werden, unermesslich begabt sein müssten. Während ich Autofahren lernte oder das Abitur machte, waren sie sicher schon dabei, ihre Spionagefähigkeiten zu vervollkommnen, neue Sprachen zu lernen und schwarze Gürtel in den Kampfsportarten zu erwerben. Ich als Durchschnittsmensch hingegen war für ein Leben in der Welt der Spionage und Intrige bestimmt nicht geschaffen.

In der CIA jedoch sah ich mich um und erkannte, dass die Offiziere alle nicht dem Bild der geschniegelten Schauspieler entsprachen, die ich aus Filmen kannte. Sie waren einfach ganz normale Menschen. Aber hier liegt der Haken: In ihrer Persönlichkeit und ihrem Temperament waren sie doch so ganz anders als ich.

Als ich durch die Flure der CIA lief oder Mitarbeitern in leitenden Positionen begegnete, fühlte ich mich oft völlig unzureichend und einfach ... anders. Viele dieser Offiziere waren unfreundlich und ausgesprochen ernst, legten häufig die Stirn in Falten. Deshalb versuchte ich in den ersten Jahren meiner Laufbahn bei der CIA, meine Wirkung auf andere zu verändern. Ich wollte mich anpassen.

Nicht so oft lächeln!, sagte ich mir. *Schau ernster. Sei nicht so freundlich und offen.* Je strenger und autoritärer man auftrat, desto eher wurde man befördert, so schien es mir. Ich hätte niemals kühl oder grob sein können, aber ich dachte, ich könnte meine freundliche Natur und meine extrovertierte Art etwas mehr im Zaum halten.

Die meiste Zeit meines Lebens habe ich mich vor jeder Herausforderung gefragt, ob ich die erforderliche Begabung oder die Fähigkeiten dazu mitbringe. Sei es in der Grundschule, auf der Highschool, am College oder bei der CIA: Immer habe ich geglaubt, andere seien klüger, erfahrener oder besser vorbereitet.

Vielleicht war ich deshalb so überrascht, als Ted, ein von mir sehr geschätzter Kollege bei der CIA, der mittlerweile im Ruhestand ist, mir erzählte, dass auch er von klein an von Selbstzweifeln geplagt gewesen war. Ich hätte nie gedacht, dass es Ted an Selbstbewusstsein mangeln könnte. Er genoss so großen Respekt, dass jeder sofort still war, sobald Ted das Wort ergriff. Wir alle wollten von seiner Erfahrung, seiner Klugheit und Weisheit profitieren. Trotz allem, was er erreicht hatte, war Ted mit Minderwertigkeitsgefühlen aufgewachsen.

Das alles begann bereits bei seiner Einschulung. Ted erinnert sich an seinen ersten Tag, als wäre es gestern gewesen. Das Schulgebäude wurde gerade renoviert und der Unterricht fand in einem landwirtschaftlichen Ausbildungszentrum vor Ort statt. Der fünfjährige Ted betrat das seltsame Klassenzimmer und es fielen ihm sofort Bilder an den Wänden auf, die er als »explodierte Motoren« bezeichnete. Es waren Darstellungen von Automotoren, die so aussahen, als seien sie kaputt, damit bestimmte Teile des Motors sichtbar waren und man erkennen konnte, wie die Komponenten zusammenpassten. Ted nahm an, die bunten Bilder seien extra für die neuen Abc-Schützen aufgehängt worden.

Er setzte sich an einen der Tische und sah sich um. Die anderen Kinder lächelten, lachten und spielten miteinander. Sie schienen sich zu amüsieren. Aber Ted war nicht zum Feiern zumute. Sein Blick fiel immer wieder voll Sorge auf die explodierten Motoren. Ted dachte sich: *Wahrscheinlich sollen wir Motoren zusammensetzen können. Warum hätten sie sonst diese Bilder aufgehängt?* Aus dem unbekümmerten Gesichtsausdruck, den er bei den anderen Kindern bemerkte, schloss er, dass diese völlig unbesorgt waren und längst wussten, wie man einen Motor zusammenbaut.

Der arme Ted zerbrach sich den Kopf darüber, dass er wohl nicht so schlau sein konnte wie die anderen. Schließlich hatte er keine Ahnung, wie ein Motor zusammengesetzt wird. Je länger Ted über die Situation nachdachte, desto mehr war er überzeugt: *Die Schule wird nicht einfach werden. Ich muss mich besonders anstrengen, um mit den anderen mithalten zu können.*

Ted sagte, er habe erst aus seinen außergewöhnlich guten Ergebnissen beim Studierfähigkeitstest erfahren, wie klug er war und dass er die Highschool als Klassenbester abschließen würde. Vorher hatte er immer gemeint, unterdurchschnittlich intelligent zu sein. Dank seiner herausragenden Leistungen im Test erhielt er nun ein Vollstipendium. Dies war ein Wendepunkt in seinem Leben.

Wann immer mir Teds Geschichte in den Sinn kommt, muss ich herzlich lachen, denn in meinen Augen war Ted bestimmt immer schon herausragend. Aber wie oft passiert uns das? Wir glauben, alle anderen würden alles begreifen und nur wir selbst hätten ein Brett vor dem Kopf. Wir zermartern uns mit Selbstvorwürfen und versuchen, anders zu sein, als wir sind.

Vor meinem Einsatz im Irak hatte ich gezögert, mich selbst als Spezialistin zu bezeichnen. Immer war ich überzeugt gewesen, dass »die Anderen« mehr über den Nahen Osten und über

Terrorabwehr wüssten als ich. Aber im Umgang mit Hunderten von Geheimagenten, Diplomaten und Regierungsbeamten in Washington, D. C., und dem Nahen Osten kam ich endlich zu folgendem Schluss: dass ich mehr über die Region wusste als die meisten Menschen, mit denen ich zu tun hatte.

Ich war nicht nur »gut genug«, sondern ein vollwertiges Mitglied des Teams. Während meiner Zeit im Irak fand ich heraus, dass ich die Fähigkeit besaß, gewisse Veränderungen zu verstehen, zu bewerten und vorauszusehen: Im komplizierten Geflecht zwischen internationalen Beziehungen, Politik, Kultur und Religion, wie dieses für den Nahen Osten charakteristisch ist.

Zu sagen, dass mein Einsatz im Irak auf dem Höhepunkt des Krieges die schwierigste Herausforderung meines Lebens war, ist glatt untertrieben. Es war eine Erfahrung, die körperlich, emotional und mental in höchstem Maße an mir zehrte.

Und doch: Wäre ich nicht in den Irak gegangen, hätte ich nie entdeckt, wie widerstandsfähig ich bin. Ich hätte nie herausgefunden, wie gut ich mit den unterschiedlichsten Leuten umgehen kann, von US-Soldaten bis zu irakischen Kollaborateuren. Wäre ich nicht in den Irak gegangen, hätte ich nie entdeckt, wie geschickt ich darin bin, Quellen zu befragen. Wäre ich nicht hoffnungslos überlastet gewesen, hätte ich niemals gelernt, Informationen so schnell und so effizient zu sammeln, zu verarbeiten und zu analysieren. Wäre ich nicht mit so vielen Fehlinformationen konfrontiert gewesen, hätte ich keine Gelegenheit gehabt, meinen sechsten Sinn für das Entlarven und Aufdecken von Lügnern zu schärfen.

Die Lehren, die ich aus einem Jahr Irak ziehen konnte, überwiegen bei Weitem das, was ich bei mehreren Einsätzen in anderen Ländern gelernt habe. Es steht außer Frage, dass ich dieses Maß an Kompetenz nirgendwo anders hätte entwickeln können.

Vielleicht wusste Gott doch, was er tat, als er mich ausgerechnet dorthin sandte.

KAPITEL 13

Sag niemals nie

In der Zeit von 2006 bis 2007, als Joseph und ich im Irak dienten, wütete dieser Krieg wie nie zuvor. Im Dezember 2006 erreichte die Anzahl der Todesopfer auf allen Seiten mit 3 000 in nur einem Monat einen Höhepunkt. Im Mai 2007 detonierten 2 080 Sprengsätze – mehr als je zuvor. Nimmt man die Gesamtanzahl der Anschläge zum Maßstab, war es im Sommer 2007 am schlimmsten: Annähernd 1 000 Anschläge ereigneten sich innerhalb einer einzigen Woche im Juni.[6]

Da versteht es sich, dass Joseph und ich uns am Ende unseres Einsatzes schworen, niemals in den Irak zurückzukehren. Auch würden wir alles daransetzen, eine zweite derartig harte Tour zu vermeiden.

Ein Wort an die Weisen dieser Welt: Wer sagt: »Niemals mehr werde ich [was auch immer]«, der nehme sich in Acht, denn unweigerlich wird er am Ende genau dies doch tun. Ich bin mir immer noch nicht sicher, welches von Gottes Gesetzen hinter diesem Prinzip steht, aber nach jahrzehntelanger Lebenserfahrung erkenne ich, dass sich solche Aussagen auch so übersetzen lassen: *Herr, tief in meiner Seele spüre ich, dass du mich in Richtung X führst. Aber ich habe solche Angst davor und kann mir überhaupt nicht vorstellen, wie ich das schaffen sollte. Bitte, lass mich nicht [was auch immer].* Es ist, als könnten wir Gottes Hand spüren, die uns bewegt – tief im Unterbewusstsein –, während wir versuchen, etwas um jeden Preis zu verhindern.

So wie ich Gott angefleht hatte, mich nicht in den Irak zu senden, gab es noch einen anderen Einsatzort, den ich meiden wollte wie die Pest. Nachdem ich in ▇▇▇▇▇ und in Bagdad gedient hatte, dachte ich nicht, dass dieser Ort überhaupt für uns infrage käme. Zweifellos hatten wir uns einen angenehmeren Einsatz redlich verdient.

Ich weiß noch, wie ich einmal zu meinen Freunden sagte: »Wisst ihr was? Ich bin nicht wählerisch, bin sogar ziemlich flexibel, was unsere nächste Entsendung anbelangt, aber bitte, bitte ... Überall würde ich hingehen, außer nach Saratoga.« (Der Einfachheit halber nenne ich das Land so.) Dieser Satz ging über die Jahre hinweg so oft über unsere Lippen, dass wir beschlossen, ihn einfach abzukürzen: ÜAS.

Aber wohin gingen wir wohl als Nächstes? Erraten. Die CIA sandte uns nach Saratoga! Man sollte meinen, ich hätte etwas dazugelernt. Man sollte meinen, ich wäre ein wenig weiser geworden. Man sollte meinen, ich würde mir solche Erklärungen sparen. (Nebenbei bemerkt: Mittlerweile sage ich Dinge wie: »Ich will *niemals* in Italien, Portugal oder auf den Jungferninseln leben. Bitte, Gott, schick mich nicht dorthin!«)

Es war schwer zu begreifen für uns, dass unsere Kollegen in die reizvollsten Städte der Welt gesandt wurden, während wir von einer Gefahrenzone in die nächste zogen. Man gönnte uns keine Atempause. Dieses Muster war wirklich entmutigend und wir empfanden es jedes Mal aufs Neue wie einen Schlag in den Magen. (Ich höre die Leute von der Personalabteilung förmlich: »Keiner will nach Saratoga. Was machen wir da? Ich weiß, wir schicken einfach Joseph und Michele hin!«)

Jedes Mal, wenn wir uns mit unseren Familien trafen, um ihnen unseren nächsten Einsatzort mitzuteilen, waren sie voll sorgenvoller Vorahnung. Mittlerweile machten sie sich schon immer auf das Schlimmste gefasst – und behielten damit meistens recht. Sie beteten viel für uns.

Abgesehen vom Irak war Saratoga eines der wenigen Länder dieser Erde, die mich wirklich erschaudern ließen. Die Nachricht hatte mich völlig aus der Bahn geworfen.

Was aber noch schlimmer war: Ich würde allein in dem neuen Land ankommen. Sonst waren Joseph und ich immer gemeinsam angereist, aber diesmal übernahmen wir die Stellen von zwei unterschiedlichen Offizieren. Deren Abreisetage lagen fast einen ganzen Monat auseinander. Deshalb sollte ich meinen Dienst drei Wochen vor Joseph antreten.

Ich war es gewohnt, in alle möglichen Länder rund um den Erdball zu fliegen, und hatte schon viele fremde und manchmal feindselige Kulturen kennengelernt. Nie aber hatte mich bei der Landung eine derartige Angst erfüllt wie hier. Ich wusste nicht, was auf mich zukommen würde und wie ich mich verhalten sollte. Was wäre, wenn mir versehentlich ein Missgeschick passierte und die Einheimischen mich dafür bestrafen würden?

Beim Landeanflug schlug mir das Herz bis zum Halse. Ich verstand mich selbst nicht mehr. Ich zitterte am ganzen Leib.

Ehrlich gesagt war ich nicht zum ersten Mal in diesem Land. Einige Jahre zuvor war ich auf einer meiner Reisen in den Nahen Osten in Saratoga kurz zwischengelandet. Nur eine Stunde war meine Maschine auf dem Boden, doch was ich da erlebte, ließ mich erschaudern beim Gedanken, dort tatsächlich leben zu müssen.

Mit einem Stoßgebet zwang ich mich, meine Angst zu überwinden, und stieg nervös aus dem Flugzeug auf die Fluggastbrücke. Die an die 40 Grad heiße Wüstenluft schlug mir wie ein Vorschlaghammer ins Gesicht. Auch wenn die Sonne an diesem Hochsommertag längst untergegangen war, hatte ich bei dem heißen Wind das Gefühl, es sei Mittag.

Noch ein paar Schritte, dann waren wir im klimatisierten Flughafen auf dem Weg zur Passkontrolle. Nachdem ich schon viele Male die Schwelle in eine konservative islamische Kultur überschritten hatte, änderte ich automatisch mein Verhalten und gab mich bescheidener. Ich war die einzige weiße, westliche Frau in der Menge und wollte keine Blicke auf mich ziehen. Deshalb sah ich zu Boden und versuchte, jeden Augenkontakt, insbesondere mit Männern, zu vermeiden.

Auf dem Weg durch den Flughafen machte ich mich auf lange Schlangen an der Passkontrolle gefasst, da mehrere Maschinen innerhalb weniger Minuten gelandet waren. Als ich um eine Ecke bog, stand ich vor einer Reihe von Abfertigungsschaltern, an denen Hunderte ausländischer Arbeiter darauf warteten, ins Land gelassen zu werden. Es würde eine Ewigkeit dauern, bis sie alle abgefertigt wären. Die Anforderungen an einreisende ausländische Arbeitskräfte waren streng und durch die Sprachbarriere wurde die Prozedur noch komplizierter. Von jedem wurden Fingerabdrücke genommen und Netzhaut-Scans angefertigt. Das konnte dauern!

Als ich mich in eine der Warteschlangen einreihte, bemerkten Kontrollbeamte, dass ich als Frau ohne Begleitung reiste. Sie winkten mich nach vorne. Der Beamte rief mich an den Schalter, wo ich ihm meine Landekarte und meinen Pass mit dem Visum vorlegte. Er blickte auf mein Foto, sah wieder auf zu mir und fragte: »Sind Sie zum ersten Mal in Saratoga?«

»Ja«, sagte ich und gab mich fröhlicher, als ich war.

Er scannte die Seite mit dem Visum, tippte etwas in seinen Computer, stempelte den Pass ab und gab ihn mir zurück.

Mit einem breiten Lächeln sagte er: »Willkommen, Ms Assad!«

»Danke sehr«, entgegnete ich und verließ die Ankunftshalle.

Das ist alles?, dachte ich. Keine Probleme? Kein ewiges Schlangestehen? Niemand, der mich anschreit, weil ich kein Kopftuch trage?

All die Angst, die sich in mir aufgestaut hatte bei dem Gedanken, als Frau allein zu reisen, hatte sich als unbegründet erwiesen. Kein Zusammenstoß mit Sicherheitsbeamten – nein, dies war eine überraschend angenehme Einreiseerfahrung. Offen gestanden hatte ich schon mehr Ärger mit feindseligen Passkontrollbeamten in Großbritannien gehabt als hier. *Vielleicht ist es hier doch gar nicht so übel.*

Nachdem ich mein Gepäck vom Band genommen hatte, ging ich zum Ausgang, wo ich von einem männlichen Kollegen abgeholt werden sollte. Er war ein guter Freund und derjenige, dessen Stelle ich übernehmen würde. Wir hatten es so ausgerechnet, dass sich unsere Einsätze für ein paar Wochen überschneiden würden. So könnte er mich einarbeiten. Ich blickte mich in der Menge nach ihm um und versuchte, all die Gesichter, die mich im Vorbeigehen anstarrten, zu ignorieren.

Erleichtert sah ich Andrew hinter der Absperrung auf mich warten. Nachdem wir einander begrüßt hatten, schnappte er sich mein Gepäck und führte mich zu seinem SUV.

So begann das Abenteuer eines Lebens in einer ganz anderen Wirklichkeit, in der ich Probleme hatte, mich zurechtzufinden und heimisch zu werden. Ich wusste zwar einiges über Saratoga von meinen Reisen und aus meinem Studium, aber nichts davon hätte mich darauf vorbereiten können, so weit außerhalb der Grenzen des in meiner Kultur Normalen zu leben.

Zugegeben, als Joseph endlich ankam, fühlte ich mich deutlich wohler. Und das Gelände, auf dem wir lebten und arbeiteten, war zwar nicht die Main Street in den USA, aber doch sehr viel sicherer als die Stadt darum herum. Wir waren ehrlich gesagt auch viel zu beschäftigt, um herumzustreifen und die Stadt zu erforschen. Was vielleicht gar nicht das Schlechteste war. Ich hatte so viele Horrorgeschichten über Zusammenstöße mit Einheimischen und Polizeibeamten gehört, dass ich alles tat, um die Zeit, die ich außerhalb unseres engmaschig bewachten Geländes verbrachte, auf ein Minimum zu begrenzen.

Das Leben in dieser Kultur war schon belastend genug. Dazu aber kam noch das Wissen, dass Terrorzellen im ganzen Land am Werk waren. Wir lebten in ständiger Anspannung, da wir wussten, dass wir als der Feind schlechthin betrachtet wurden, sobald wir unser gut bewachtes Gelände verließen. Schließlich waren wir Ziele. Ob ich nun zum Lebensmittelmarkt gehen wollte oder ein neues Paar Schuhe brauchte: Ohne Überwachung ging nichts. Die einfachsten Verrichtungen wurden zu einer größeren Aktion, wenn man bedenkt, wie oft Ausländer und Mitglieder der einheimischen Sicherheitsdienste von Terroristen angegriffen und getötet wurden.

Während dieses Einsatzes hatte ich die seltene Gelegenheit, eine Gruppe von Terrorabwehroffizieren zu schulen, mit denen die USA bereits eng zusammengearbeitet hatten. Normalerweise macht es mir nichts aus, vor Publikum zu sprechen – ganz im Gegenteil. Und dies war auch noch eine spezielle Schulung, die ich selbst ausgearbeitet und schon vor zahlreichen Terrorabwehr-offizieren gehalten hatte. Aber vor dieser etwa fünfzigköpfigen Gruppe verließ mich der Mut. Der Blick in ihren Gesichtern war höchst feindselig. So etwas hatte ich noch nicht erlebt. Ich hörte sie auf Arabisch flüstern: »Wer ist denn *das*?«

Sie ärgerten sich ganz einfach darüber, dass eine westliche Frau es wagte, sich vor eine Gruppe *männlicher* Offiziere zu stellen, als hätte sie etwas Bedeutsames zu sagen. Mit Sicherheit hatte sie keine Ahnung vom Nahen Osten. Was konnte eine Frau *ihnen* schon erzählen? Frauen gehörten nach Hause an den Herd und sollten sich um Mann und Kinder kümmern. Terrorismus-bekämpfung war Männersache. Was also sollte ich den Nach-kommen von Wüstenkriegern schon Nützliches zu sagen haben? Keiner nahm mich ernst.

Wie schon bei den Vernehmungen von Terroristen, die ich im Irak geführt hatte, wusste ich, dass ich von Anfang an ihr Vertrauen gewinnen musste. Ansonsten wäre diese Schulung hoffnungslos zum Scheitern verurteilt. Diese Offiziere würden nach kurzer Zeit einfach abschalten, wenn es mir nicht auf der Stelle gelänge, ihre Vorurteile zu widerlegen. Zunächst stellte ich mich auf Arabisch vor.

»Hallo. Ich bin Michele. Es ist mir eine große Ehre, heute vor so vielen namhaften Offizieren zu sprechen. Wie Sie alle bin ich in der Terrorismusbekämpfung tätig. Meine Arbeit hat mich nach Bagdad, ████ und ██████ geführt und ich habe schon zahlreiche arabische Länder bereist. Ich habe einen Master der Universität Georgetown in Arabischen Studien und bin seit fast zwanzig Jahren in der Region unterwegs.«

Nachdem sie noch selten zuvor von ausländischen Offizieren auf Arabisch angesprochen worden waren, war der Ärger in ihren

Gesichtern nun fassungslosem Staunen gewichen. *Damit* hatten sie jetzt nicht gerechnet.

Ein kurzer Überblick über die Länder, die ich bereist und in denen ich gedient hatte, war ein Trumpf, den ich ausspielen konnte. Empfehlungen sind in diesem Teil der Welt von außerordentlicher Bedeutung, ganz unabhängig vom Geschlecht. Was vielleicht noch wichtiger war: Ich wusste, dass die Mehrzahl der Männer dieser Gruppe nicht in diesen Ländern gedient hatte und – wie so viele – auch gar nicht die Absicht dazu hatte. Sie hatten ihre Kompetenz zwar in Terrorabwehroperationen in ihrem eigenen Land bewiesen, die meisten aber wollten den Einsatz im Irak und in ███████ wegen der damit verbundenen Gefahr und Instabilität umgehen. Dass ich mit Fug und Recht behaupten konnte, in diesen Gefahrenzonen gearbeitet zu haben, machte mich zu einer Expertin in der Region und vielleicht – wenn auch nur vielleicht – zu einem Menschen, der tatsächlich etwas zu sagen hatte.

Ein leises Raunen ging durch den Raum, dann war es ganz still.

Ich hatte ihre Aufmerksamkeit auf meiner Seite.

In den vielen Jahren, in denen ich ihren Kampf gegen den Terror schon beobachtete, hatte ich ein gutes Gespür für ihre Stärken und Schwächen entwickelt. Ich wusste um die Bereiche, in denen sie außerordentlich kompetent waren, aber auch um ihre Grenzen. Das half mir, eine mir ansonsten feindselig gesinnte Gruppe anzusprechen und meine Schulung auf Bereiche zu konzentrieren, in denen auch ihnen selbst bewusst war, dass sie Unterstützung benötigten.

Ganz entscheidend war es, dass ich meine Argumente mit Erfahrungen aus meinem eigenen Leben untermauern und dadurch meine Kompetenz unterstreichen konnte. Natürlich musste ich ein paar Einzelheiten verändern, um wichtige Quellen und Methoden zu schützen. Dies beeinträchtigte die Wirkung aber nicht. Und die war sofort spürbar. Sie lauschten aufmerksam, hoben die Hand, um meine Fragen zu beantworten, und es entwickelte sich ein lebhaftes Gespräch. All die Nackenschläge, die mir das Leben schon verpasst hatte, zahlten sich nun aus.

Das ist doch kurios! Jahrelang war ich neidisch auf die CIA-Kollegen, die an angenehmeren Orten eingesetzt waren, während wenige – wir eingeschlossen – immer wieder in Gefahrenzonen gesandt wurden. Wie oft hatte ich schon über diese gefühlte Ungerechtigkeit gejammert und geklagt. *Warum bettet man die anderen auf Rosen und lässt uns von Wüste zu Wüste ziehen?* Es gab Momente, da hätte ich am liebsten aufgegeben. Aber immer, wenn Joseph und ich darüber beteten, ob wir die CIA verlassen sollten, bekamen wir die Antwort: *Noch nicht.* Natürlich gehorchten wir. Aber leicht war es ganz sicher nicht.

Ich brauchte eine Weile, um es zu begreifen, aber irgendwann war mir klar: Diese »glücklichen Offiziere« lebten zwar in schönen Wohnungen in klassischen Gebäuden und speisten opulent, ich aber sammelte unschätzbare Erfahrungen. Ich lernte mehr über Spionage- und Terrorabwehr, als sie alle jemals lernen würden oder könnten. Mit Mitte dreißig hatte ich bereits mehr Kompetenzen erworben als all diese Offiziere, die sich in solchen Traumjobs bequem in Führungspositionen hochgearbeitet hatten.

Und vor allem hatten die Herausforderungen, mit denen ich in ███████, im Irak und in Saratoga konfrontiert war, aus einer naiven jungen Mitarbeiterin mit Minderwertigkeitskomplexen eine reife, sehr erfahrene und erfolgreiche Offizierin gemacht. Ganz gleich, wie feindselig und anspruchsvoll das Umfeld auch immer war. Die Einsätze, die ich früher als eine endlose Kette von Bestrafungen empfunden hatte, brachten mich in meiner Karriere auf erstaunliche Weise voran.

Irgendwann, während ich bis spät in die Nacht – Wochenenden und Feiertage eingeschlossen – an Orten, wo niemand hinwollte, Routinearbeiten verrichtete, war ich ohne es zu merken zu einer Expertin meines Fachs geworden. Ich konnte kompetent über verschiedenste Themen und Erfahrungen sprechen, mit denen die meisten meiner Kollegen in der CIA noch nie in Berührung gekommen waren.

Einfach ausgedrückt: Aus dem Kampf, den es mich kostete, meine Fähigkeiten zu entwickeln und unzählige Hindernisse zu überwinden, ging ich wunderbarerweise als umfassend gerüstete Frau hervor, die ganz auf Gott vertraute. Wann immer der Schmerz zu groß war oder die Herausforderung mich zu erdrücken drohte, konnte nur noch mein Glaube mir helfen, nicht aufzugeben. Wann immer ich nicht über den Horizont hinaussehen konnte, verließ ich mich darauf, dass Gott weiter blickte. Er würde mich mit allem versorgen und mir die Einsichten schenken, die ich brauchte, um die Krise zu überwinden. Durch Gottes Gnade entdeckte ich, dass ich im Kampf Kompetenz entwickelte, dass Schmerz mich motivieren und dass aus Verwirrung Klarheit entstehen konnte.

Einmal verbrachten Joseph und ich ein freies Wochenende in Frankreich in der Provence, wo wir erfuhren, wie erlesenste Weine hergestellt werden. Die Weinreben werden terrassenartig in Reihen gepflanzt, aber erstaunlicherweise sind die Felder, auf denen sie stehen, nicht saftig grün. Im Sommer brennt die Sonne unbarmherzig auf die Weinstöcke nieder, es ist unangenehm heiß – hier würde man nicht die berühmtesten Weingüter der

Welt vermuten. Ganz ehrlich, es ist ein Wunder, dass aus dem rissigen Boden und der ausgetrockneten Erde etwas so Köstliches hervorgehen kann. Aber offenbar sind die rauen Bedingungen das Geheimnis des Erfolgs.

Und tatsächlich schreiben Weinbauern in der Provence die Schönheit und Vielfalt ihrer Weine den schwierigen Umständen zu, unter denen die Reben wachsen. Je tiefer der Weinstock seine Wurzeln in den Boden schieben muss, um Wasser zu ziehen, desto besser wird seine Frucht. Da es für die Pflanze so schwierig ist, die trockene Erde zu durchbrechen, wird sie widerstandsfähiger und robuster. Dieser Kampf verleiht den Weinreben einen abgerundeten, mehrdimensionalen Charakter. Die Herausforderungen, die diese Wurzeln überwinden müssen, festigen und formen die Frucht und verwandeln sie in ein meisterhaftes Produkt.

So erging es auch mir. Je rauer mein Arbeitsumfeld und je schwieriger die Umstände wurden, desto stärker wurde ich. Das, was ich als Bedrängnis erlebt hatte, war eigentlich ein riesengroßes Geschenk. Und bald schon sollte ich entdecken: Wem viel gegeben ist, von dem wird man viel fordern.

KAPITEL 14

Eine unerwartete Mission

Im Juli 2010 war unser vierter Einsatz abgeschlossen und Joseph und ich flogen zurück in die Vereinigten Staaten. Insgesamt war es ein besonders schwieriger Sommer gewesen. Josephs Vater war verstorben und einige andere Familienmitglieder kämpften mit schwerwiegenden gesundheitlichen Problemen.

Eine der schwierigsten Herausforderungen unserer Tätigkeit war es, monatelang, manchmal sogar jahrelang von Freunden und der Familie getrennt zu sein. Es konnte so leicht passieren, dass wir, gefangen in den Dringlichkeiten unserer Arbeit, vergaßen, dass das Leben zu Hause auch ohne uns nicht stehen blieb. Unaufhaltsam nahm es seinen Lauf – mit Geburten, Examensfeiern, Krankheiten, Todesfällen –, während wir auf der anderen Seite des Globus waren. Keine noch so umfassende Ausbildung hätte uns darauf vorbereiten können.

Ich war es gewohnt, jeden Tag mit Krisen konfrontiert zu sein, keine aber war so schmerzhaft wie der Verlust eines geliebten Menschen oder das Leid derer, die mir viel bedeuteten. Der Tod von Josephs Vater und die zehn Jahre Dienst, in denen wir von einem

Kriegsgebiet ins nächste gezogen waren, hatten uns schwer zugesetzt. Allmählich und beinahe unmerklich hatte das alles an uns genagt. Es hatte sowohl unsere Beziehung als auch die Fähigkeit zur liebenden Fürsorge für unsere Familien in Mitleidenschaft gezogen. Wir sahen keine Perspektive mehr für unsere Zukunft. Ein Gefühl der Leere und Verlassenheit hatte sich in uns breitgemacht.

Am Rande der Erschöpfung saß ich auf dem Sofa unserer Wohnung in Virginia und schluchzte allen Schmerz aus mir heraus. Meinen Emotionen konnte ich manchmal nur durch Tränen freien Lauf lassen. Dies war ein solcher Moment, in dem ich mich am Rande des Abgrunds fühlte und alles infrage stellte. *Warum muss das Leben so schwer sein? Die Ausbildung, das Reisen, die Kulturschocks, wenig inspirierende Vorgesetzte. Dann die Berge von Verwaltungsarbeit, die schwierigen Lebensbedingungen, Quellen, die uns im Stich gelassen und uns ins Gesicht gelogen haben. Das ständige Gefühl, mich beweisen und die Trennung von Freunden und Familie rechtfertigen zu müssen; die Belastungen unserer Ehe. Herr, wozu dies alles?*

Während ich mich langsam beruhigte, spürte ich, dass Gottes Geist auf eine Weise über mich kam, für die ich keine Worte finde. Ich hatte zu ihm geschrien und er war hier. Ich spürte seine Gegenwart stark und umfassend, gerade in dem Moment, als ich sie am meisten nötig hatte.

Als meine Tränen schließlich versiegten, saß ich ganz still da und wusste gar nicht recht, was ich tun oder wie ich mich fühlen sollte. Ich fragte Gott: *Was soll ich denn jetzt tun?* In der Stille hörte ich ihn sagen: *Es ist Zeit, deine Geschichte mit anderen zu teilen.*

Eine Weile hielt ich inne und versuchte, das Gehörte zu verarbeiten. Ich wusste gar nicht recht, was ich mit dieser Aufforderung anfangen sollte.

Aber Herr, warum ich?, fragte ich. *Wie soll meine Geschichte anderen helfen? Ich bin weder berühmt noch habe ich gute Kontakte. Und schließlich wüsste ich gar nicht, wie ich das anstellen sollte.*

Ganz zart, sodass es mich heute noch zu Tränen rührt, vernahm ich seine Stimme: *Ich habe dich erwählt, weil du immer offen für mich warst. Du hast dich von mir gestalten lassen. Ich brauche keine gelehrten Menschen mit guten Kontakten. Was ich brauche, sind leere Gefäße. Ich brauche die, die sich von mir leiten und für meine Ziele formen lassen.*

Nun, was sollte ich dazu sagen? Das war nicht das erste Mal, dass Gott mich beauftragt hatte, etwas zu tun, was mir Angst machte und meine Fähigkeiten weit überstieg.

Einverstanden, Herr, sagte ich. *Was immer du von mir willst, ich werde es tun.*

Ich war völlig durcheinander. Und doch hatte ich das Gefühl, dass Gott mich für eine neue Aufgabe vorbereitete. Ich wusste nur noch nicht, welche.

Ich hatte keine hörbare Stimme wie die eines Menschen vernommen. Die Botschaften von Gott kamen aus meinem tiefsten Inneren und waren doch klar unterscheidbar von meinen eigenen Gedanken. Sie waren eindeutig. Sie waren direkt. Sie waren persönlich. Und sie trafen mich bis ins Mark. Wenn Gott wollte, dass ich meine Geschichte mit anderen teilte, dann würde ich genau dies tun.

Und während ich über das nachdachte, was ich als Berufung empfand, spürte ich, dass Gott mich nicht nur ermutigte, meine Geschichte zu teilen, sondern dass er mich auch von der CIA wegführte. Wenn ich meine Geschichte unter meinem wirklichen Namen veröffentlichen wollte, würde ich dazu bei der CIA kündigen und die Genehmigung einholen müssen, mich zu enttarnen. Da bei unserer Arbeit hochsensible Informationen im Spiel waren, wusste ich nicht, ob sie mir jemals eine solche Bitte gewähren würden. Das war schon ein ziemlich gewagtes Ansinnen.

Mittlerweile war Joseph es leid, für jeden Besuch bei Familienmitgliedern außerhalb der USA die Erlaubnis der CIA zu benötigen. Obwohl er bereits alle erforderlichen Genehmigungen eingeholt hatte, war er noch von Pontius zu Pilatus geschickt worden, um zur Beerdigung seines Vaters reisen zu dürfen.

Als einziger Sohn einer aus Ägypten stammenden Familie war er außerdem dafür zuständig, die Versorgung seiner Mutter sicherzustellen. Doch die Sicherheitsbeamten blieben hart. Sie könnten ihm nicht gestatten, seine Mutter zu besuchen. Ihr Argument: »Für Amerikaner sind Reisen in viele Gebiete des Nahen Ostens im Augenblick zu gefährlich.« An diesem Punkt trafen wir eine ganz einfache Entscheidung: Die Familie war uns viel wichtiger als die Arbeit. Joseph beschloss, sich um eine andere Stelle zu bemühen, bei der er seinen familiären Pflichten besser nachkommen könnte. Es wurde uns beiden immer deutlicher, dass es nun Zeit für uns war, neue Wege zu gehen.

Entgegen dem bekannten Mythos, es könne eigentlich niemand die CIA verlassen, können Agenten ihr jederzeit den Rücken kehren. Beschränkungen gibt es nicht, weder in Bezug auf die abgeleistete Dienstzeit noch auf den Zeitpunkt. Schwieriger wird es bei der Frage: Was kommt danach? Je länger Agenten schon dabei sind, desto schwerer fällt der Absprung – es sei denn, man geht in den Ruhestand.

Warum das so ist? Nun, wenn man sich vorstellt, man ist mit Ende dreißig nicht in der Lage, zu sagen, was man in den letzten zehn Jahren seines Lebens geleistet hat, wie soll man da eine Stelle finden? Das wenige, das man in einer Bewerbung angeben darf (je nach Tarnberuf), wird kaum einen Arbeitgeber überzeugen können. Und da Agenten durch ihre verdeckte Identität quasi von der Welt abgeschnitten leben, fehlt ihnen ein Netz von privaten oder beruflichen Kontakten, auf das sie sich bei ihrer Suche stützen könnten. Ohne eine Familie mit guten Verbindungen oder einen starken bestehenden Freundeskreis weiß man unter Umständen gar nicht, wo man anfangen soll. Die CIA hat den Grundsatz, niemals zu bestätigen – aber auch nicht zu leugnen –, dass jemand für sie gearbeitet hat. So ist es für ehemalige Agenten schwierig, ihre Erfahrung und ihre Kompetenz zu belegen – selbst wenn ihnen genehmigt wurde, sich zu enttarnen.

Plötzlich verstand ich, welche Herausforderung jeder Neuanfang für Strafgefangene darstellen musste, die einen großen Teil ihres Lebens hinter Gittern verbracht haben. Freiheit und Integration sind nicht so einfach für Menschen, die in einer streng bewachten und bis ins Kleinste organisierten Blase gelebt haben. Wie würden Joseph und ich mit der schwarzen Wolke unseres früheren Lebens umgehen, wenn niemand verstehen konnte, was wir durchgemacht hatten? Wie könnten wir es mit Leuten aufnehmen, die in der realen Welt tief verwurzelt waren? Wo würden wir anfangen?

Dazu kam, dass wir herausfinden mussten, wofür wir überhaupt qualifiziert waren. Wie könnten wir uns selbst außerhalb der ganz eigenen Welt des Geheimdienstes vermarkten? Wir standen wieder am gleichen Punkt wie ein Schulabgänger bei der Berufswahl.

Rückblickend war unser Leben bisher zwar voller Abenteuer, aber doch beschützt gewesen. Beziehungen beschränkten wir auf ein Minimum. Denn je mehr internationale Freunde wir hatten, desto schwerer war es, die alle paar Jahr aus Neue stattfindenden Lügendetektortests und Sicherheitsprüfungen zu bestehen. Denn mit der Anzahl unserer Freunde in Übersee wuchs die Sorge der Prüfer, dass diese Beziehungen gegnerischen Geheimdiensten Hinweise auf uns liefern könnten.

Darüber hinaus ist es CIA-Offizieren auch nicht gestattet, Kontakte mit Journalisten, Kongressmitgliedern oder deren Personal zu pflegen. Auch wenn dies nicht explizit geregelt war, vermieden Joseph und ich auch Kontakte mit NRO-Personal, Menschenrechtsaktivisten und Geistlichen. Dies vor allem deshalb, weil wir nicht wollten, dass sie und ihre Tätigkeit durch unsere Nähe zur US-Regierung ungewollt ins Fadenkreuz gerieten oder Schaden nähmen, wenn wir je auffliegen würden. Wir wollten dem Feind keinen Grund zur Annahme liefern, diese Menschen könnten ebenfalls CIA-Offiziere oder Agenten sein.

Uns von diesen Personengruppen fernzuhalten, war für uns keine Selbstverständlichkeit. Denn vor unserem Eintritt in die CIA waren wir in diesen Bereichen zu Hause. Joseph und ich hatten beide für humanitäre Organisationen, Menschenrechtsgruppen und Glaubensgemeinschaften gearbeitet. Wir waren auch Mitglieder einer Kirche und hatten Freunde und Bekannte in Capitol Hill, wo wir während unseres Masterstudiums lebten.

Mit dem Beginn unserer Laufbahn bei der CIA mussten wir das alles zurücklassen. Allen unseren Freunden und beruflichen Kontakten kam es wohl so vor, als seien wir vom Erdboden verschluckt worden. Nur einige wenige Familienmitglieder und enge Freunde wussten, wo wir waren und was wir taten. Allen anderen blieb es ein Rätsel.

Während wir uns still und leise aus vielen Beziehungen lösten, bewegte sich die Welt genau in die entgegengesetzte Richtung, nämlich hin zu mehr Offenheit und Vernetzung. Während wir uns aus der Gesellschaft zurückzogen und darauf getrimmt wurden, von der Bildfläche zu verschwinden, wurden normale Bürger von Unternehmen und durch die kulturelle Entwicklung immer mehr dazu gedrängt, alle Karten auf den Tisch zu legen: Je mehr die Leute über einen wussten, je mehr Kontakte man auf LinkedIn oder Twitter und je mehr Facebook-Freunde man hatte, umso besser.

Wir schwammen gegen den Strom und waren ständig bemüht, nur ja nicht aufzufallen. Um unseren digitalen Fußabdruck möglichst klein zu halten, machten wir einen großen Bogen um soziale Medien und begrenzten unsere Aktivitäten im Netz auf das Wesentlichste. Wir richteten keine Accounts auf MySpace, Facebook, Twitter und Instagram ein, um nicht zu viel über uns preiszugeben. Wie andere CIA-Offiziere auch gaben wir manchmal unseren eigenen Namen bei Google ein, um sicherzustellen, dass es keine Treffer gab.

Aber nicht nur unsere Online-Präsenz, sondern auch unsere gesamten sozialen Beziehungen begrenzten wir auf ein Minimum und wählten unsere Worte am Telefon oder in E-Mails mit Bedacht. Wir mussten davon ausgehen, dass unsere gesamte Kommunikation verfolgt und von Gegnern analysiert werden könnte. Deshalb konnten wir das Risiko nicht eingehen, dass irgendeiner unserer Freunde vielleicht unbedacht etwas sagte, was unsere wahre Identität verraten oder unsere Zugehörigkeit infrage stellen könnte. Sogar so etwas Harmloses wie ein Foto konnte uns in Gefahr bringen, wenn es in falsche Hände geriete und Datum und Uhrzeit der Bilddatei dazu verwendet würden, unsere Bewegungen und Aktivitäten nachzuverfolgen. Wir durften nur einem kleinen Kreis von Menschen trauen, bei denen wir sicher sein konnten, dass sie keine Geheimnisse preisgeben würden.

Dieses mysteriöse Dasein lebten wir zehn Jahre lang. Die Kluft zwischen unserem Lebensstil und einer normalen menschlichen Existenz wurde noch dadurch vertieft, dass wir mindestens alle zwei Jahre umziehen mussten. Ständig lebten wir in einem Übergangsstadium. Nirgends konnten wir Wurzeln schlagen. Zwar durften wir ein- oder zweimal im Jahr nach Hause fliegen, aber die Zeit reichte immer nur, um kurz durchzuatmen, dann mussten wir schon wieder zurück ins Feld. Unsere riesige Sammlung an Koffern war entsprechend abgenutzt. Schließlich verbrachten wir unverhältnismäßig viel Zeit in Flugzeugen, Zügen und im Auto.

Während wir so darüber nachdachten, welche Konsequenzen es für uns wohl hätte, tatsächlich aus der CIA auszuscheiden, fragte ich mich immer wieder: *Werden Joseph und ich jemals ein »normales« Leben führen können? Und wenn ja, wie wird es uns damit gehen?*

Nach zehn Jahren Unsicherheit und Chaos sehnte ich mich so sehr nach etwas Beständigkeit zurück. Gleichzeitig war ich mir aber nicht so sicher, ob wir zu viel Stabilität vielleicht mehr als Druck denn als Befreiung erleben würden. So ähnlich wie Brooks im Gefängnis in dem Film *Die Verurteilten* waren Joseph und ich nach zehn Jahren bei der CIA »institutionalisiert«. Hier waren wir beide angesehene Spezialisten unseres Fachs. Wir waren weit gereist, beherrschten mehrere Fremdsprachen, konnten auch unter Stress gute Leistung bringen und verfügten über außergewöhnliche Menschenkenntnis und Problemlösefähigkeiten. Aber für den Rest der Welt ...

Dann gab es auch die Frage, ob uns irgendeine Tätigkeit außerhalb überhaupt so befriedigen könnte wie unsere Arbeit für die nationale Sicherheit bei der CIA. Wie viele Offiziere hatten nicht schon den Absprung versucht und waren schließlich doch zurückgekommen. Das hielt manchen davon ab, dieses Risiko einzugehen. Über die Jahre hatten mehrere Kollegen ihren Hut genommen und waren ein oder zwei Jahre später zurückgekehrt. Denn draußen hatte nichts sie so begeistern können wie ihre Arbeit im *Directorate of Operations*, ungeachtet aller Herausforderungen, die sie mit sich bringt.

Auch wenn diese Offiziere mit schlechten Verwaltungsstrukturen, mangelnder Führung oder beinharten Kollegen kämpfen mussten, merkten sie oft, dass ihre Identität untrennbar mit ihrer Tätigkeit als Geheimagenten für die CIA verknüpft war. Der Gedanke, keinen Zugang mehr zu hoch vertraulichen Informationen zu haben, nicht mehr der Erste zu sein, der über brisante Themen Bescheid wusste, und nicht mehr über Insiderwissen in Sachen Terrorismusbekämpfung und auswärtige Angelegenheiten zu verfügen, war mehr, als sie ertragen konnten. Wir mussten uns eingestehen: Für die Erfahrung, in einer Gemeinschaft zu arbeiten, die an den interessantesten Schlagzeilen der Welt beteiligt ist, würde es anderswo kaum Ersatz geben.

Joseph und ich waren mittlerweile geradezu süchtig danach, in Positionen zu dienen, in denen wir die unmittelbaren Auswirkungen und Früchte unserer Arbeit sehen konnten. Wir waren richtiggehend zu Adrenalin-Junkies geworden. Nachdem wir einen so großen Teil unserer Laufbahn in Krisengebieten verbracht hatten, würde es schwierig sein, eine Tätigkeit loszulassen, bei der wir im Kampf gegen den Terror in der ersten Reihe standen. Wo sonst würden wir unmittelbare Rückmeldungen von Nutznießern bekommen, die die Qualität unserer Arbeit oder die Effizienz unserer Informationen betrachteten? Könnte irgendeine andere Arbeit uns so inspirieren? Könnte irgendeine andere Laufbahn uns so an unsere Grenzen bringen wie die bei der CIA? Würden wir irgendetwas außerhalb der Welt des Geheimdienstes finden, bei dem wir so viel Sinn und Bestätigung finden könnten? Wie könnte etwas anderes mit den aufregenden Erfahrungen als verdeckte Offiziere der CIA mithalten?

Ich wollte zwar Gottes Führung unbedingt vertrauen, erlebte aber doch eine Phase der Selbstzweifel. *Werden wir es draußen überhaupt schaffen?*

Eines war sicher: Es erforderte einen riesigen Glaubensschritt, die CIA zu verlassen. Ganz praktisch betrachtet kam noch dazu, dass wir damit auch gut bezahlte Posten beim Staat aufgeben würden. Die Wohnungskosten wurden für uns übernommen und unsere Arbeitsplätze waren sicher, ganz gleich, welche Partei an der Regierung war und wie die Wirtschaft gerade lief.

Gut, dass ich genügend Lebenserfahrung hatte, um zu wissen, dass Gottes Pläne immer besser sind als meine. Seine Wege mögen manchmal verwirrend für mich sein, waren aber schon immer in meinem besten Interesse und brachten mich dorthin, wo er mich haben wollte. Noch nie hatte ich an Gottes Führung gezweifelt und hatte auch keine Absicht, jetzt damit anzufangen. Sein Drängen war eindeutig. Es war nun Zeit, die CIA zu verlassen.

Kurioserweise wagte Joseph, der seine Laufbahn bei der CIA einige Monate vor mir begonnen hatte, den Absprung auch einige Monate vor mir, um zu sehen, wie er zurechtkommen würde. Zehn Jahre zuvor hatten wir uns gemeinsam auf dieses wilde Abenteuer eingelassen. Nun würde ein anderes auf uns warten. Und wieder hatten wir keine Ahnung, was uns bevorstehen würde.

Etwa ein Jahr nachdem ich Gottes Ruf gehört hatte, meine Geschichte zu erzählen, schluckte ich beim Ausfüllen des Entlassungsantrags schwer. Der Sicherheitsoffizier erinnerte mich daran, dass ich gesetzlich verpflichtet war, meine Tarnung aufrechtzuerhalten, und dass ich nichts von den geheimen Informationen, die ich gelesen, verarbeitet und mit denen ich im Laufe der Jahre zu tun gehabt hatte, preisgeben durfte.

Auch wies er mich darauf hin, dass ich für den Fall, dass ich jemals zur CIA zurückkommen wollte, erneut den Lügendetektortest und die Untersuchungen zu meinem Hintergrund durchlaufen müsse, da das letzte Mal schon mehrere Jahre zurückliege. Beim bloßen Gedanken daran, diese Prozedur noch einmal über mich ergehen lassen zu müssen, wurde mir angst und bange.

Ich bestätigte die Regeln und Vorschriften, die er mir dargelegt hatte, und erklärte mündlich, dass ich keine weiteren Fragen bezüglich der Sicherheitsprüfungen oder Wiedereintrittsvoraussetzungen hatte. Mir war aber klar, was passieren würde. Es gab kein Zurück. Punkt. Einmal weg, für immer weg.

An meinem letzten Tag umarmte ich schweren Herzens meine Kollegen und wünschte ihnen alles Gute. Ich ließ sie nicht gerne zurück – wie Eisen Eisen schärft, hatten wir uns gegenseitig geschliffen – und ich fühlte mich ohne sie unvollständig. Dann griff ich nach meiner Handtasche und nach einer kleinen Schachtel mit persönlichen Gegenständen und verließ das Gewölbe – so nennen wir den gesicherten Arbeitsbereich. Im Aufzug ins Erdgeschoss und auf dem Weg zu den Drehkreuzen fiel mir ein, mit welch ehrfurchtsvollem Gefühl ich zum ersten Mal in diese große Halle getreten war. Damals hatte ich keine Ahnung, was mir bevorstand. Genauso wenig wusste ich auch heute von dem, was die Zukunft bringen würde.

Als ich schließlich die Drehkreuze passiert hatte und mich noch einmal umdrehte, um dem Sicherheitsbeamten meine Dienstmarke zurückzugeben, war die Trennung endgültig vollzogen. Zehn Jahre lang hatte ich sie um den Hals getragen und fühlte mich ohne sie richtig nackt. Kurzerhand überreichte ich ihm die Marke, die mein lächelndes Gesicht zeigte, jedoch seltsamerweise weder meinen Namen trug noch meine Zugehörigkeit zur CIA erwähnte. Dann öffneten sich die Glastüren und ich ließ die CIA für immer hinter mir. Die CIA, für die ich mein Leben aufs Spiel gesetzt hatte, die ich verteidigt hatte und die zu einem Teil meiner Identität geworden war, lag nun hinter mir.

Zweifellos war ich nicht mehr die Frau, die zehn Jahre zuvor durch diese Türen gegangen war. Kaum zu glauben, was ich in diesen zehn Jahren alles gesehen und erlebt hatte. Hier hatte ich mich selbst entdeckt. Hier hatte ich meine Gaben erkannt und herausgefunden, wo meine Fähigkeiten lagen. Hier hatte ich Gottes Gnade und Fürsorge in den dunkelsten und schwierigsten Momenten meines Lebens in ihrer ganzen Tiefe und Breite erfahren.

Auf dem Weg zu meinem Auto brach eine Flut von gemischten Gefühlen über mich herein: Traurigkeit darüber, dass dieses große Kapitel nun abgeschlossen war, Erleichterung, dass ich es so weit gebracht hatte, und vorsichtige Vorfreude auf meine Zukunft.

Und doch war ich von meiner Entscheidung überzeugt. Ich hatte Gottes Stimme gehört. Es war Zeit zum Aufbruch. Schweren Herzens und dennoch hoffnungsvoll warf ich meine Arme hoch und wagte den Sprung von der Klippe. Dieser Schritt war beängstigend und erhebend zugleich.

Nur Gott wusste, wo ich landen würde.

KAPITEL 15

Was nun?

Nachdem in den vergangenen Jahren unser ganzes Leben minutiös für uns geplant worden war, standen Joseph und ich nun vor der gewaltigen Aufgabe, selbst herauszufinden, welchen Schritt wir als Nächstes gehen wollten. Leider konnten wir unsere beruflichen Kontakte außerhalb der CIA, die wir über die Jahre aufrechterhalten hatten, an einer Hand abzählen. Zufällig jedoch war eine dieser wenigen langjährigen Bekanntschaften eine ehemalige Chefin von Joseph. Diese hoch angesehene Anwältin für Menschenrechte nahm schnell Verbindung mit einem anderen Anwalt auf, der für uns wiederum den Kontakt zu einem ehemaligen Auftragnehmer der US-Regierung namens David herstellte. Dieser suchte gerade »Sicherheitsexperten« für eine freiberufliche Beratungstätigkeit.

David, der selbst im Kampf gegen den Terrorismus aktiv war, konnte gut verstehen, wie schwierig ein Neuanfang war, wenn man jahrelang als verdeckter Agent gearbeitet hatte. Und da er mit der Welt der Geheimdienste so vertraut war, fragte er erst gar nicht nach makellosen Lebensläufen oder detaillierten Berichten über unsere persönlichen Errungenschaften. Er wusste, woher wir kamen, und vertraute uns von Anfang an. Auch hier sorgte Gott wieder für uns.

David stellte uns eine ausgezeichnete Plattform für den Übergang zur Verfügung: nämlich aus dem Schatten heraus zurück in die zivile Welt. Er verschaffte uns zahlreiche Projekte und verwies potenzielle Klienten an uns, sodass wir schon bald als Freiberufler für eine ganze Reihe von Organisationen tätig sein konnten.

Als Sicherheitsberater profitierten wir von den Kompetenzen, die wir uns als Geheimagenten erworben hatten. Wir führten Sorgfaltsprüfungen und Personenschutzschulungen durch, leiteten Untersuchungen bei Fällen von Unternehmensbetrug, leisteten logistische Unterstützung in Gefahrenzonen. Ebenso bewerteten wir die Sicherheit von Infrastruktureinrichtungen und die Gefahr von Terroranschlägen. Wir unterstützten auch Anwaltsbüros in komplexen Fällen in der arabischen Welt bei ihren Ermittlungen, erstellten Risikobewertungen für multinationale Konzerne, die ihre Geschäfte in möglicherweise feindliche Regionen auszuweiten planten, und entwarfen Pläne zur Rettung von Mitarbeitern, die von Geiselnehmern festgehalten wurden.

Jedes Projekt war anders: Mal interessant und tief befriedigend für uns, dann hingegen wieder anspruchsvoll und schwierig – vor allem deshalb, weil manche Klienten unrealistische oder gar unmögliche Anforderungen an uns stellten. Wegen unseres Hintergrunds erlagen einige tatsächlich dem Irrtum, dass Joseph und ich über eine Fülle von übermenschlichen Kräften verfügten, die wir für sie einsetzen könnten. Andere gingen fälschlicherweise davon aus, dass wir »besondere Verbindungen« hätten und sie davon profitieren könnten. Ganz gleich, wie oft wir ihnen schon gesagt hatten, dass wir keine Mitarbeiter der US-Regierung mehr waren.

Sie glaubten tatsächlich, wir könnten ihr Anliegen wie von Zauberhand für sie voranbringen. Wie groß muss ihre Enttäuschung gewesen sein, als sie mit der Zeit herausfanden, dass wir eben nicht Mr und Mrs Smith, die Superspione, waren, sondern schlicht und einfach Joseph und Michele Assad, fleißige Normalsterbliche.

Mit unseren Erfolgen wuchs auch unser Klientenstamm. Es war nicht einfach und kam auch nicht über Nacht, aber wir empfanden es als angenehm, wieder ein »normales« Leben zu führen. Wir hatten uns so daran gewöhnt, dass sich unser Dasein innerhalb der begrenzten Welt der CIA abspielte, dass wir gar nicht mehr wussten, wie es sich anfühlte, auf eigenen Füßen zu stehen. Und entgegen meiner Befürchtung, dass ich das aufregende Agentendasein vermissen würde, konnte ich mich endlich zufrieden entspannen. Zehn Jahre Leben und Arbeiten in Kriegsgebieten hatten an uns gezehrt. Nach unzähligen Überstunden, auch an Wochenenden und Feiertagen, hatten wir es bitter nötig, einmal durchatmen zu können.

Eine lange Atempause war uns allerdings nicht vergönnt. Schon bald nach unserem Abschied von der CIA wurden Joseph und ich von einer Beratungsfirma aus Abu Dhabi angeworben, die für die Sicherheitsinteressen von großen multinationalen Konzernen, Kleinunternehmen und Einzelkunden in Asien, Europa, Afrika und ... dem Nahen Osten tätig war. Genau – die Assads zogen zurück in den Nahen Osten.

Die nächsten vier Jahre lebten und arbeiteten wir in Abu Dhabi in den Vereinigten Arabischen Emiraten (VAE). Dieser kleine Landstrich im Osten der Arabischen Halbinsel ragt in den Persischen Golf. Die Spitze der VAE liegt nur etwa 150 km vom Iran entfernt. Das winzige Land grenzt an Saudi-Arabien und Oman und dient aufgrund seiner Lage als Drehkreuz, das die bedeutendsten Hauptstädte Afrikas, Asiens und Europas verbindet. Es ist eine wichtige Transitstation für internationale Geschäftsleute und war damit ein idealer Standort für uns.

Nicht nur, dass sie sich mit ihrer Skyline einer Fata Morgana gleich majestätisch aus dem Sand erhebt und in der Sonne vor einer Wüstenlandschaft und dem in funkelndem Türkis leuchtenden Persischen Golf glitzert. Die VAE waren auch in puncto Lebensstandard und Kultur allen anderen Ländern im Nahen Osten, in denen ich schon gelebt hatte, bei Weitem überlegen.

Dubai erhält zwar in den Medien die meiste Aufmerksamkeit, die Hauptstadt der VAE aber ist Abu Dhabi. Es steht an der Spitze von sieben Emiraten oder Stadtstaaten, zu denen auch Dubai, Schardscha, Adschman, Fudschaira, Umm al-Qaiwain und Ra's al-Chaima zählen. Jedes Emirat wird von einem anderen Scheich geführt und hat seinen ganz eigenen Charakter. Die VAE können zwar hinsichtlich ihrer Infrastruktur als modern bezeichnet werden, ihre Unternehmens-, Handels- und politische Kultur sind jedoch von einem komplizierten Netz von Stammesloyalitäten und Familienbeziehungen geprägt. Für Ausländer ist es schier unmöglich, diese Beziehungen und Entscheidungsprozesse hinter den Angelegenheiten der VAE zu durchschauen.

Die VAE sind ein junges Land, das vom ehemaligen Präsidenten Scheich Zayed bin Sultan al-Nahyan 1971 gegründet wurde. Scheich Zayed trieb die Vereinigung der kleinen, unterentwickelten Emirate zu einer Föderation voran. Die Stammesführer der einzelnen Emirate schlossen sich zusammen, da sie erkannten, dass sie als vereinte Nation stärker waren als jedes für sich. Scheich Zayed hatte eine starke Vision für die Zukunft der VAE und investierte große Summen in Bildung und Infrastruktur.

Obwohl die VAE flächenmäßig nicht größer sind als Schottland oder der amerikanische Bundesstaat Maine, verfügen sie nachweislich über die achtgrößten Ölreserven und die siebtgrößten Erdgasreserven der Welt.[7]

Die VAE sind ein Fest für die Sinne: Autobahnen voller schneller Wagen, die innovativste Architektur der Welt, Weltklasse-Restaurants und hochmoderne Hotels. Für viele ist dieses Land der Inbegriff von Luxus.

Natürlich genossen Joseph und ich es, in diesem eleganten Glanz in der ersten Reihe zu sitzen. Und dennoch konnte ich ein Gefühl der Leere einfach nicht abschütteln, welches mich während unserer Zeit dort einzuhüllen schien. Ich vermisste meine Familie und meine Freunde. Ich vermisste mein Land und meine Kultur.

Beruflich lief es gut, aber irgendwie fehlte mir etwas. Während unserer Zeit in den Emiraten wusste ich nicht so genau, wohin unser Weg ging. Als ich darüber betete und Gott fragte, warum er uns in die VAE geschickt hatte, vernahm ich tief in meinem Inneren seine Stimme: *Du hast mich um eine Pause gebeten und ich habe dir eine gegeben. Du hast mich gebeten, Atem holen zu können – hier kannst du es. Ich habe dich in die Wüste geführt – buchstäblich und im übertragenen Sinne –, um dich auf deine Zukunft vorzubereiten. Nutze diese Auszeit, um Verbindung mit mir aufzunehmen. Ich will deine Leere füllen. Sorge dich nicht um das Morgen, schau einfach auf mich.*

Von diesem Moment an tat ich alles, um mich auf Gott auszurichten, mich mitten in der Wüste nach ihm auszustrecken. Auch wenn ich mein Zuhause vermisste, war ich doch voller Dankbarkeit für seine Liebe und Fürsorge, für die Zeit, die er uns gegeben hatte, um uns zu heilen und zu stärken. Denn zehn Jahre Leben in Lichtgeschwindigkeit hatten ihre Spuren hinterlassen. Der tägliche Kampf war so normal geworden für mich: der Kampf gegen die Uhr, der Kampf mit einem überwältigenden Berg an Arbeit, der Kampf mit der Bürokratie, der Kampf gegen die Erschöpfung, der Kampf gegen meine Ängste und nicht zuletzt der Kampf ums nackte Überleben.

Wir hatten endlich den Absprung geschafft aus einer Karriereschiene, die viele Offiziere gebrochen hinterlässt und ganze Familien auseinanderreißt, weil die Arbeitsbelastung beim Geheimdienst so enorm ist. Zehn Jahre waren wir in den Krieg gegen den Terror eingetaucht und nun endlich frei. Wir waren dem Dunkel entronnen und begannen wieder zu leben. Endlich konnte ich mich entspannen, wenn auch nicht zu Hause in den Vereinigten Staaten.

Während Joseph und ich unseren Klientenstamm aufbauten, entdeckten wir, wie wir unsere ganz eigenen Fähigkeiten in unterschiedlichen Bereichen einsetzen konnten, die wir zuvor noch gar nicht bedacht hatten.

Natürlich sorgte meine Anwesenheit in Sitzungen bei männlichen Gesprächspartnern weiterhin für manche Überraschung. Oft hielten sie mich für die Protokollführerin oder Sekretärin, bevor sie herausfanden, dass ich selbst Beraterin unserer Firma war. Ich nahm sogar manchmal an Besprechungen in Büros teil, wo es noch nicht einmal eine Damentoilette gab, da die gesamte Belegschaft des Unternehmens männlich war. So manches Mal wurde ich am Vormittag so reichlich mit Kaffee und Tee versorgt, dass sich am Mittag ein Besuch der Herrentoilette nicht mehr vermeiden ließ. Und da wir schließlich im Nahen Osten waren, musste der männliche CEO draußen auf dem Flur Wache stehen und aufpassen, dass ich ungestört blieb. Gar nicht peinlich ...

Genau wie bei der CIA gab es auch hier in der Sicherheitsbranche immer eine Handvoll Leute, die mich unterschätzten, weil ich eine Frau war. Und wieder konnte ich dies zu meinem Vorteil nutzen. Mein Lieblingsbeispiel ereignete sich im März 2014 während eines Abendessens mit Freunden in einem Restaurant.

Ein polnischer Geschäftsmann namens Aleksy lud uns in Dubai zum Essen ein und bat uns dabei um einen besonderen Gefallen. Neben einigen anderen Freunden hatte er auch einen Geschäftskontakt namens Sunny mit eingeladen. Sunny war der Vertreter einer privaten Investmentgesellschaft mit Sitz in Bahrain. Er brüstete sich damit, für seine Kunden 17 Jahre lang eine monatliche Rendite von 2,5 Prozent zu erzielen. Nun hatte er sich Aleksy herausgepickt, um ihn von einer günstigen Geldanlage zu überzeugen. Offenbar hatte sich eine seltene Kombination von Anlagemöglichkeiten aufgetan. Nun wollte die Firma für einen speziellen Fonds mit Schwerpunkt auf aufstrebenden Märkten in Asien 300 Millionen US-Dollar beschaffen. Aleksy war zwar versucht, eine kleine Summe in den Fonds zu investieren, zweifelte aber ein wenig, ob die versprochenen Renditen auf Dauer tatsächlich möglich waren. Er bat uns deshalb um unsere Einschätzung zu Sunny und dem von ihm vertretenen Unternehmen.

Die ganze Gruppe war in unser kleines Geheimnis eingeweiht. Ich kicherte innerlich schon, als ich mir vorstellte, wie Sunny vor Selbstbewusstsein nur so strotzend in den Raum stolzieren würde. Er tat dann tatsächlich so, als sei er in dem Restaurant Stammgast und winkte die Bedienung heran. Diese warf ihm einen ärgerlichen Blick zu, der ungefähr ausdrückte: *He! Sie widerlicher Kerl! Sie sind kein Stammgast. Ich kenne Sie gar nicht.*

Er sprach mit unangenehm erhobener Stimme und grüßte alle Welt, als sei er ein alter Bekannter.

So viel Überheblichkeit in *so* kurzer Zeit! Er konnte nur ein Schwätzer sein. Einen Schwätzer aus der Reserve zu locken, fällt mir nicht schwer – zum Glück, denn von internationalem Investment oder aufstrebenden Märkten verstehe ich nämlich herzlich wenig. Genau wie bei Mansur und Ahmad damals im Irak war ich auf meinen gesunden Menschenverstand und meinen Blick für Körpersprache angewiesen, wenn ich herausfinden wollte, ob Sunny und seiner Geldanlage zu trauen war.

Nach der üblichen Vorstellung setzten wir uns alle an die elegante Bar oben im *Grosvenor House Hotel* in Dubai. Aleksy stellte Sunny der Gruppe vor, zu der ein polnisches Paar, zwei Tschechen, ein Inder und zwei Amerikaner (Joseph und ich) gehörten. Über unseren Hintergrund oder unsere Erfahrung sagte er Sunny nichts. Dieser wusste lediglich, dass wir flüchtige Bekannte seines potenziellen Kunden waren und aus den Vereinigten Staaten stammten.

Sunny legte los. Er zog sein Mobiltelefon heraus und zeigte uns ein Foto von einem luxuriösen Motorrad, an dem jede Menge Chrom blitzte und blinkte. Erst vor Kurzem habe er es auf der *Bike Week* in Daytona Beach, Florida, gekauft. Jedem erzählte er, dass er für diese Harley hundert Riesen hingeblättert habe, sichtlich bemüht, sich als tollen Typen zu präsentieren, für den Geld keine Rolle spielt. Offensichtlich wusste er nicht, dass Joseph und ich ausgerechnet aus Zentral-Florida stammten und ein Haus in der Gegend von Daytona Beach besaßen. Wie hätte er auch ahnen können, dass diese beiden dahergelaufenen Amerikaner über das Thema, das er sich ausgesucht hatte, zufällig eine ganze Menge wussten? Um Sunnys Redefluss nicht zu unterbrechen, spielten wir das Spiel mit und warfen beim Anblick des Motorrads hin und wieder ein staunendes »Ah!« oder »Oh!« ein. Übrigens war auf keinem der Fotos er selbst mit abgebildet.

Dann fragten wir: »Was ist das denn für eine Harley?«

Sunny wirkte ein wenig überrascht, bevor er entgegnete: »Sie ist so etwas wie eine Fat Boy.« Das war er: der erste verbale Hinweis darauf, dass seine Geschichte mit dem Motorrad eine Lüge war. Er verwendete ein Schlüsselwort dafür, dass er sich seiner Antwort nicht sicher war: »so etwas wie«. So viel Geld wollte er für ein Motorrad ausgegeben haben, von dem er noch nicht einmal die genaue Modellbezeichnung wusste? Jeder, der teure Maschinen oder lässige Autos kauft, kann wie aus der Pistole geschossen Marke und Modell nennen, denn das ist es, was jeder wissen will. Um jemanden einschätzen zu können, muss man ihm genau zuhören. In einer einzigen Antwort können jede Menge Hinweise darauf liegen, ob jemand aufrichtig ist oder nicht.

Dann fragten wir: »Wo haben Sie diese fantastische Harley denn gekauft?«

Seine Antwort: »Beim Harley-Vertragshändler.«

»In der Gegend gibt es aber viele Harley-Vertragshändler«, wandten wir ein. »Bei welchem denn genau?«

Jeder, der in Zentral-Florida lebt und sich wie wir für Motorräder interessiert, kennt jeden einzelnen dieser Händler. Und wenn jemand gerade 100 000 Dollar für eine Maschine ausgegeben hat, sollte er dann vergessen haben, wo genau er diese große Anschaffung getätigt hat? Unserem »Verhör« folgte eine vielsagende Pause. Sunny hatte diese Frage nicht erwartet.

Er wirkte überrascht und fragte: »Kennen Sie denn die Gegend?«

»Ja«, gaben wir zu, »wir waren schon mehrmals dort.«

Er stockte kurz, dann antwortete er: »Ah, ja, wissen Sie, bei dem Größten... bei dem an der Hauptstraße.«

Dann machte er einen kleinen Rückzieher und sagte, er habe die Harley zwar gekauft, aber beim Händler zurückgelassen. An den genauen Ort könne er sich nicht mehr erinnern. Er zog an seinem Kragen herum, als sei er ihm plötzlich zu eng – ein klassisches nonverbales Verhalten, das als »Henkersschlinge« bezeichnet wird. Es zeigte uns hier, dass Sunny sich angesichts der Richtung, die dieses »Verhör« nahm, äußerst unbehaglich fühlte.

Im Verlauf der nächsten Stunde zog ich Sunny eine ganze Reihe von vernichtenden Informationen aus der Nase. Jedes Mal, wenn er auch nur den Mund öffnete, verstrickte er sich immer weiter in sein Lügennetz. Er war nicht in der Lage, länger als eine Minute über diese ach so erfolgreiche Beteiligungsgesellschaft zu sprechen, ohne gegen eine Wand zu laufen, weil er unfähig war, selbst einfachste Fragen zu beantworten. Denn meine Fragen waren beileibe nicht hochspezifisch. Ich weiß so gut wie gar nichts über Beteiligungsgesellschaften, Anlagestrukturen oder zu erwartende Renditen. Aber es war schon ein starkes Stück, dass ein Vermögensverwalter ohne Internetprofil oder Online-Auftritt angeblich für alle seine Kunden eine Rendite von 2,5 Prozent pro Monat erzielt habe. Und das auch noch über siebzehn Jahre, trotz wiederholter Konjunktureinbrüche.

Auf die Frage, für welche Art von Fonds er Gelder beschaffen wolle, entgegnete er: »Für aufstrebende Märkte.«

»Welche aufstrebenden Märkte denn genau?«, bohrte ich weiter.

Seine Körpersprache verriet zunehmenden Stress, während er unbehaglich auf seinem Stuhl herumrutschte und antwortete: »In Asien.«

»Wo denn genau in Asien?«

»Überall, aber vor allem in China.«

Ich gab mich noch nicht zufrieden. »Aber für welche aufstrebenden Märkte oder Branchen in China?«

»Ach, so genau weiß ich das auch nicht«, sagte er. »Deshalb hole ich Bänker dazu, die solche Fragen beantworten können.«

Nun leuchteten bei mir alle Warnlampen. Dies war keine Fangfrage. Wenn jemand Hunderte Millionen Dollar für einen Investmentfonds beschaffen will, kann er potenziellen Kunden ein paar grundlegende Dinge über die Zielsetzung des Fonds und die Branchen, in die er investiert, erzählen.

Ich fragte weiter: »Wer ist denn der Fonds-Verwalter?«

»Denzel Pierson«, entgegnete er.

Als ich so tat, als würde ich Mr Pierson kennen, wurde Sunny immer nervöser. Wieder rutschte er unruhig auf seinem Stuhl herum, als sei die Sitzfläche plötzlich zu heiß geworden. Dann räumte ich ein, Mr Pierson gar nicht persönlich zu kennen. Ich sei aber neugierig und würde auf jeden Fall versuchen, mehr über ihn herauszufinden. Denn es interessiere mich schließlich, wer er sei und vor allem, ob er tatsächlich so erfolgreich sei.

Sunny räusperte sich und sagte: »Im Internet werden Sie nichts über ihn herausfinden. Da ist er nicht präsent.«

Ich beschloss, es auf eine kleine Konfrontation mit Sunny ankommen zu lassen. Das liegt mir normalerweise fern. Ich fordere andere Menschen nicht gerne so offen und direkt heraus. Aber wenn ich Informationen auf der Spur bin und rieche, dass etwas faul ist, ist es durchaus angebracht, dreister und energischer aufzutreten. Ich lehnte mich zurück, blickte Sunny mit einem Stirnrunzeln an und sagte: »Das ist aber beunruhigend!«

Sunny gab sich betont aufgeregt und fragte: »Was ist daran beunruhigend?«

»Wenn Sie heutzutage eine Beteiligungsgesellschaft in dieser Größe betreiben und über siebzehn Jahre derartig hohe Renditen erzielen, dann bleiben Sie ganz sicher kein Unbekannter.«

Er wiederholte: »Sie werden aber nichts über ihn finden.«

Langsam machte mir die Sache richtig Spaß. Kopfschüttelnd sagte ich nur ein Wort: »Beunruhigend!«

Während ich noch weiterbohrte, bildeten sich Schweißperlen auf Sunnys Stirn. Er zog seinen Pullover aus, da es ihm im Raum anscheinend zu warm geworden war. Unter den Armen hatten sich Schwitzflecken gebildet. Er stand derartig auf verlorenem Posten, dass er mir langsam richtig leidtat. Deshalb wechselte ich erst einmal das Thema und würde später auf Geschäftliches zurückkommen.

Für jemanden, der bereit ist, ehrlich über sich selbst und seinen Hintergrund Auskunft zu geben, dürften persönliche Fragen kein Problem sein. Dieser Teil des Gesprächs hätte für Sunny angenehm und leicht sein können. Aber es dauerte gar nicht lange, bis wir herausfanden, dass er nicht nur bei seinen tollen Geschäften, die er im Namen von »Denzel Pierson« anpries, wenig Konkretes zu sagen hatte. Er hielt vielmehr auch mit Informationen über sich selbst hinter dem Berg.

Als ich Sunny zu seinem Hintergrund befragte, behauptete er, einem Sondereinsatzkommando der US-Armee angehört zu haben. Auf meine Frage, welcher Gruppe genau, sagte er: »Ich war *Army Ranger* und *Green Beret*.«

Das war schon eine steile Behauptung und ich zweifelte ernsthaft an ihrem Wahrheitsgehalt. Jemand, der sich als *Green Beret* bezeichnet, ist verdächtig, denn dies ist nicht der offizielle Name der Gruppe. Normalerweise würde sich kein Angehöriger einer

Einheit des Luftlande-Sondereinsatzkommandos der US-Armee selbst so bezeichnen.

Als ich erwähnte, dass auch ich für die US-Regierung gearbeitet und in mehreren Kriegsgebieten gedient hätte, wurde er ganz still. Vorsichtig blickte er mich an, vermutlich um festzustellen, ob dies ein Scherz war. In seinen Augen war ich wohl nicht die Art von Mensch, die eine Ahnung von derartig gefährlichen Regionen haben konnte. Als ich ihn fragte, wo er im Feld gedient habe, war er nicht in der Lage, einen Haupt-Operationsstützpunkt oder vorgelagerten Operationsstützpunkt im Irak oder Afghanistan zu nennen. Er behauptete zwar, Berater der afghanischen Regierung gewesen zu sein. Doch er wusste aber rein gar nichts über Afghanistan und konnte mir auch nicht sagen, bei welchem afghanischen Ministerium er tätig gewesen war.

Dann weihte mich Sunny in ein großes Geheimnis ein: »Ich arbeite auch für Langley«, sagte er mit einem Augenzwinkern und einem Kopfnicken (in Langley, Virginia, befindet sich der Sitz der CIA und die CIA wird umgangssprachlich manchmal als Langley bezeichnet). Vermutlich wollte er die sparsamen Informationen über sich selbst mit der Erklärung decken: »Das kann ich Ihnen leider nicht sagen. Streng geheim!«

Sunny erkannte nicht, dass er hier versuchte, sich bei einer ehemaligen verdeckten CIA-Offizierin, die darauf spezialisiert war, Menschen Informationen zu entlocken, als Super-Geheimagent auszugeben. Beinahe hätte ich die Pita und den Hummus, die ich im Mund hatte, ausgespuckt. Nur mit Mühe konnte ich mir das Lachen verbeißen. Sunny stellte sich ständig selbst Fallen und tappte fröhlich direkt hinein, ohne zu merken, was für ein Schauspiel er da bot. Seine übereifrigen Versuche, sein Publikum zu beeindrucken, hatten ihn zu einer Karikatur werden lassen, während er eine tolle Referenz nach der anderen aus dem Hut zauberte.

Sunny hatte sich eine ganze Legende zusammengesponnen. Angeblich habe er einem Sondereinsatzkommando angehört, sei CIA-Offizier, Vertreter einer Beteiligungsgesellschaft, habe einen College-Abschluss und sei CEO seiner eigenen Militär- und Logistik-Beratungsfirma mit Sitz in Houston – und dies alles gleichzeitig. Ich rechnete im Kopf zusammen, wie lange er am College gewesen sein musste. Dann noch, wie viele Jahre seine Ausbildung für die beiden unterschiedlichen Sondereinsatz- kommandos und als Geheimagent für die CIA wohl gedauert hatte und wie lange er schon für die Investmentfirma arbeitete. Sunnys LinkedIn-Profil ließ darauf schließen, dass er seine glanz- volle Karriere im Alter von zwölf Jahren begonnen haben musste, sollten all diese Behauptungen stimmen. Und dabei war die zu- sätzliche Berufserfahrung, die er darin nannte, noch gar nicht mit eingerechnet. Sonst müsste er bereits im zarten Alter von sieben Jahren ins Erwerbsleben eingetreten sein.

Aber ungeachtet meiner Berechnungen verriet sich Sunny schon durch seine Wortwahl. CIA-Offiziere nennen ihren Arbeit- geber nicht Langley, genauso wenig wie Angehörige der Sonder- einsatzkommandos der US-Streitkräfte sich selbst als *Green Berets* bezeichnen. Hätte er geahnt, wem er diese Geschichten hier auftischte, wäre er sich sicherlich nicht mehr so cool vor- gekommen.

Sunnys Lügen waren leicht zu durchschauen, und trotzdem hatte er sich auf diese Weise wohl schon mit Millionen von Dollar anderer Leute davongemacht. (Erstaunlicherweise gestand er mir, dass er in Kuwait aufgrund eines schlechten Geschäfts auf der Fahndungsliste stehe. Ich konnte nur spekulieren, wie viel Geld da im Spiel gewesen sein musste.)

Zum Spaß verfasste ich eine fünfseitige Bewertung über Sunny und alle seine Behauptungen (von denen ich die meisten widerlegen oder ernsthaft infrage stellen konnte). Aleksy amüsierte sich und war froh, dass Joseph und ich ihm in so kurzer Zeit eine solch umfassende Einschätzung vorgelegt hatten. Natürlich beschloss er, nicht in Sunnys Fonds zu investieren, aber ließ sich von ihm gerne Essen, Getränke und Konzertkarten spendieren, wie Sunny es potenziellen Investoren versprochen hatte.

Wie viele Hochstapler war Sunny nicht besonders intelligent, sondern setzte mehr auf seinen Charme und seine persönliche Überzeugungskraft, um Leute für sich zu gewinnen. Seine Methoden waren die eines typischen Lügners. Erstens erschlug er seine Gesprächspartner förmlich mit so vielen Informationen, dass diese gar keine Zeit hatten, alles zu verarbeiten oder zu analysieren. Solche Schwindelkünstler können reden wie Staubsaugervertreter.

Zweitens baute er auf Schlagwörter wie »Sondereinsatzkommando«, »Langley«, »Harley Davidson« und »aufstrebende Märkte«, um Aufmerksamkeit zu wecken und seine Zuhörer bei der Stange zu halten. Außerdem versuchte er, mangelnde Substanz durch ein bestimmtes Auftreten wettzumachen – nämlich das eines erfolgreichen Geschäftsmanns. Sunny trug todschicke Designerkleidung, warf mit Geld nur so um sich und war im Privatjet im Nahen Osten unterwegs. Schließlich versuchte er die Leute davon zu überzeugen, dass sie einem exklusiven Klub beitreten würden und er ihnen einen riesigen Gefallen damit tue, sie an einem derartig erfolgreichen Fonds teilhaben zu lassen (das war zum Beispiel auch die Strategie des amerikanischen Anlagebetrügers Bernie Madoff).

Sunny hätte es nicht geschadet, ein paar Lektionen aus dem CIA-Taktikhandbuch zu studieren. Man muss in der Lage sein, seine Tarnung aufrechtzuerhalten. Wenn man schon etwas erfindet, dann so wirklichkeitsnah wie möglich, damit man sich immer in allen Einzelheiten an die selbst gesponnene Legende erinnern kann. Es ist wichtig, sich in seiner falschen Identität wohlzufühlen, denn möglicherweise muss man unter Stress Fragen beantworten.

So leicht ist niemand bereit, Menschen mit Schwitzflecken unter den Armen und Schweißperlen auf der Stirn etwas abzukaufen. Sunnys massives Schwitzen und seine verzweifelten Versuche, das Gespräch bei jeder Art von tiefer gehenden Fragen über ihn selbst oder seinen Fonds in eine andere Richtung zu lenken, waren untrügliche Anzeichen dafür, dass er log. Offensichtlich war er während seiner angeblichen Zeit bei der CIA in puncto Tarnung nicht allzu erfolgreich geschult worden.

Ich muss zugeben, ich habe diesen Abend in vollen Zügen genossen. Natürlich ging es dabei nicht um Leben oder Tod wie früher bei meiner Arbeit in der Spionageabwehr, aber es machte wieder einmal richtig Spaß, meine Muskeln für Verhaltensanalyse ein wenig zu trainieren.

Daran zeigt sich wieder einmal: Ganz gleich ob bei der CIA oder nicht – dieses Mädchen kann es einfach nicht lassen ...

KAPITEL 16

Kein Weg zurück nach Hause

Als wir im April 2015 über unserer Steuererklärung saßen und über unsere finanzielle Situation nachdachten, wurde Joseph und mir plötzlich etwas klar: Wir waren mittlerweile als Sicherheitsberater so erfolgreich, dass wir vermutlich von jedem beliebigen Standort dieser Welt aus arbeiten könnten.

Solange wir nahe an einem Flughafen lebten, könnten wir unsere Beratungstätigkeit ausüben, wenn nötig zu Treffen mit Klienten fliegen, Untersuchungen leiten und Aufträge ausführen. Nachdem wir mit dem Unternehmen, das seinen Sitz in den VAE hatte, über diese Möglichkeit gesprochen hatten, erklärten sie sich einverstanden, dass wir mehr Zeit in den USA verbringen und versuchen könnten, von dort aus zu arbeiten.

Wir konnten es kaum glauben. Fast fünfzehn Jahre lang hatten wir wie Nomaden gelebt und nun sollten wir endlich die Chance bekommen, Wurzeln zu schlagen – das war großartig. Ich war so aufgeregt bei dem Gedanken daran, dass ich zwei Tage lang kaum zurechnungsfähig war. Würden wir endlich nach Hause zurückkehren? Könnten wir wirklich in der Nähe unserer Familie und unserer Freunde leben?

Trotz meiner überschwänglichen Begeisterung wollte ich nichts unternehmen, was nicht Teil unseres Lebensplans wäre. So beteten wir um Gottes Führung und wurden erfüllt mit der tiefen Gewissheit, dass er uns zu unserem Vorhaben seinen Segen gab.

Nachdem wir unseren ganzen Hausrat zusammengepackt hatten, kehrten wir im Juni nach Florida zurück. Kurioserweise hatten wir in unserem Eigenheim in Zentral-Florida, das wir seit 2004 besaßen, bisher nur Urlaub gemacht. Nie hatten wir tatsächlich dauerhaft dort gelebt. Denn die Regierung hatte uns wie Ping-Pong-Bälle von einem Einsatz zum nächsten geschickt. Dieser Lebensstil hatte ein hohes Maß an Flexibilität von uns gefordert, da wir uns in einem ständigen Stadium der Veränderung, der Anpassung und Eingliederung befunden hatten.

Als wir nun endlich wieder zu Hause waren, kam uns das Leben unglaublich einfach vor. Gegen Widrigkeiten zu kämpfen, war zu einem so großen Teil meiner Existenz geworden, dass ich gar nicht mehr wusste, wie es ist, sich irgendwo tatsächlich zugehörig zu fühlen. Ich war es gewohnt, Ausländerin, Ungläubige oder die einzige Frau im Raum zu sein. Nun konnte ich wieder als Amerikanerin leben und mich aktiv in meine Familie einbringen. Wir konnten Geburtstage und Feiertage miteinander feiern, was ich die meiste Zeit meines Erwachsenendaseins vermisst hatte.

Endlich würden wir wieder ganz »normal« sein.

Und dann ...

Als ich eines Nachmittags im Wohnzimmer saß, Wäsche zusammenlegte und Anbetungsmusik hörte, begann ich ein wenig mitzusingen. Dabei kam mir plötzlich ein Gedanke: *Joseph, Gott will dich gebrauchen, um dein Volk zu retten.*

Diese seltsame Botschaft kam nicht aus mir selbst. Ich hatte keine Ahnung, was Gott uns damit sagen wollte, aber die Worte stiegen einfach wie Luftblasen in mir auf und ich hatte das Gefühl, sie würden gleich übersprudeln.

Es ist wirklich sonderbar, eine Nachricht weiterzuerzählen, die man selbst nicht versteht und die scheinbar keinen Sinn ergibt. Aber ich konnte sie nicht für mich behalten. Diese Worte mussten laut ausgesprochen werden. Also artikulierte ich sie.

»Joseph, Gott will dich gebrauchen, um dein Volk zu retten.«

Joseph sah mich fragend an und sagte so etwas wie: »Was?«

Noch einmal ließ ich die Worte über meine Lippen gehen. »Gott will dich gebrauchen, um dein Volk zu retten.« Dann blickte ich ihn an mit einem Gesichtsausdruck, der förmlich schrie: *Ich habe keine Ahnung, was ich da gerade gesagt habe und was das bedeutet.*

Ich wusste es wirklich nicht.

Aber uns beiden war klar, dass es kein Scherz war. Es musste etwas sein, was von Gott kam, aber wir waren uns nicht so sicher, wohin er uns führen würde. Über eines aber waren wir uns einig: Gott schien Joseph ganz persönlich zu rufen.

Anderen Gläubigen aus dem Nahen Osten beizustehen, könnte für Joseph aufgrund seiner Abstammung Vorrecht und Aufgabe zugleich sein. Denn die christlichen Wurzeln seiner Familie reichten bis in die ersten Jahrhunderte nach Christus zurück. Als Sohn eines Pastors hatte Joseph von klein auf erlebt, wie seine Eltern sich in der Gemeinde und darüber hinaus für Menschen einsetzten, insbesondere für Witwen und Waisen. Er merkte auch, wie schwierig es ist, anderen in einem Land zu dienen, in dem viele dieser Aktivitäten als illegal gelten.

Als Kind musste er den Spott, aber auch die Drohungen seiner Klassenkameraden ertragen. Später machte ihm die ägyptische Regierung unmissverständlich klar, dass er nicht die gleichen Rechte besaß wie Muslime unter dem Gesetz der *Scharia*.

Nach seinem Highschool-Abschluss reiste Joseph zusammen mit neun anderen internationalen Studenten im Rahmen des Programms »Missionare für Amerika« quer durch die Vereinigten Staaten. Als Schüler der Abschlussklasse hatte er an der Prüfung teilgenommen, die über die künftige Studienrichtung Aufschluss geben sollte. Er bewies gute Leistungen im Test und hatte überdurchschnittliche Englischkenntnisse. Deshalb hatte er vor, sich nach seiner USA-Reise in Ägypten an dem angesehenen College für Tourismus einzuschreiben.

Aber als er und sein Vater versuchten, ihn dort anzumelden, wurde ihnen gesagt, seine Unterlagen seien wegen der Verschiebung des Studienbeginns um ein Jahr zu einer anderen Universität gesandt worden. Nachdem die beiden in verschiedenen Einrichtungen und Gouvernements in ganz Ägypten von Pontius zu Pilatus gelaufen waren, wurden sie schließlich an das Amt für die Vergabe von Studienplätzen beim Bildungsministerium in Kairo verwiesen. Verärgert über das Durcheinander sagte Joseph zu dem Verwaltungsbeamten: »Ich verstehe nicht, was hier vorgeht. Warum darf ich mich an keiner dieser Universitäten einschreiben?« Der Mann verzog das Gesicht und sprach schließlich etwas aus, was ihnen noch keiner zuvor gesagt hatte: »Verstehen Sie das wirklich nicht, Herr *Joseph George Assad?*«

Durch den Hinweis auf Josephs dreiteiligen Namen, der ein eindeutiges Indiz für seine christliche Herkunft war, machte der Beamte Joseph und seinem Vater indirekt klar, dass er diese Behandlung aufgrund seiner Religionszugehörigkeit erfuhr.

Joseph entgegnete: »Dann liegt es daran, dass ich Christ bin?«
Der unfreundliche Beamte erwiderte knapp: »Das haben Sie gesagt, nicht ich.«

Da Joseph unbedingt studieren wollte, begannen seine Eltern sich nach privaten Hochschulen umzusehen. Aber selbst denen gelang es nicht, aus Kairo die für eine Einschreibung erforderlichen Papiere zu beschaffen. Das Zentralbüro, in dem Joseph und sein Vater so barsch zurückgewiesen worden waren, hatte Josephs Bildungsakte mit den Worten *Gher maqbul* versehen, was bedeutet »nicht zuzulassen« oder »abgelehnt«.

Dass er nicht studieren durfte, erschütterte Joseph zutiefst. Womit hatte er das verdient? Was würde nun geschehen? Bildung war alles in Ägypten. Ohne Bildung hatte er keine Zukunft.

Die Antwort kam von einer unerwarteten Stelle. Eine junge Pastorin in Zentral-Florida hatte Joseph kennengelernt, als dieser ihre Kirche besucht hatte, und stand nach wie vor mit ihm in Kontakt. Als sie erfuhr, dass er sich an keiner Universität einschreiben durfte, konnte sie nicht untätig bleiben. Sie wandte sich an den Präsidenten des *Palm Beach Atlantic College* (PBA; mittlerweile *Palm Beach Atlantic University*), an dem auch ihr Sohn schon studiert hatte, und erklärte Josephs Notlage. Sie legte ihrem Schreiben ein Video bei, das sie von Joseph gedreht hatte, als er in Florida seine Geschichte erzählte. In ihrem Brief stellte sie dem Präsidenten eine kühne Frage: Würde *PBA* Joseph ein Stipendium gewähren, damit er zum Studium in die USA kommen könnte?

Ihre mutige Bitte zahlte sich aus. Joseph bekam tatsächlich ein Vollstipendium an diesem College. Auch die Kirche der jungen Pastorin setzte sich für ihn ein, stellte Geld für den Flug, für Bücher und Lebenshaltungskosten zur Verfügung, bis Joseph selbst für sich sorgen konnte. Die Großzügigkeit dieser Gemeinde hat Joseph nie vergessen.

Angesichts des Beispiels seiner Eltern und der Hilfe, die er selbst erfahren hatte, war es nicht verwunderlich, dass auch wir über die Jahre immer wieder Christen im Nahen Osten finanziell, mit Stipendien und unserem Rat unterstützten. Wir gewährten Konvertiten Schutz, die Gefahr liefen, von ihrer eigenen Familie getötet zu werden, weil sie sich vom Islam abgewendet hatten. (Laut dem *Pew Reserch Center* war 2014 in vierzehn von zwanzig Ländern im Nahen Osten und Nordafrika Abfall oder Abkehr von seinem Glauben ein Verbrechen.[8] Achtundachtzig Prozent der Muslime in Ägypten und zweiundsechzig Prozent der Muslime in Pakistan befürworteten die Todesstrafe für Menschen, die sich vom Islam abwenden. Die Mehrheit der Muslime in Malaysia, Jordanien und den palästinensischen Gebieten teilen diese Ansicht.[9])

Wir versuchten auch Christen zu helfen, die sich dem Druck ausgesetzt sahen, Muslime zu werden. In einem Fall wollten muslimische Nachbarn eine christliche Familie dazu zwingen, zum Islam überzutreten. Als die Familie dies verweigerte, schlugen diese Nachbarn den Ehemann tot. Wir gewährten der Mutter und ihren vier Kindern, die bei einer christlichen Gemeinde vor Ort Schutz fanden, finanzielle Unterstützung.

Joseph und ich hatten uns schon immer für gelebte Menschlichkeit eingesetzt, um die rechtliche, kulturelle und wirtschaftliche Stellung von christlichen Minderheiten in der muslimischen Welt zu verbessern. Wir hatten mikroökonomische Projekte ins Leben gerufen, um die Ernährungssicherung und die wirtschaftliche Stabilität unter christlichen Landwirten in Nordafrika zu fördern. Keines dieser Projekte aber hatte ein Ausmaß, wie es die

Botschaft, die wir empfangen hatten, nahezulegen schien. Wir mussten einfach abwarten, wozu Gott uns berufen würde. Und das sollte gar nicht so lange dauern.

Ungefähr einen Monat nach unserer Rückkehr nach Florida hatte ich das Gefühl, dass Joseph unbedingt eine gute Freundin kontaktieren sollte, mit der zusammen er sich für Menschenrechte und Religionsfreiheit eingesetzt hatte. Über die Jahre war die Verbindung zu ihr nie ganz abgerissen.

Wir waren jedoch so beschäftigt, dass erst einmal Wochen vergingen. Joseph vergaß es, sie anzurufen. Doch dieses »Gefühl«, dass wir wieder mit ihr Verbindung aufnehmen sollten, wurde stärker und stärker, so oft es mir in den Sinn kam. Langsam machte es mich wirklich verrückt. »Bitte, Joseph, ruf sie endlich an«, drängte ich ihn. »Du *musst* jetzt mit ihr sprechen.«

Schließlich schrieb Joseph ihr Mitte Juli eine E-Mail. Schnell fanden wir heraus, dass die Dringlichkeit, die ich in dieser Sache verspürt hatte, vom Heiligen Geist bewirkt worden sein musste.

In ihrer Antwort schrieb sie Joseph: »Zu einem kritischeren Zeitpunkt hättest du mir gar nicht schreiben können.« Sie war gerade vom Hollywoodproduzenten Mark Burnett für ein spezielles Projekt angeworben worden. Mark hatte nach Wegen gesucht, wie er und seine Frau, die Schauspielerin und Produzentin Roma Downey, verfolgten Christen im Nahen Osten helfen könnten. Zunächst unterstützten sie Hilfsprojekte für vom IS vertriebene Christen finanziell. Schnell aber wurde ihnen klar, dass manche irakische Christen das Gefühl hatten, nicht mehr länger im Nahen Osten bleiben zu können. Mehrere Gruppen baten um Hilfe bei der Suche nach Ländern, die bereit wären, ihnen Schutz vor dem Völkermord zu gewähren.

Mark und Roma stellten ein kleines Team zusammen, um diese Arbeit zu unterstützen. Sie gründeten weder ein Unternehmen noch eine NRO. Es handelte sich lediglich um eine zu diesem Zweck zusammengerufene Gruppe von engagierten Menschen, die gemeinsam etwas tun wollten – Spezialisten in Rechts-, Bildungs-, Marketingfragen und Kapitalbeschaffung.

Mark hatte vor, syrische und irakische Christen aus IS-kontrolliertem Gebiet auszufliegen. Es war ein gewagter Gedanke, eine gewaltige Aufgabe. Aber Mark und Roma hatten schon oft vor enormen Herausforderungen gestanden.

Mark liebt das Risiko. Mit zweiundzwanzig Jahren war er aus Großbritannien in die USA gekommen, hatte eine Hürde nach der anderen genommen und schließlich mit riesigem Erfolg *Survivor*, *The Voice*, *Shark Tank* und *Celebrity Apprentice* produziert. Mark war sich durchaus bewusst, dass es nicht einfach sein würde, Christen aus einem Kriegsgebiet zu evakuieren. Aber er sagte auch, er sei sich bei keinem seiner Projekte von vornherein hundertprozentig sicher gewesen, wie es ausgehen würde. Dies hätte ihn jedoch noch nie davon abgehalten, Ziele zu verfolgen, von denen er selbst überzeugt sei.

Angesichts der hohen Anforderungen an Logistik und Sicherheit, die eine derartige Operation mit sich bringt, war die Gruppe dringend auf gewisse Menschen angewiesen: Solche, die die Region kannten wie ihre Westentasche. Menschen, denen die komplizierten Strukturen im Nahen Osten vertraut waren und die Hindernisse zu umschiffen wussten. An dieser Stelle traten wir auf den Plan.

Nach einem Gespräch mit Joseph bat Mark ihn, die Evakuierung zu leiten. Er und Roma stellten eine großzügige finanzielle Unterstützung zur Verfügung, um das Projekt zu ermöglichen.

Joseph verzichtete liebend gern auf andere Karrierechancen, denn dies war weit mehr als ein Job für ihn, es war ihm ein tiefes persönliches Bedürfnis – ein Herzensanliegen. Er durfte mit seinem Hintergrund und seiner Fachkompetenz Gott dienen, um anderen verfolgten Christen zu helfen, eine neue Heimat oder Schutz zu finden, genauso wie es die Kirche viele Jahre zuvor für ihn getan hatte.

Auch ich war nur allzu gern bereit, mich wo nur irgend möglich einzubringen und Joseph bei der Planung und Durchführung des Projekts zu unterstützen. Das würde nicht leicht werden. Wenn es überhaupt jemals einfach war, Länder zu finden, die bereit waren, verfolgte Christen aufzunehmen, dann auf jeden Fall nicht zu diesem Zeitpunkt.

Es war der Sommer der großen Völkerwanderung. Der IS war über Syrien hinweggefegt und drängte nach Osten in den Irak. Nach der Einnahme von Mossul im Juni 2015 wandten sich die IS-Kämpfer christlichen Dörfern südöstlich der Stadt zu. Sie begannen die Bevölkerung des Bezirks Hamdaniyah zu bedrohen, wozu die Stadt Karakosch und mehrere kleine Dörfer gehören, und warnten, sie würden das mehrheitlich christliche Gebiet bald an sich reißen. Um die Einwohner auszuhungern, verhängte der IS eine Lebensmittelblockade durch das Einrichten von Kontrollpunkten vor den Toren der Stadt. Das Gebiet wurde von der Wasser-, Treibstoff- und Stromversorgung abgeschnitten und muslimische Nachbarn wurden davor gewarnt, mit Christen Geschäfte zu machen.

Mit der Zeit wuchsen bei den Christen die Angst und das Unbehagen, denn es war ihnen klar, dass ihre Vorräte bald zur Neige gehen würden. Sie mussten mit ansehen, wie der IS benachbarte Jesiden-Städte zerstörte, und fragten sich, wann sie wohl selbst an der Reihe sein würden. Indessen mussten die Bewohner auf Brauchwasser zurückgreifen, um zu überleben, was der Ausbreitung von Hautausschlägen und Krankheiten Vorschub leistete. Ohne Treibstoff waren Autos und andere Transportmittel sinnlos. Die Bevölkerung konnte sich also kaum noch versorgen, zur Arbeit gehen und wie gewohnt funktionieren. Es war ein Kampf ums nackte Überleben.

Dann bombardierte der IS am 6. August 2014 Karakosch direkt. Zwei Kinder und ein Erwachsener fielen an diesem Tag einem Raketenangriff zum Opfer. Lange war es den kurdischen Peschmerga-Kämpfern gelungen, sich gegen den IS zu behaupten, nun jedoch informierte der Karakosch zugewiesene Kommandeur den Erzbischof der Stadt, dass die kurdischen Streitkräfte ihre Posten aufgeben würden. Sie konnten (oder wollten) den IS nicht länger zurückhalten.

In diesem Moment trafen die Kirchenverantwortlichen eine höchst schmerzliche Entscheidung. Die Kirchenglocken ertönten, das vereinbarte Signal, dass der IS im Anzug war und es nun Zeit war zum Aufbruch. Diejenigen, die ein Telefon hatten, verbreiteten die Nachricht schnell, andere liefen von Tür zu Tür, um sicherzustellen, dass die Botschaft jeden erreichte. Innerhalb von wenigen Stunden packten die Bewohner in Panik so viele Angehörige wie möglich in jedes nur noch irgendwie funktionsfähige Auto und flohen in die Stadt Erbil.

Fast alle Christen flüchteten an diesem Abend, viele mit kaum mehr als ihren Kleidern am Leib, ihren Ausweispapieren und einer Handvoll Wertstücke wie der Familienbibel. Entgegen der Proteste von Familienmitgliedern blieben einige ältere Bewohner zurück, meist Eltern und Großeltern über achtzig, für die der Gedanke, ihre angestammten Häuser zu verlassen, unerträglich war. Von einem Großteil von ihnen hat man nie wieder etwas gehört.

Da so viele Menschen gleichzeitig aus Karakosch und anderen kleinen Dörfern flohen, wurde aus der kurzen Strecke in die Region Kurdistan eine lange Reise bei glühender Hitze. Die Straßen waren so verstopft, dass eine normalerweise einstündige Autofahrt bis zu zwölf Stunden dauerte. Manche Familien mussten die letzten Kilometer zu Fuß zurücklegen, da die Peschmerga-Kämpfer Kontrollpunkte geschlossen hatten und keine Fahrzeuge mehr in die Stadt ließen.

Über Nacht waren Kirchen, NROs und die kurdischen Behörden mit einer humanitären Krise epischen Ausmaßes konfrontiert. Erbil wurde überschwemmt von Menschen, denen es am Allernötigsten fehlte: an Nahrungsmitteln, Wasser und Toiletten. Viele davon wandten sich in ihrer Not an die Kirchen. Sie baten um einen kleinen Fleck auf dem Boden, auf Gehsteigen, in verlassenen Häusern, in Gotteshäusern und Kirchhöfen.

Inmitten des ganzen Chaos kauerten sich Hunderte von vertriebenen Familien im Hof der *Mar Elia Church* in Ankawa, einer Vorstadt im Nordwesten von Erbil, zusammen.

Genauso wie viele der Menschen, die in diesem Sommer in seinem Gotteshaus Schutz suchten, verstand auch Pater Douglas al-Bazi, was es heißt, dem Tod ins Auge zu sehen und für seinen Glauben gefoltert zu werden.

Im November 2006, als Pater Douglas als Pfarrer einer chaldäisch-katholischen Kirche in Bagdad eingesetzt war, wurde er von Mitgliedern einer schiitischen Miliz entführt und neun Tage festgehalten. In dieser Zeit ertrug er Schläge und die quälende Ungewissheit, ob er lebend aus diesem Vorfall herauskommen würde. Pater Douglas war sich bewusst, dass die meisten Menschen Entführungen nicht überlebten, selbst wenn ihre Familie oder Kirchenangehörige ein Lösegeld bezahlten.

Nachdem sie ihm vier Tage lang nichts zu trinken gegeben hatten, stellten seine Entführer eine Flasche Wasser vor den ausgedörrten Priester und sagten: »Sag einfach die *Schahada* und alles wird gut.« (Die *Schahada* ist das islamische Glaubensbekenntnis, das lautet: »Es gibt keinen Gott außer Allah, und Mohammed ist sein Prophet.«) Pater Douglas weigerte sich.

Seine Verfolger ließen nicht davon ab, ihn zu foltern und ihm zu drohen. Sie brachen ihm die Nase, schlugen ihm die Zähne mit einem Hammer aus und brachen ihm die Wirbelsäule. Pater Douglas wachte jeden Morgen mit der Frage auf, ob dieser Tag wohl sein letzter sein würde.

Sogar als seine Entführer drohten, ihm den Kopf abzuhacken und ihn durch einen Hundekopf zu ersetzen – das Symbol für einen Ungläubigen –, weigerte er sich zu konvertieren.

Dann trat Pater Douglas unvorstellbar kühn vor seine Peiniger und sagte: »Worauf wartet ihr noch? Bringt mich ruhig um, aber erzählt dann wenigstens meiner Gemeinde, dass ich tot bin, damit sie Bescheid wissen.«

Seltsamerweise fragten seine Kidnapper ihn inmitten der Folter, die er jeden Abend ertragen musste, in persönlichen Angelegenheiten um Rat und baten ihn manchmal sogar um Vergebung für ihr Tun.

Zu seiner Überraschung wurde Pater Douglas schließlich nach Zahlung eines Lösegelds doch freigelassen. Aber das war noch nicht alles. Pater Douglas ertrug noch eine weitere Entführung und Freilassung sowie einen Angriff auf seine Kirche, in welchem er von der Kugel einer AK-47 getroffen wurde. Das Geschoss steckt noch immer in seinem Bein.

Vor dem Krieg hatten mehr als zweitausend Familien dieser Pfarrei in Bagdad angehört. 2013 waren nicht einmal mehr dreihundert davon übrig.

Nachdem seine Gemeinde in Bagdad so stark geschrumpft war, verließ Pater Douglas im Juli 2013 die Hauptstadt und zog nach Erbil, wo ihm die *Mar Elia Church* anvertraut wurde.

Nun waren innerhalb von nur zwei Tagen (dem 6. und 7. August 2014) etwa zweihunderttausend Christen von den Ninive-Ebenen aus den Fängen des IS nach Erbil geflohen. Über Nacht füllte sich Pater Douglas' Gotteshaus und das ganze umliegende Schottergelände mit Hunderten von traumatisierten Männern, Frauen und Kindern. Sie standen unter Schock und konnten das Ausmaß dessen, was mit ihnen geschehen war, noch gar nicht verarbeiten. Pater Douglas aber begriff. Väterlich kümmerte er sich in einem höchst kritischen Moment, als diese Menschen verwundet, niedergedrückt und äußerst verletzlich waren, um ihre körperlichen, geistlichen und emotionalen Bedürfnisse.

Die Zeit verging und es sah nicht so aus, als könnten die Binnenflüchtlinge in ihre Heimatorte zurückkehren. Pater Douglas bemühte sich beständig, ihnen Hoffnung zu vermitteln. Wenn er von Glaube und Erlösung sprach, dann nicht wie ein Blinder von der Farbe, sondern als jemand, der selbst Ähnliches erlebt hatte. Wenn er von Vergebung sprach, dann nicht nur theoretisch, sondern als jemand, der selbst viele Male darum gerungen und die Kraft gefunden hatte, seinen Peinigern zu vergeben. Wenn er von Mut und Geduld sprach, dann nicht in populären christlichen oder humanistischen Konzepten, sondern als Prinzipien, die er selbst in seinen dunkelsten Stunden gelebt hatte.

Gott führt uns nicht in die Bedrängnis, aber wenn sie über uns kommt, benutzt er sie, um uns stärker und wirksamer zu machen als zuvor. Er weiß, dass unser Dienst für ihn echter und authentischer ist, wenn wir durch Leid gegangen sind, wenn wir selbst mit ähnlichen Situationen zu kämpfen hatten. Denn dann können wir aus eigener Erfahrung sprechen, unsere Worte haben mehr Kraft und unser Handeln bekommt mehr Gewicht. Deshalb müssen Gottes Leute nicht perfekt sein. Deshalb können verwundete Menschen so gut als seine Hände und Füße dienen. Dienst für Gott bedeutet, anderen das zu geben, was man selbst nötig hatte und empfangen hat.

Pater Douglas kannte die Kämpfe dieser verfolgten Christen nur allzu gut. Er hatte selbst Verfolgung in ihrer schlimmsten Form erlebt und war schon mehrmals dem Tode nah gewesen. Aber allen Widrigkeiten zum Trotz lebte er. Gott hatte sein Leben bewahrt. Nun war es klar, warum.

Als Josephs Bekannte von der Situation in *Mar Elia* hörte, wandte sie sich an Burnett, der sich wiederum an Joseph wandte. Innerhalb von wenigen Tagen begann die Mission Form anzunehmen. Das Problem war einfach und kompliziert zugleich. Wir mussten einen Weg finden, die vertriebenen Christen von Erbil aus in ein sicheres Land zu bringen. Angesichts der derzeitigen Einwanderungskrise war das natürlich leichter gesagt als getan.

In ihrer Verzweiflung hatten sich Menschen aus Afrika, dem Nahen Osten und Asien in Massen nach Europa aufgemacht und strömten aus allen Richtungen, auch über das Meer, über die europäischen Grenzen. Die Krise erreichte 2015 mit mehr als einer Million Migranten ihren Höhepunkt. Im Vergleich dazu waren 2014 nur 280 000 Menschen illegal nach Europa eingereist.

Diese sintflutartige Migrationswelle hatte zwei Ursachen. Die erste war ein grundlegendes Umdenken in den Köpfen der Opfer des Konflikts. Sie erkannten, dass sie nicht in ihre Häuser zurückkehren und unter solch ausweglosen Bedingungen weiterleben konnten. Langsam hatten sie verstanden, dass diese Konflikte unlösbar waren. Verzweifelte syrische Familien hatten gebetet, dass dieser Krieg zu einem Ende kommen würde. Vergeblich. Iraker, die bei der Einnahme von Mossul und der Ninive-Ebene dem IS entkommen waren, hofften zunächst noch, die internationale Gemeinschaft würde den IS wieder aus den Dörfern oder aus dem Irak vertreiben. Vergeblich.

Beide Konflikte waren festgefahren und nichts ließ darauf schließen, dass eine Lösung in greifbarer Nähe war. Bei den Flüchtlingen und Binnenvertriebenen schwand immer mehr die Hoffnung, in ihre Häuser zurückzukehren und ihr früheres Leben wieder aufnehmen zu können. Schweren Herzens begannen sie, anderswo nach einer besseren Zukunft Ausschau zu halten.

Der zweite wesentliche Faktor, der eine Million Menschen nach Europa trieb, war das zunehmende Auftreten von Menschenschmugglern. Diese herzlosen, gierigen »Problemlöser« wurden immer geschickter darin, verzweifelte Flüchtlinge aus Nordafrika, dem Nahen Osten und Asien auf den Kontinent zu schleusen.

Leider war Europa auf die Ankunft der Flüchtlinge gänzlich unvorbereitet und die betroffenen Länder hatten keine Lösungen parat, wie sie mit der Flut von illegalen Einwanderern an ihren Küsten umgehen sollten. Dieser organisierte Menschenschmuggel erforderte strategische Reaktionen, wie sie normalerweise nur im Kampf gegen den Terror und bei einer Bedrohung der nationalen Sicherheit zur Anwendung kommen.

Joseph und ich hatten zwar auf beiden Gebieten Erfahrung – das machte aber unsere Arbeit auch nicht unbedingt einfacher. Länder in aller Welt wurden ohnehin schon von Asylsuchenden überschwemmt. Aber um Staaten zu finden, die sich bereit erklären würden, Christen aufzunehmen, waren noch zusätzliche bürokratische Hürden zu nehmen.

In den meisten Ländern richten sich die Einwanderungsbestimmungen nach dem vom Flüchtlingskommissariat der Vereinten Nationen (UNHCR) festgelegten Prozess. Wir jedoch würden aus verschiedenen Gründen nicht den Weg über das UNHCR nehmen, noch diesen Prozess nutzen.

Zunächst einmal aus Zeitgründen. Der UNHCR-Prozess erfordert mehrere Jahre. Nachdem das UNHCR Antragsteller registriert und priorisiert hat, müssen die aufnehmenden Länder ihre eigenen internen Verwaltungsprozesse und Auswahlverfahren durchführen. Dies kann durchaus fünf Jahre dauern, sofern die Kandidaten überhaupt umgesiedelt werden. Denn global passiert dies nur bei einem kleinen Prozentsatz der Flüchtlinge oder Asylsuchenden. Zum Beispiel wurden allein im Jahr 2014 866 000 Asylanträge beim UNHCR eingereicht.[10] Davon wurden 103 890 durch das UNHCR an potenzielle Aufnahmeländer weitervermittelt, jedoch nur 73 331 Personen tatsächlich umgesiedelt.[11] Das sind weniger als 10 Prozent.

Zweitens berücksichtigt der UNHCR-Prozess keine Binnenvertriebenen. Um die Aufnahme in einem anderen Land über das UNHCR zu beantragen, müssen die Menschen erst ihr Heimatland verlassen und damit zu Flüchtlingen werden. Dies erschwert die Lage für Binnenvertriebene, denn viele von ihnen leben in Camps in ihrem eigenen Land, es geht ihnen jedoch keinen Deut besser als »echten« Flüchtlingen.

Ein weiterer Grund, warum wir uns nicht des UNHCR-Prozesses bedienen wollten, war der, dass die meisten Christen keinen Schutz in UNHCR-Camps suchen wollten. Denn dort leben mitnichten nur unschuldige Opfer. Viele dieser Camps bilden im

Kleinen genau die Konflikte ab, aus denen sie entstanden sind. Einige beherbergen unwissentlich ehemalige Kämpfer, Rebellen und sogar Mitglieder von Terrorgruppen, die sich in den Camps an Christen vergehen und andere Verbrechen verüben. Wegen dieser so unglaublich rauen Realität – über die zudem so wenig nach außen dringt – möchten Christen, Jesiden und andere nicht muslimische Minderheiten oft lieber nicht den UNHCR-Prozess durchlaufen. Denn sie fürchten, in den Camps genauso verfolgt zu werden wie in ihrer Heimat, aus der sie gerade geflohen sind.

Unsere Entscheidung, den UNHCR-Prozess zu umgehen, bedeutete aber, dass wir die gesamte Verantwortung selbst tragen mussten. Nicht nur dafür, ein Land zu finden, das die *Mar-Elia*-Flüchtlinge aufnehmen würde. Sondern wir mussten gegenüber diesen Ländern auch versichern, dass sich unter den Evakuierten keine IS-Mitglieder oder Rebellen befinden, die sich die Einreise durch eine List erschlichen haben.

Dies war ein gewaltiges Unternehmen. Aber da wir die letzten fünfzehn Jahre damit verbracht hatten, in Ländern, in denen Terror an der Tagesordnung ist, die Glaubwürdigkeit von Quellen zu prüfen, waren wir dafür gut gerüstet. Kurzum, es war ein Auftrag, auf den Joseph und ich uns unser Leben lang vorbereitet hatten.

KAPITEL 17

Zurück in den Irak

Unsere erste Aufgabe bestand darin, ein Gastland zu finden, das bereit wäre, die Asylsuchenden von Mar Elia aufzunehmen. Angesichts des politischen Klimas zu dieser Zeit rannten wir mit unserem Anliegen bei den Regierungen nicht gerade offene Türen ein. Wir wussten, dass wir keine guten Karten hatten.

Von Anfang an strichen wir mehrere mögliche Länder, über deren Einwanderungspolitik wir nur allzu gut Bescheid wussten, von unserer Liste. Dazu gehörten auch die Vereinigten Staaten. Dies war für uns besonders schwer zu akzeptieren – vor allem, weil wir uns ganz sicher waren, dass viele Amerikaner liebend gerne ihre Türen, Herzen und Geldbeutel geöffnet hätten, um dieser Gruppe zu helfen. Es war auch nicht so, dass wir die US-Regierung darum bitten würden, diesen Irakern eine Sonderbehandlung zu garantieren oder ihnen Sozialhilfe zu gewähren. Doch wir wussten, dass unsere Regierung noch immer fälschlicherweise glaubte, Christen im Nahen Osten würden als »Leute des Buches« (als die sie im Koran bezeichnet werden) geehrt. Deshalb könne es gar nicht sein, dass sie in Schwierigkeiten kämen,

Verfolgung erlitten oder gar Opfer von Völkermord würden.[12] Also strichen wir schweren Herzens die Vereinigten Staaten von unserer Liste und suchten anderswo weiter.

Als Joseph und ich am 19. August bei einer Tasse Kaffee in der Küche saßen und Zeitung lasen, fiel Joseph ein Artikel in der *Washington Post* auf. In dem hieß es, die Slowakei sei bereit, zweihundert syrische Flüchtlinge aufzunehmen ... unter der Bedingung, dass diese Christen seien.[13]

Dies war ein Zeichen von Gott.

»Das also ist das Ziel unserer Reise«, rief Joseph, »die Slowakei!«

Nachdem ich über seine Schulter gebeugt meinerseits den Artikel überflogen hatte, setzte ich mich ihm gegenüber. »Ja! Genau! Aber wen kennen wir denn schon in der Slowakei?«

Schweigend saßen wir da und hörten im Hintergrund die Grillen zirpen. Uns beiden war klar, dass wir in diesem Land weder Kontakte hatten noch jemals dort gewesen waren. Nachdenklich nippten wir an unserem Kaffee. Wer von unseren Bekannten könnte in diesem winzigen osteuropäischen Land wohl jemanden kennen? Nach einigen Minuten ging mir ein Licht auf.

»Ich hab's! Aron – Aron Shaviv – hat er nicht als leitender Berater in der Slowakei gearbeitet?«

»Aron! Genau!«, rief Joseph strahlend. »Stimmt. Und sicherlich hat er dort gute Kontakte.«

»Kannst du ihn anrufen? Oder ihm vielleicht eine E-Mail schreiben? Ihn fragen, ob er uns behilflich sein kann?« Ich war Feuer und Flamme. »Wir müssen das Ganze richtig offiziell machen, als seien wir der Präsident, der Premierminister oder der Innenminister.«

Kaum eine Viertelstunde später hatte Joseph Aron in der Leitung. Dieser bestätigte, dass er in der Slowakei über gute Verbindungen verfüge und uns wohl helfen könne. Aron war in diesem Moment tatsächlich ein Geschenk des Himmels. Und doch war dies nur der erste Schritt. Es lag noch ein langer Weg vor uns.

Aufgrund unserer Erfahrung mit der Bürokratie auf Regierungsebene wussten wir, dass unser Entschluss, den UNHCR-Prozess zu umgehen, einen Top-down-Ansatz erfordern würde. Wir mussten uns unmittelbar an die höchsten Regierungsbeamten wenden. Sofern diese sich überhaupt offen für unser Anliegen zeigten, würden sie unsere Unterstützung bei der Organisation des Projekts und bei den Verwaltungsprozessen benötigen.

Joseph und mir war klar, dass es kein Kinderspiel sein würde, slowakische Beamte von der Notwendigkeit einer solchen Entscheidung zu überzeugen. Die führenden Politiker würden Sicherheits- und Geheimdienste ins Boot holen. Aus erster Hand wussten wir, wie langsam und mühevoll der Koordinationsprozess sein kann, wenn mehrere Behörden an einer Aufgabe beteiligt sind. Aber wenn wir von Anfang an unsere Vertrauenswürdigkeit beweisen könnten, würde das die Logistik wesentlich beschleunigen und das Hin und Her zwischen den einzelnen Regierungsstellen auf ein Minimum beschränken. Hierzu müssten wir natürlich auch sicherstellen können, dass sich unter unseren Helfern keine Rebellen oder Terroristen befinden.

Schnell merkten wir, wie uns unsere umfassende Erfahrung bei dieser Aufgabe zugutekam. Die Entscheidung, eine Gruppe von Christen aufzunehmen, wird nicht von einer Person allein gefällt, sondern reift in den Verhandlungen mehrerer Akteure innerhalb der Regierung.

Um den Stein ins Rollen zu bringen, flochten wir in unsere Mitteilungen so viele Informationen wie möglich ein. Damit hofften wir, den Bedenken der unterschiedlichen Behörden von Anfang an den Wind aus den Segeln zu nehmen. Wir legten den Akzent nicht sofort auf die Gruppe von irakischen Binnenflüchtlingen, sondern versuchten zunächst, als ehemalige US-Regierungsbeamte ihr Vertrauen zu gewinnen. Erst dann erklärten wir ausführlich die geplanten Schritte zur Identifizierung und Prüfung der Kandidaten.

Wenn wir überhaupt eine Chance haben wollten, die slowakische Regierung (oder irgendeine andere Regierung) davon zu überzeugen, diese Familien aufzunehmen, dann musste sie sich darauf verlassen können, dass die von uns vermittelten Asylsuchenden die Sicherheit ihres Landes nicht bedrohen würden. Wenn wir dieses Versprechen geben wollten, gab es nur einen Weg: Wir müssten selbst in den Irak reisen.

Dort müssten wir jeden einzelnen Kandidaten persönlich kennenlernen, prüfen und Unterlagen über ihn sammeln. Nur so könnten wir den infrage kommenden Regierungen ganz spezifische Informationen über die Menschen geben, denen wir helfen wollten. Es war uns wichtig, den verschiedenen Beamten zuverlässig Auskunft geben zu können. Sie würden uns sicherlich Fragen über den Prüfprozess und über die Vorgeschichte der von uns vertretenen Personen stellen.

Während Joseph unsere Reise plante, informierte ich mich, wie die Registrierung und der Asylprozess beim UNHCR gehandhabt werden. Unser System sollte so wasserdicht wie möglich sein. Natürlich ist kein Verfahren perfekt, aber wenn wir mit unseren Namen und unserem Ruf hinter dem Projekt stehen sollten, dann musste es hieb- und stichfest sein. Und das war es auch. Wir bedienten uns der Strategie und der Instrumente, die wir schon als Geheimagenten bei der CIA angewandt hatten. Deshalb war das von uns vorgeschlagene Prüfprogramm stärker und umfassender als alle derartigen Programme beim UNHCR oder in den Vereinigten Staaten.

Erstens müsste jeder irakische Bewerber über achtzehn das umfassende Antragsformular ausfüllen, das wir entworfen hatten. Es beinhaltete Fragen zur Biografie, zur Berufserfahrung und zum Bildungsweg. Zweitens müsste jeder Bewerber so viele Ausweisdokumente wie möglich vorlegen. Drittens müssten wir die Gültigkeit dieser Dokumente bestätigen. Dies beinhaltete die Prüfung von Papieren, den Vergleich mit anderen, von derselben Behörde ausgestellten Dokumenten und wenn möglich das Einholen einer Beglaubigung von der ausstellenden Behörde selbst.

Angesichts der Bedeutung, die Papieren in der arabischen Welt beigemessen wird, und der Sorgfalt, mit der Dokumente dort gewöhnlich behandelt werden, wussten wir, dass die meisten Menschen ihre Papiere auf ihrer Flucht bei sich getragen haben mussten, selbst dann, wenn sie in Eile aufgebrochen waren. Deshalb sollten bei europäischen Beamten sofort die Alarmglocken läuten, wenn Flüchtlinge behaupten, sie hätten keine Papiere. Geburtsurkunden, Ausweise, Führerscheine und religiöse Urkunden sind im alltäglichen Leben im Nahen Osten fast noch wichtiger als in den Vereinigten Staaten. Wenn Menschen also ihre Dokumente weggeworfen hatten, dann bedeutete das entweder, dass sie berechtigterweise auf der Flucht vor dem IS waren (und das Fehlen ihrer Papiere glaubwürdig erklären konnten) oder dass sie etwas zu verbergen hatten.

Schließlich planten wir, jede Familie persönlich zur Identität, zum Hintergrund, zur beruflichen Laufbahn und zum Bildungsgrad eines jeden Familienmitglieds zu befragen und die Gründe herauszufinden, warum sie den Irak verlassen wollten. Als erfahrene Geheimagenten hatten wir geschärfte Sinne, um verbale und nonverbale Reaktionen zu bemerken, die besonderer Aufmerksamkeit oder zusätzlicher Untersuchungen bedurften. Wir waren mit der Kultur so vertraut, dass wir erkennen konnten, ob die Geschichten, die uns aufgetischt wurden, logisch waren und mit denen aus anderen Quellen übereinstimmten. Kurzum, es würde uns nicht schwerfallen, herauszufinden, ob die Antworten kulturell, historisch und geografisch korrekt waren.

Als die Planung stand und die Flüge gebucht waren, brachen Joseph und ich im September nach Erbil auf.

Zugegeben, ich hätte *nie* gedacht, noch einmal in den Irak zu reisen. Als wir unsere jeweiligen Einsätze beendet und das Land 2007 verlassen hatten, war ich so erleichtert, in dieses Flugzeug zu steigen – die Schlachtfelder hinter mir zu lassen –, dass ich mir schwor, niemals zurückzukommen. Aber wie schon gesagt: Sag niemals nie!

Was die Sache noch komplizierter machte: Wir wussten, dass wir zu dieser Zeit für viele Gruppen, gegen die wir in Bagdad gearbeitet hatten, darunter al-Qaida und den IS, willkommene Ziele darstellten. Die größten Bedenken hatten wir jedoch, dass vom Irak unterstützte militante Gruppen und die mit ihnen verbundenen Ministerien es auf uns abgesehen haben könnten. Zweifelsohne standen wir auf einer Liste von US-Regierungsbeamten, die im Kriegsgebiet gedient hatten, und blieben damit im Visier der iranischen Geheimdienste. Der IS hatte nicht nur in Kurdistan Sympathisanten und Agenten, sondern auch im Iran. Und diese waren für uns damals eine wesentlich größere Bedrohung als der IS selbst. Wir hatten Angst, auf den Rücksitz eines Autos gezerrt oder gar in einen Kofferraum geworfen zu werden und über die iranische Grenze auf Nimmerwiedersehen zu verschwinden. Die iranische Regierung hat schon so manchen ihrer Widersacher auf diese Weise aus Nachbarländern entführt.

Und doch hatten wir beschlossen, in den Irak zurückzukehren. Natürlich mussten wir umsichtig und ständig auf der Hut sein. Aber wie hätten wir uns diesem Auftrag verweigern können? Unser ganzes bisheriges Leben war auf diesen Moment hinausgelaufen. Jahrelang hatten wir Gott gefragt, welchen Sinn das alles hatte – die Bedrängnis, die Enttäuschung, die Gefahr, die Trennung von unseren Familien und Freunden – und nun hatten wir die Antwort gefunden. Genau dafür waren wir ausgebildet. Genau dies war unsere Berufung.

Die *Mar Elia Church* der chaldäisch-katholischen Kirche gewährte 560 Irakern vorübergehend Unterschlupf und vom 6. bis zum 12. September befragten Joseph und ich dort vierhundert Binnenvertriebene, die in einem anderen Land Asyl beantragen wollten. Der schmale Wohncontainer, der als Bücherei und hin und wieder als Klassenzimmer für die Kinder aus dem Camp gedient hatte, war zu einem provisorischen Befragungsraum umfunktioniert worden; genauso Pater Douglas' Büro. Bücher, Stifte und kleine Spielsachen lagen neben Stapeln von Anträgen. Wir befragten Kleinfamilien, Großfamilien und alles, was dazwischen lag. Für jede einzelne Person sammelten wir jede Menge Unterlagen und hätten am Ende unserer Reise einen ganzen Koffer mit Papieren füllen können.

Anstrengend ist ein zu schwacher Ausdruck für diese Tortur. Wir arbeiteten von 9 Uhr morgens bis 9 Uhr abends, unterbrochen von einer zweistündigen Mittagspause. Es war ein gewaltiges Unternehmen und erforderte ein Team aus zehn jungen Leuten, die den Kandidaten beim Ausfüllen der umfangreichen Antragsformulare halfen. Dazu gehörte es auch, ihre Dokumente zu kopieren, jeden Bewerber einzeln sowie im Familienverbund zu fotografieren und die Termine für die Befragungen zu vergeben.

Da mein Arabisch nicht ausreichte, um solch wichtige Gespräche in allen Einzelheiten zu erfassen, standen mir auch mehrere Dolmetscher für Arabisch und Aramäisch zur Verfügung. Ohne den unermüdlichen Einsatz eines jeden Beteiligten sowie Pater Douglas' Assistenten, die immer wieder neue Asylsuchende auf einer Liste erfassten, hätten wir diese Mammutaufgabe nicht bewältigen können.

Die Befragungen waren kompliziert und kosteten uns viel Kraft, da wir eine Fülle von Informationen abdecken mussten. Wir stellten uns den Binnenvertriebenen als Vertreter einer Gruppe von Amerikanern vor, denen sie sehr am Herzen lägen und die ihnen helfen wollten, einen Zufluchtsort zu finden, wenn dies ihr Wunsch sei. Dabei gaben wir aufrichtig und ehrlich zu, dass wir noch keine Länder gefunden hätten und auch nichts versprechen, sondern nur darauf hoffen könnten, dass Gott uns eine Tür öffnen würde. Denn es lag uns fern, Menschen, die ihre Heimat und ihre Existenz verloren hatten, leere Versprechungen oder zu viele Hoffnungen zu machen.

Wir wussten auch, wie schwer es für diese Leute sein würde, ihr Heimatland zu verlassen und anderswo Fuß zu fassen, und warnten sie deshalb immer wieder: »Egal, wem oder was Sie zu entkommen versuchen – selbst wenn Sie vor dem IS fliehen: Das Schwierigste überhaupt ist es, in einem neuen Land leben zu lernen. Das wird Ihnen viele Kämpfe und Opfer abverlangen und vielleicht sogar noch härter sein, als hier im Irak zu bleiben.«

Sie blickten uns dann jedes Mal an, als seien wir verrückt geworden, denn sie hatten keine Vorstellung davon, wie schwer es sein würde, sich anderswo ein neues Leben aufzubauen. Aber wir mussten es ihnen wenigstens sagen.

Dann baten wir sie, uns in allen Einzelheiten zu erzählen, warum sie den Irak verlassen wollten. Ihre Geschichten gingen uns ans Herz. Der Großteil der Binnenvertriebenen stammte aus Hamdaniyah nahe Mossul im Nordirak. Hamdaniyah liegt gut 30 km südöstlich von Mossul und etwa 60 km westlich von Erbil, nahe den antiken assyrischen Städten Nimrud und Ninive. Die meisten der Einwohner waren ethnisch gesehen Assyrer, Menschen, die immer noch Aramäisch, die Sprache Jesu, sprachen. Sie hatten die Fackel des christlichen Glaubens durch die Jahrhunderte getragen und sich niemals vorstellen können, einmal aus ihrer Heimat vertrieben zu werden.

Nach ihrer Ankunft in Erbil hatten viele von ihnen über Telefonanrufe oder SMS Todesdrohungen erhalten. Die Anrufer verlangten von den christlichen Familien, in ihre Häuser zurückzukehren und zum Islam zu konvertieren, da sonst ihre Ehepartner und Kinder geköpft würden. Was daran am meisten bestürzte, war, dass die Terroristen die Familienmitglieder sogar namentlich nannten. Es war also offensichtlich, dass viele dieser Drohungen ausgesprochen oder gesendet wurden, während die Terroristen in den Häusern der Christen Dokumente mit persönlichen Informationen über die Familien durchblätterten: mit Namen, Telefonnummern und sonstigen Daten.

Andere Binnenvertriebene wurden von muslimischen Nachbarn kontaktiert, die sie aufforderten, die *Jizya* (Steuer) zu bezahlen, wenn sie in ihre bereits geplünderten Häuser und Geschäftsgebäude zurückkehren wollten. Andere Anrufer gaben folgende Warnung aus: »Wenn Sie nach Hamdaniyah zurückkommen und nicht zum Islam konvertieren, wird Ihr Haus in Flammen aufgehen – samt Ihrer ganzen Familie.«

Diese Geschichte hörten wir immer wieder von den befragten Familien. Doch das letzte Gespräch, das wir am Abend des 11. September führten, werde ich nie vergessen. Denn es machte uns die schrecklichen Verluste bewusst, die diese Leute erlitten hatten: den hohen Tribut an Menschenleben, die der IS in einer Spirale der Gewalt und Zerstörung gefordert hatte.

Mit gesenktem Kopf und vom Schmerz gezeichneten Gesichtern erzählte uns ein Ehepaar, an seine beiden Kinder geklammert, seine Geschichte.

Als die Kirchenführung das Signal zum Verlassen der Stadt gegeben hatte, versammelten sie wie alle anderen ihre nahen und entfernten Verwandten um sich und brachen so schnell wie möglich auf. Im allgemeinen Durcheinander verloren sie die Schwester und den Schwager der Ehefrau, die sich in einem separaten Fahrzeug befanden. Diese Schwester und ihr Ehemann waren sich nicht sicher, welcher Weg aus der Stadt der richtige sei, und müssen wohl eine falsche Abzweigung genommen haben. Dies war das letzte Mal, dass diese Familie sie sah, denn bald schon fanden sie heraus, dass der IS das Paar entführt hatte.

Mitglieder des IS erklärten der Familie telefonisch, dass sie die Schwester in ihre Gewalt gebracht hätten. Sie verlangten 2 500 Dollar für ihre Freilassung. Die Familie bezahlte das Lösegeld, wurde jedoch nie informiert, wie die junge Frau zu ihnen zurückkommen könnte. Bald wurden sie erneut kontaktiert – angeblich von den Entführern, die nun 30 000 Dollar forderten. Eine solche Summe zu bezahlen, lag weit über ihren Möglichkeiten. Deshalb wandten sie sich an ihren Bischof und baten um Hilfe.

Dieses Vorgehen verstieß zwar gegen die Regeln der Kirche, die Verantwortlichen beschlossen aber dennoch, das Geld zur Verfügung zu stellen, um die Schwester freizukaufen. Nach der Zahlung der ersten 15 000 Dollar gaben sie den Entführern zu verstehen, dass sie den Restbetrag erst nach Übergabe der Schwester an die Familie begleichen würden. Das Geld wurde entgegengenommen, die Schwester jedoch niemals freigelassen.

Tränen liefen der Ehefrau über die Wangen, während sie die schmerzliche Geschichte erzählte und dabei ihr schlafendes Baby auf der Couch vor uns sanft wiegte.

Sie und ihr Ehemann glaubten, der IS habe die Schwester zu einer IS-Braut (Sex-Sklavin) gemacht. Es war für mich unvorstellbar, wie sie überhaupt weiterleben konnten in dem Wissen, durch welche Hölle ihre geliebte Angehörige ging. Gar nicht auszudenken, wie ich selbst weiterleben könnte, wenn meine Schwester so etwas durchmachen müsste. Und diese Familie empfand das sicher nicht anders. Vermutlich nahmen sie jeden Tag, wie er kam. Denn das Leben musste irgendwie weitergehen trotz dieser äußerst schmerzlichen Tragödie, die ihre Welt für immer verändert hatte.

Als wir uns nach ihrem Schwager erkundigten, wurde es ganz still. Nach einigen Sekunden beklemmenden Schweigens erklärte der Ehemann, ihr Schwager habe während des Krieges für die Koalitionstruppen gearbeitet und vermutlich habe der IS das sehr bald nach der Entführung erfahren. Er wurde deutlicher und sagte: »Wir glauben nicht, dass er noch unter uns ist.« Uns wurde das Herz schwer. Wir verstanden, was er damit ausdrücken wollte.

Als hätten sie noch nicht genug Leid durchgemacht, erwähnte die Familie noch, dass auch eine ihrer jungen Cousinen während der Einnahme der Stadt vom IS gefangen genommen worden sei – sie war erst vierzehn Jahre alt. Mehrmals hatte man der Familie gesagt, auch sie sei mit einem IS-Kämpfer verheiratet worden – als Kriegsbeute.

Dann sprachen wir mit einem anderen Mann, Yohanna (John), einem Journalisten, der mit seiner Frau und seinen beiden Kindern in Mossul gelebt hatte. Als der IS die syrische Grenze überschritten und Mossul eingenommen hatte, bedrohten die Kämpfer alle Journalisten und befahlen ihnen, nur vom IS genehmigte Berichte zu schreiben und herauszugeben. Jede Abweichung von diesen Darstellungen würde sie ihr Leben kosten. Es wurden tatsächlich zahlreiche Journalisten getötet, weil sie heimlich Informationen an Reuters oder andere Nachrichtenagenturen weitergegeben hatten und irgendwie als Quellen identifiziert wurden.

Nachdem Yohanna vom IS über sein Handy gewarnt worden war, dass er der Nächste auf der Liste sei und die Gruppe seinen Kindern die Kehle durchschneiden würde, floh er mit seiner Familie aus Mossul in ein Dorf östlich der Stadt. In diesem waren die Mehrheit der Einwohner Christen. Kurzfristig fanden sie dort Unterschlupf, bevor der IS auch diese Dörfer überfiel und sie weiterziehen mussten.

Als Yohanna seine Geschichte erzählte, wirkte er dabei nicht wie ein selbstbewusster Journalist. Mit hängendem Kopf saß er vor uns, seine sechsjährige Tochter auf dem Schoß. Er sprach leise, flüsterte fast, wie ein geschlagener Mann, überwältigt von einem Gefühl der Ohnmacht, weil er nichts mehr für seine Familie tun, weil er sie nicht vor dieser Tragödie beschützen konnte.

Nachdem er alles andere als souverän oder selbstsicher erschien, fragte ich mich, ob er tatsächlich Journalist war. Da zog er einen Ordner mit zahlreichen Empfehlungsschreiben und Kopien mehrerer seiner Artikel heraus.

Als wir die Überreste seines früheren Lebens durchblätterten, zeigten wir uns ehrlich beeindruckt von seinen Unterlagen. Ich glaube, das war genau das, was er brauchte.

Yohanna hatte seine Arbeit und seine Existenz verloren. Seine Familie war bereits zweimal von Terroristen vertrieben worden. Vor uns saß ein Mann, den man seines Lebens, seiner Ausdrucksmöglichkeiten und nicht zuletzt auch seiner Männlichkeit beraubt hatte. War er doch nicht mehr in der Lage, für das körperliche, emotionale und seelische Wohlbefinden seiner Familie zu sorgen.

Die Augen sind das Fenster zur Seele, und Yohannas Augen offenbarten eine tiefe Traurigkeit. Ihnen fehlte jedes Funkeln, jede Lebendigkeit. Stattdessen spiegelten sie die Wunden wiederholter emotionaler Schockerlebnisse, die jede Hoffnung hatten weichen lassen.

Einige Stunden nachdem ich in Yohannas Gesicht den tiefen Schmerz ablesen konnte, brachte mich ein anderer Mann mit seinem kalten Blick richtiggehend aus der Fassung – Hamad, der Verlobte von Danials Tochter Miriam.

KAPITEL 18

Zeit der Entscheidung

Hamad sah uns nur zu Beginn flüchtig an, dann vermied er jeden weiteren Augenkontakt mit Joseph oder mir.

Als er mit Miriam in den Wohncontainer trat, begrüßte er uns mit einem schlaffen Händedruck und setzte sich sogleich. Angesichts der seelischen Erschütterungen, die so viele Männer durchgemacht hatten, waren seine zusammengekrümmte Haltung und seine gesenkten Augen nicht sofort ein Grund zur Beunruhigung. Es war aber offensichtlich, dass er nicht freiwillig hier war. Anders als die anderen, meist nervösen Bewerber, die sich aktiv auf die Menschen eingelassen hatten, von denen sie sich Hilfe auf der Flucht aus ihrer verzweifelten Lage erhofften, wirkte Hamad fast gelangweilt. Das ergab keinen Sinn. *Wenn er so viel riskiert, warum ist ihm dieses Treffen und das Gespräch mit uns offenbar so gleichgültig?*

»Miriam hat Ihnen sicherlich erzählt«, begann ich, »dass sie uns heute beim Gespräch mit ihrer Familie gebeten hat, Sie mit auf die Liste zu setzen, da Sie kürzlich zum christlichen Glauben konvertiert seien. Wir müssen mit jedem, der den Irak verlassen will, persönlich sprechen. Danke also, dass Sie gekommen sind.«

Er brummelte kaum hörbar irgendetwas und ich fuhr fort.

»Also, Hamad, warum sind Sie konvertiert?«

»Nun ja ... Ich hatte mich schon immer irgendwie zum Christentum hingezogen gefühlt, und da ich mich mehr zum Christentum als zum Islam hingezogen fühle, beschloss ich eines Tages, einfach zu konvertieren.«

Moment mal ... Das ergibt keinen Sinn. In einer Kultur, in der auf die Abwendung vom Islam die Todesstrafe steht, war das alles andere als eine überzeugende Begründung für eine Konvertierung. Dies ist keine willkürliche Entscheidung, die man nach Lust und Laune trifft. Hierbei geht es um Leben und Tod.

Joseph und ich warfen einander einen kurzen Blick zu. *Macht der Kerl Witze?*

Auf Josephs Nachfragen hin nannte Hamad den Namen des Priesters, der ihn getauft habe. Als wir Hamad baten, uns mehr über die Nierenspende zu erzählen, hob er sein T-Shirt hoch und zeigte uns eine lange Operationsnarbe.

Irgendetwas schien trotz allem nicht zu stimmen.

»Sagen Sie mal, Hamad, wie denken Sie über Jesus?«, fragte ich.

Hamads Körpersprache veränderte sich wie auf Kommando. Er rutschte unruhig auf seinem Stuhl herum und wippte mit dem Knie auf und ab. Offensichtlich unsicher, was er darauf sagen sollte, überlegte Hamad einen Moment und meinte dann: »Hm, Jesus war ein guter Mensch. Ich habe wirklich alle Achtung vor ihm.«

Bum. Da haben wir's! Dieser Mann war nicht konvertiert. Muslime achten Jesus als Mensch und als Prophet. Aber wenn jemand sich zum Christentum bekehrt hat, dann ist Jesus für ihn nicht einfach nur ein Mensch; er ist sein Retter. Er ist der Grund dafür, warum er bereit ist, sein Leben aufs Spiel zu setzen. Hamad benutzte die Sprache eines Moslems – *nicht* die eines Christen.

Joseph rückte näher an ihn heran, sah ihm direkt in die Augen und fragte ihn mit Worten, die nur ein wirklich zum Christentum Bekehrter verstehen würde: »Hamad, was hat Jesus für Sie am Kreuz getan?«

Da richtete sich Hamad auf seinem Stuhl auf und rückte abrupt ein Stück von uns weg. Seine Augen nahmen einen völlig neuen Ausdruck an, seine ganze Miene veränderte sich. Es war, als hätte irgendetwas – oder *irgendjemand* – von ihm Besitz ergriffen, ohne dass er sich hätte dagegen wehren können. Richtig gruselig war das.

Neben ihm zupfte ihn die merklich besorgte Miriam am Ärmel. »Komm schon, Hamad, gib ihm eine Antwort!«

Schweigen. Er blinzelte nicht einmal mit den Augen.

Plötzlich breitete sich auf Hamads Gesicht ein seltsames, ganz und gar unpassendes, süffisantes Grinsen aus. Ein eiskalter Schauer lief mir über den Rücken.

»Hamad, gib ihm doch eine Antwort!«, drängte Miriam.

Er saß einfach regungslos da, starrte Joseph an und schien nicht einmal zu atmen.

»Hamad!«, schrie Miriam beinahe hysterisch, stieß ihn an und flehte: »Warum kannst du diese Frage nicht beantworten? Hamad? Hamad! ...*Hamad!*«

So inständig Miriam ihn auch darum bat, Hamad konnte oder wollte zu dieser Frage nichts sagen. Das war's. Das Treffen war zu Ende. In diesem Gespräch hatte sich gezeigt, wovon Joseph und ich intuitiv von Anfang an überzeugt gewesen waren: Hamad sagte nicht die Wahrheit – weder über seine Konvertierung noch über die Gründe, warum er den Irak verlassen wollte. Er bedrängte dieses arme Mädchen. Hamad war nicht zu trauen.

Nur einen Tag später hatte Joseph bereits die Bestätigung erhalten, dass Hamads angebliche Taufe durch diesen Priester niemals stattgefunden hatte. Auch konnte Hamad nicht beweisen, dass er jemals eine Niere gespendet oder dem IS Geld gegeben hatte. Wir erfuhren jedoch, dass er an einem schweren Autounfall beteiligt gewesen war. Sein Auto hatte sich überschlagen und die Narbe am Bauch stammte von den schweren Verletzungen, die er sich dabei zugezogen hatte.

Als Joseph sich das nächste Mal mit Miriam traf, sagte er: »Ich hoffe, Sie verstehen, was hier vorgeht. Hamad hat die ganze Zeit versucht, Sie auszunutzen. Er ist ein Taugenichts. Sie und Ihre Eltern müssen wissen, dass es ihm gar nicht um Sie geht. Was er Ihnen über die Niere, das Lösegeld an den IS und seine Konvertierung erzählt hat, war gelogen. Es wäre das Beste, die Verlobung zu lösen und ihm so weit wie möglich aus dem Weg zu gehen.«

War Hamad einfach ein Lügner, der aus wirtschaftlichen Gründen im Ausland Asyl suchte ... oder hatten wir den einen Extremisten in der Gruppe entlarvt, der sich als christlicher Konvertit ausgab?

Wie auch immer, Joseph und ich hatten unsere Aufgabe erledigt.

Hamad war von der Liste gestrichen.

Pater Douglas und seine Mitarbeiter bemühten sich, den Ball flach zu halten, und baten auch die von uns befragten Personen, nichts über unser Projekt weiterzuerzählen. Trotzdem verbreitete sich die Kunde im ganzen Stadtteil Ankawa wie ein Lauffeuer. Deshalb wurde die Kirche förmlich überrannt von Hunderten von Leuten, die auf die Liste gesetzt und in ein anderes Land umgesiedelt werden wollten.

Wir hatten oft das Gefühl, für die Rettungsboote der Titanic zuständig zu sein. Laufend flehten verzweifelte Menschen uns an, sie aus dem sinkenden Schiff in eines der Boote zu holen, denn sie hatten panische Angst, zurückzubleiben. Dabei waren wir uns noch nicht einmal sicher, dass wir überhaupt ein Rettungsboot hatten. Es war eine sehr unliebsame Rolle, die wir hier zu spielen hatten.

Eines Abends führte Pater Douglas uns in sein Büro und erzählte uns von einer weiteren Familie, die uns sehen wolle. Wir traten hinaus in den Empfangsbereich, wo wir von einer Mutter und ihren beiden Töchtern, vierzehn und zwölf Jahre alt, erwartet wurden. Die erstaunlich junge Mutter bat: »Ich brauche Ihre Hilfe. Bitte!« Sie nahm ihre Tochter an die Hand, schob sie in unsere Richtung, und sagte: »Meine Tochter ist blind. Sie braucht eine Augenoperation. Bitte, bitte helfen Sie uns!«

Tränen stiegen mir in die Augen. Ich drückte das hübsche Mädchen einen Moment an mich und ergriff dann ihre ausgestreckten Hände.

Die junge Mutter fuhr fort. »Wie sind so verzweifelt in dem anderen Camp. Es ist schrecklich dort. Wir leben in einem Raum mit einer anderen Familie, unsere Bereiche sind nur durch ein Tuch voneinander getrennt. Aber diese Familie hat zwei Söhne im Teenager-Alter. Mein Mann ist nicht mehr bei uns und kümmert sich auch nicht mehr um uns. Wir sind also ganz allein. Und fühlen uns völlig ausgeliefert. Ich mache mir Sorgen um meine Töchter in dem Camp, habe Angst vor Missbrauch, Angst um ihre

Sicherheit, Angst um ihre Zukunft. Ich möchte, dass sie die Schule abschließen und studieren können. Aber als Blinde hat meine Tochter keine Chance. Bitte, können Sie uns helfen?«

Die ganze Woche hatte ich es geschafft, mich zu beherrschen, und hatte mich vollständig auf unsere Aufgabe konzentriert. Aber nun konnte ich einfach nicht mehr. Ich weinte bitterlich. Es war, als würden die Gefühle, die sich tagelang angestaut hatten, plötzlich aus mir herausbrechen, wie aus einem Damm, der die Flut nicht mehr aufhalten kann. Könnten wir sie doch nur mit nach Amerika nehmen! Hätten wir doch nur die Zeit und das Geld, die medizinische Versorgung sicherzustellen und dieser Familie eine bessere Zukunft zu bieten! Aber wir wussten nicht, wie.

Als Joseph sie zu ihrer Familiensituation befragte, erklärte die Mutter: »Mein Mann und ich sind nicht geschieden. Er ist gewalttätig und missbraucht mich, aber immer, wenn ich ihn um die Scheidung bitte, sagt er, das sei nicht möglich. Wissen Sie, im Irak kann eine Frau so etwas nur schwer durchsetzen. Ich habe meinen Mann schon oft angefleht, uns gehen zu lassen, aber er weigert sich.« Ohne die Unterstützung ihres Mannes würde diese Frau es schwer haben, zusätzliche Hilfe für sich und ihre Töchter zu erhalten.

Joseph meinte, wir seien uns nicht sicher, ob wir ihr helfen könnten, aber wir würden gründlich über den Fall nachdenken. Zumindest würden wir ihre Geschichte weitererzählen in der Hoffnung, jemanden zu finden, der sie irgendwie unterstützen könnte.

Ich trat auf sie zu und drückte sie an mich. Sie hielt mich fest und weinte in meinen Armen – eine von schwerstem Leid erdrückte Frau. Etwas Besseres, als sich in die *Mar Elia Church* aufzumachen, um den Fremden dort ihr Anliegen vorzutragen, hätte sie vermutlich nicht tun können. An ihrer Stelle hätte ich wohl nicht anders gehandelt.

Als wir in dieser Nacht in unser Hotel zurückkehrten, fühlten wir uns so schuldig. Es war zwar kein Fünfsternehotel, aber wir hatten ein Zimmer für uns, fließendes Wasser und ein Bett. Im Großen und Ganzen konnten wir uns wirklich nicht beklagen. Wir hatten ein wunderbares, behagliches Heim. Wir hatten alles – mehr noch, als wir jemals brauchen würden. Aber in diesem Moment gab es nichts, was wir für diese Familie hätten tun können. Nichts. Dieses Gefühl der Ohnmacht war schier unerträglich.

Nachdem wir so viele Gespräche wie irgend möglich geführt hatten, brachen Joseph und ich von Erbil nach Dubai auf. Von dort aus sollte ich zurück in die Vereinigten Staaten fliegen. Joseph hingegen würde in die Slowakei und in ein weiteres Land weiterreisen, um sich mit Regierungsvertretern und Kirchenverantwortlichen zu treffen. Aron hatte jeweils Gespräche mit Vertretern des Innenministeriums angesetzt, um auszuloten, ob eines der beiden Länder bereit wäre, Binnenvertriebene aus Pater Douglas' Camp aufzunehmen.

Joseph beschloss, den Koffer voller Anträge zunächst mit nach Europa zu nehmen. Erst später würden wir zu Hause in den USA die Dokumente weiter prüfen. Wir würden überlegen, wie man die Akten am besten ordnen könnte, würden die Fotos den Anträgen zuordnen, die Papiere scannen und von den Papierakten jeweils elektronische Versionen anlegen. Wenn Joseph den Regierungsbeamten in Europa die Originalfotos und -dokumente zeigte, könnte er das Gespräch sicher schnell von theoretischen Überlegungen hin zu ganz praktischen Fragen lenken. Zahlen und Statistiken sind so nichtssagend, aber wenn die Verantwortlichen erst einmal die Fotos der Iraker gesehen und in Verbindung damit ihre Geschichte gehört hätten ... könnten sie das nicht mehr so leicht herunterspielen oder ignorieren.

Angesichts des wertvollen Inhalts hatte ich jedoch Bedenken, das Gepäckstück am Flughafen aufzugeben. Die Papiere in diesem blauen Koffer bildeten das Leben von vierhundert kostbaren Menschen ab und waren die Frucht von einer Woche anstrengender Arbeit eines großen Teams. Verlust oder Schäden durften wir auf keinen Fall riskieren.

Deshalb entschloss ich mich zu einem etwas unkonventionellen Vorgehen. Ich legte meine Hand auf den Koffer, hob meine Augen zum Himmel auf und sagte: »Herr, bitte sende deine Engel, um diesen Koffer zu beschützen und dafür zu sorgen, dass er sein Ziel erreicht.«

Am nächsten Tag trat ich den fünfzehnstündigen Flug in die Vereinigten Staaten an und versuchte, mich vom Stress dieser Reise zu erholen, während Joseph nach Europa weiterflog. Da er alle Papiere dabeihatte, wusste ich gar nicht, was ich mit mir anfangen sollte. Ich verbrachte einen großen Teil der Zeit mit Beten. Für manche Leute ist das Gebet so etwas wie eine lästige Pflicht, ich aber bete gerne. Ich liebe das innige Gespräch mit Gott, also widmete ich ihm viel Zeit.

Als ich in den kommenden Tagen für die verfolgten Christen betete und um Weisheit und Führung für unseren weiteren Weg bat, spürte ich eine mitreißende Kraft über mich kommen. In der Stille vor Gott dachte ich über das große Projekt nach, das uns vor die Füße gelegt worden war, und wurde erfüllt mit Zuversicht, dass alles gut ausgehen würde.

In dieser Woche wurde das Lied »Oceans (Where Feet May Fail)« von Hillsong United im Zusammenhang mit dem Projekt mein besonderes Gebet.

Als ich betete, der Geist möge mich in grenzenloses Vertrauen führen (Originaltext: »... lead me where my trust is without borders«[14]), erinnerten mich die Worte daran, dass Gott jede Nation – und das Leben jeder einzelnen Person, mit der wir gesprochen hatten – in seiner Hand hielt. Die Worte dieses Liedes sind das Gebet meines Lebens: Die Bitte an Gott um die Gnade, trotz Ängsten und Widrigkeiten nach vorne zu blicken und den Mut zu haben, mich in die Wellen zu werfen, ganz gleich wie hoch oder bedrohlich sie auch erscheinen mögen. Lieder wie dieses lenkten meinen Blick auf das Wesentliche und stärkten meinen Glauben, während ich über dem Leben der Menschen betete, denen wir zu helfen versuchten.

Mittlerweile waren auf der anderen Seite des Großen Teiches Joseph und der Koffer in der Slowakei angekommen. Einen langen Flug nach Wien und eine Taxifahrt nach Bratislava später hatten sie ihr Ziel erreicht. Auf dem Weg zum Ort seines ersten Treffens musste Joseph den riesigen blauen Koffer zwei Stockwerke hochschleppen. Mehrere slowakische Beamten versuchten, ihm die Strapaze zu ersparen, und boten ihm an: »Kann ich Ihr Gepäck hier für Sie im ersten Stock aufbewahren? Sie brauchen es doch nicht bis hinauf in den Konferenzraum zu tragen.«

»Nein, danke«, entgegnete Joseph dann immer höflich. »Ich brauche es.«

Joseph kam es mehr als seltsam vor, ein so großes Gepäckstück mit in ein hochrangiges Treffen zu nehmen. Aber so verrückt es auch sein mochte, er verfolgte damit ein Ziel. Deshalb zog er das sperrige Stück hinter sich her in den Konferenzraum und stellte es sorgsam neben seinem Stuhl ab.

Nach der allgemeinen Vorstellungsrunde legte Joseph in groben Zügen seinen Hintergrund dar. Dabei betonte er besonders, dass er auch selbst im Nahen Osten als Christ verfolgt worden sei und in seinem Heimatland nicht habe studieren dürfen. Er erzählte, was für ein Glücksfall es für ihn gewesen sei, in den Vereinigten Staaten so herzlich aufgenommen worden zu sein und nicht nur einen Studienplatz, sondern später sogar die amerikanische Staatsbürgerschaft erhalten zu haben. Jedoch hätten ihm die Vereinigten Staaten nicht nur ein glückliches und erfolgreiches Leben ermöglicht, sondern er habe auch das Vorrecht genossen, seinem Land im Kampf gegen den Terrorismus zu dienen. Nach diesen Informationen zu seiner Person erläuterte Joseph ausführlich seine eigene Rolle sowie die der sonstigen Beteiligten am Projekt und beschrieb ihre Bemühungen, Zufluchtsorte für verfolgte irakische und syrische Christen zu finden.

Joseph war völlig verblüfft über die Reaktion. Die Beamten erklärten, sein Besuch käme genau zur richtigen Zeit. Zwei Wochen vor dem Treffen habe die slowakische Regierung das Amt für Migration, das für Asyl- und Einwanderungsfälle zuständig sei, dazu aufgefordert, sich auf die Aufnahme von Christen aus dem Nahen Osten vorzubereiten. Sie hätten sogar eine NRO eingerichtet, um das Projekt zu unterstützen. Es gebe nur ein großes Problem dabei – zwei Monate seien bereits verstrichen, ohne dass sie auch nur einen Christen ausfindig gemacht hätten, dem sie hätten helfen können.

Joseph legte seine Hand auf den Koffer und sagte strahlend: »Nun, hier habe ich Ihnen Ihre Christen mitgebracht.«

Verwirrt blickten sie ihn und den geheimnisvollen Koffer an und Joseph fuhr fort.

»Ich komme direkt aus dem Irak. Meine Frau Michele und ich haben ungefähr vierzig Familien und deren Verwandte – insgesamt vierhundert Menschen – befragt, fotografiert und Unterlagen über sie gesammelt. Sie sehen für sich keine Zukunft im Irak und möchten im Ausland Asyl beantragen.« Er erklärte, sie hätten vorübergehend Unterschlupf in der chaldäisch-katholischen *Mar Elia Church* gefunden.

Als Joseph den Reißverschluss des Koffers öffnete und einen Ordner herausnahm, um den Regierungsbeamten unsere Arbeit der letzten Woche zu zeigen, erhoben sie sich. Alle kamen zu Joseph herüber und beugten sich über den Koffer, um seinen Inhalt genauer zu betrachten. Staunend darüber, wie viele Unterlagen wir für jede einzelne Person und jede Familie zusammengetragen hatten, blätterten sie sich durch die Akten.

»Das alles hat nur eine Woche gedauert?«, fragten sie erstaunt.

»Ja«, bestätigte Joseph. »Es war eine lange Woche, aber wir haben es geschafft.«

Das konnten sie kaum glauben.

»Das, was Sie in nur einer Woche zustande gebracht haben, hätte uns ein ganzes Jahr gekostet.«

Das war der entscheidende Punkt. Wir wussten, wie langsam die Mühlen der Bürokratie bei den Regierungen mahlen. Sie bräuchten mehrere Sitzungen, um zu entscheiden, mit welcher Flüchtlingsgruppe sie zusammenarbeiten, welche Antragsformulare sie benutzen und welches Befragungsverfahren sie anwenden sollten. Hätten sie endlich die Mitarbeiter bestimmt, die den Kandidaten beim Ausfüllen der Anträge behilflich sein würden, müssten sie die Gespräche führen, alle Daten verarbeiten und eine Reise in den Irak planen. Im besten Fall wäre dieser

Prozess nach einem Jahr abgeschlossen. Joseph und ich hingegen versuchten, der Regierung die Zusammenarbeit mit unserer Gruppe so einfach wie möglich zu machen. Wir arbeiteten ihnen gerne zu, wenn wir dadurch ihren Entscheidungsprozess beschleunigen konnten.

Unser ganz eigener Ansatz in Verbindung mit unserem tiefen Einblick in regierungsinterne politische Prozesse und Verwaltungsverfahren war besonders. Das genau war es, was unsere Bemühungen von denen all der anderen Organisationen abhob, die verfolgte Christen, Jesiden und andere verzweifelte Binnenvertriebene umzusiedeln planten.

Denn trotz bester Absichten laufen viele Gruppen mit ihren Projekten ins Leere, weil sie nur mit einer einzigen Behörde zusammenarbeiten und dabei andere wichtige Entscheidungsträger wie Sicherheits- und Geheimdienste außer Acht lassen. Dieser kurzsichtige Ansatz konzentriert sich auf die humanitäre Seite der Entscheidung und lässt die Sicherheitsfrage, die heute von so großer Bedeutung ist, außen vor.

Nachdem wir so lange für die US-Regierung gearbeitet hatten, wussten wir, dass wir interessierte Regierungen bei ihren eigenen bürokratischen Prozessen unterstützen mussten. Eine politische Entscheidung, bestimmte Gruppen von Menschen unter Umgehung des UN-Prozesses umzusiedeln, müsste von zahlreichen Behörden gemeinsam gefällt werden, damit wir schnell und effizient handeln könnten.

Die Sicherheitsdienste würden dem Projekt ohne vollständige Informationen über die Bewerber und die Befragungsverfahren kein grünes Licht geben. Politiker, Regierungsbeamte und Sicherheitsbedienstete mussten absolut sicher sein können, dass sich keine IS-Mitglieder oder andere Extremisten als Christen ausgaben. Auch politische Rebellen durften sich nicht als gemäßigt ausgeben. Deshalb stellten wir jedem beteiligten Ministerium ein umfassendes Datenblatt über unseren Hintergrund und unsere Kompetenz sowie Einzelheiten zu unserem Prüfprogramm zur Verfügung.

Der andere wesentliche Unterschied an unserem Ansatz bestand darin, dass wir in der Lage waren, die verwaltungstechnischen Anforderungen eines Landes abschätzen zu können. Nach Kräften bemühten wir uns, die Daten zu sammeln, die sie benötigen würden, um aussagekräftige Nachforschungen und flüchtige Hintergrundprüfungen anstellen und den Integrationsprozess vorbereiten zu können. Neben den biometrischen Daten und passbildgroßen Fotos der Kandidaten hatten wir auch umfangreiche persönliche Informationen wie Bildungsgrad, Universitätsabschlüsse und beruflichen Werdegang eines jeden Bewerbers erfasst. Wir leisteten damit mehr als jede andere antragstellende Organisation zuvor. Nun war die slowakische Regierung am Zug. Während wir auf deren Entscheidung warteten, taten wir das, was wir die ganze Zeit schon getan hatten – wir beteten.

Im Laufe der nächsten Wochen, in denen die slowakische Regierung über unser Ersuchen beriet, stiegen viele Gebete zum Himmel auf. Joseph hatte alle Anträge der Iraker samt Fotos mit nach Hause in die USA genommen. Vier Wochen verbrachten wir damit, sämtliche Dokumente einzuscannen und zu digitalisieren, um sie anschließend an die slowakische Regierung zu senden.

Während der Wartezeit auf die Entscheidung erkundeten Joseph und einige weitere Teammitglieder noch andere Wege und versuchten weitere Länder zu finden, die bereit wären, christliche Binnenvertriebene aufzunehmen. Sie reisten quer durch die Vereinigten Staaten und in die ganze Welt, führten Hunderte von Telefongesprächen und hielten jede Menge Treffen ab. Unaufhörlich waren sie am Werk.

Eines Morgens, als ich Gott bat, in die Situation einzugreifen, spürte ich, wie er zu mir sagte: *Mit meiner Hilfe tue ich nicht euch einen Gefallen. Diese Menschen sind mein, und dies ist mein Projekt.*

Plötzlich ging mir auf, dass Gott nicht nur irgendwie an dem Projekt *beteiligt*, sondern vielmehr die *treibende Kraft* war. Wir waren nur die Werkzeuge, die er benutzte, um zu seinem Ziel zu kommen.

Diese Erkenntnis verwandelte meine verzweifelten Bitten in mächtige, vertrauensvolle Gebete, die Berge versetzen konnten. Was dann folgte, war eine der erstaunlichsten Erfahrungen meines Lebens.

Es dauerte zwar einige Wochen, aber schließlich erhielten wir eine positive Antwort von den Regierungsverantwortlichen in der Slowakei. Nachdem das Projekt grundsätzlich genehmigt war, verbrachten wir die nächsten Monate damit, die Beamten bei der Weiterleitung unserer Anfrage durch die jeweiligen Kanäle zu unterstützen. Wir bemühten uns sehr um offene Kommunikation mit den verschiedenen Behörden. Das half dem Innenministerium, die erforderlichen Antworten schnell einzuholen. Als alle notwendigen ministeriellen Genehmigungen vorlagen, ging unsere Anfrage zur abschließenden Beurteilung zurück auf die obersten Regierungsebenen.

Wochen später kam die Nachricht an, auf die wir so lange gewartet hatten. Am 12. November habe der Premierminister der Slowakei, Robert Fico, schließlich den Plan zur Aufnahme einer

Gruppe unserer Binnenvertriebenen genehmigt. Kein anderes Land hatte unserer Anfrage sonst bisher zugestimmt.

Die Evakuierung wurde auf den 7. Dezember angesetzt. Die Slowakei hatte sich bereit erklärt, eine erste Gruppe von 150 Personen aufzunehmen. Joseph und ich hatten 400 Menschen geprüft. Ungern wollten wir aber dafür zuständig sein, aus diesen die 150 auszuwählen, die tatsächlich in die Slowakei evakuiert werden sollten. Wir waren also froh, dass Pater Douglas diese Entscheidungen traf, denn er kannte die Leute viel besser als wir. Wenn alles glattginge und die slowakische Regierung in der Lage wäre, diese Menschen effizient durch den Asyl- und Integrationsprozess zu schleusen, würde sie vielleicht erwägen, noch mehr Familien aufzunehmen.

Wir sahen es als Herausforderung an, zu beweisen, dass eine solche Evakuierung tatsächlich schnell und effizient abgewickelt werden kann – wenn die richtigen Leute mit den entsprechenden Fähigkeiten und Kompetenzen beteiligt sind. Wenn unser Konzept aufginge, so hofften wir, und wir den Beweis erbringen könnten, würden andere Länder vielleicht Vertrauen fassen und sich auch darauf einlassen, ihre Türen für vom IS vertriebene Syrer und Iraker zu öffnen.

Aber auch das war noch nicht das Erstaunlichste an der Sache.

Am 17. November meldete sich ein guter Freund bei uns. Es war Adam Ciralsky, ein Fernsehproduzent und Journalist, von dem wir seit Monaten nichts gehört hatten. Er war zufällig in Florida und wollte uns für einen oder zwei Tage besuchen. Als wir an diesem Abend mit ihm zusammensaßen und von dem Projekt erzählten, fragte er: »Habt ihr Medien dabei?«

»Medien?«

»Habt ihr daran gedacht, die Medien zu unterrichten, dass sie über die Evakuierung berichten?«, fragte er weiter.

Wir wussten gar nicht, was wir darauf sagen sollten. Ehrlich gesagt war uns nie in den Sinn gekommen, die Medien um Berichterstattung zu bitten. Unsere Gedanken kreisten mehr um grundsätzlichere Dinge – nämlich, ob wir das Projekt überhaupt durchziehen könnten. Unzählige Kleinigkeiten waren zu bedenken, zu regeln und zu planen. An die Medien hatten wir dabei gar nicht gedacht.

»Habt ihr was dagegen, wenn ich einer Freundin Bescheid gebe, die bei ABC News arbeitet, und sie frage, ob sie an der Geschichte interessiert ist?«, wollte er wissen.

Joseph und ich blickten einander mit hochgezogenen Augenbrauen an und erwiderten: »Nein, wir haben nichts dagegen. Nur zu!«

Adam schrieb dieser Freundin sofort eine Textnachricht. Und wie erwartet löcherte sie uns mit Fragen zu dem Projekt. Sie wollte wissen, wer wir seien, was wir erreichen wollten, wer sonst noch beteiligt sei und in welcher Weise.

Gleich am nächsten Tag rief sie noch einmal an und stellte noch mehr Fragen. Am Ende bot ABC an, über die gesamte Evakuierung von A bis Z zu berichten. Sie wollten ihr Nachrichtenteam *20/20* in den Irak schicken, um von den letzten Vorbereitungen bis zur Ankunft der Gruppe in der Slowakei live dabei zu sein.

Wir waren verblüfft. Die Sache mit den Medien war uns einfach so in den Schoß gefallen – gerade einmal zehn Tage vor unserer Abreise in den Irak. Und wir hatten uns noch nicht einmal darum bemüht.

Nun blieb uns nur noch eines übrig zu tun … alles!

KAPITEL 19

Die Rettung

Die letzten Novembertage waren gefüllt mit Telefongesprächen, E-Mail-Korrespondenz und tausend logistischen Kleinigkeiten. Wir mussten jedes Puzzleteil in unserer Planung mit zahlreichen Stellen koordinieren, was kommunikationstechnisch alles andere als einfach war. Schließlich hatten wir es mit Menschen in vier unterschiedlichen Zeitzonen zu tun. Joseph schlief nachts nur wenige Stunden. Zwischen 3 und 4 Uhr früh war er schon wieder wach und telefonierte mit slowakischen Beamten, die unserer östlichen Standardzeit (EST) sechs Stunden voraus waren, sowie mit Pater Douglas und seinem Team im Irak, die uns acht Stunden voraus waren.

Am Morgen des 28. November erwachte ich voller Erwartung auf unsere Abreise vom internationalen Flughafen Orlando, von wo aus wir das letzte Kapitel dieses Mammutprojekts aufschlagen würden. Mein Reisefieber schwenkte jedoch sofort in Ernüchterung um, als ich von Joseph, der schon seit Stunden wach war, erfuhr, dass alle Flüge nach Erbil gestrichen worden seien. Offensichtlich hatte Russland irakische Beamte informiert, dass es Raketen über dem irakischen Luftraum abschießen würde, um IS-Ziele in Syrien zu treffen. Als Vorsichtsmaßnahme wurden daraufhin alle Flüge im und um den betroffenen Luftraum gestrichen. Die Behörden gingen davon aus, dass der Flugverkehr für mindestens achtundvierzig Stunden unterbrochen sein werde. Danach würden sie die Lage basierend auf weiteren Informationen aus Russland erneut prüfen.

Diese äußerst unerfreuliche Entwicklung deutete bereits die wohl größte Schwierigkeit an dem ganzen Projekt an: Nichts ist komplizierter, als eine Maßnahme dieser Dimension mit Hunderten von Beteiligten mitten in einem Kriegsgebiet zu planen.

Als wir darüber beraten hatten, wann wir in den Irak fliegen könnten, um unsere Mission vorzubereiten und durchzuführen, hatten wir bereits einen Hinweis darauf erhalten. Denn die Firma, die wir damit beauftragt hatten, eine Maschine für die Evakuierung zu chartern, warnte uns: »Alle Fluggesellschaften haben uns gesagt, dass ihre Regelungen in puncto Flüge nach Erbil jederzeit gekippt werden könnten. Wir haben die Lage zwar momentan im Griff, aber vor Überraschungen sind auch wir nicht gefeit. Eine Gesellschaft hat es so ausgedrückt: ›Sie können von uns nicht verlangen, Ihnen in einem unsicheren Umfeld einen sicheren Service zu garantieren.‹ Wir werden Sie über die weitere Entwicklung auf dem Laufenden halten.«

Die nächsten zwei Tage wurden immer wieder Flüge gebucht, gestrichen, erneut Flüge gebucht und dann doch wieder gestrichen. Erst am 30. November konnten wir Orlando verlassen, sodass sich unsere Landung in Erbil auf den 2. Dezember verschob.

Die nächsten Tage wären in meiner Erinnerung nur noch ein einziger Nebel, wenn wir nicht ein ganzes Kamerateam gehabt hätten, das die unzähligen politischen, kulturellen, sicherheits-technischen und logistischen Probleme festhielt – Wahnsinn!

Manches aber entging dem Filmteam doch. Am 4. Dezember saßen Joseph und ich bei einem späten Abendessen in unserem Hotel. Das Restaurant war leer, bis eine Gruppe von Diplomaten am Tisch direkt hinter uns Platz nahm. Sie hielten sich nicht mit Small Talk auf, sondern kamen sofort zur Sache. In besorgtem Ton sprachen sie über die »heute angekündigte Bedrohung« und über »Angriffspläne des IS«.

Joseph und ich blickten einander beunruhigt an. Wir lehn-ten uns auf unseren Stühlen zurück und versuchten, so viel wie möglich von dem Gespräch mitzubekommen. Schnell erkannten wir, dass es sich um europäische und amerikanische Diplomaten sowie einen einheimischen irakischen Bischof handelte.

Nachdem wir schon so viele Male selbst als Geheimagenten solche Szenarien erlebt hatten, wussten wir genau, was hier vor sich ging. Ein Geheimdienst hatte eine eindeutige Bedrohung identifiziert und alle möglicherweise betroffenen Parteien davor gewarnt. Denn dies war seine Pflicht.

Die Agenten hatten gerade von den kurdischen Behörden von einer glaubwürdigen, leider jedoch sehr vagen Bedrohung er-fahren. Offenbar beabsichtigte der IS, mit einer Autobombe Ziele in Erbil anzugreifen. Über den Zeitrahmen oder die geplante Vor-gehensweise wussten die Agenten nichts, sonst hätten sie diese Informationen in ihrer Warnung weitergegeben.

Joseph und ich erkannten sofort, welche Bedeutung diese Drohung für unser Projekt hatte. Wir arbeiteten mit dem für *Mar Elia* zuständigen Priester zusammen. Die Kirche lag am Stadtrand ganz in der Nähe der Frontlinie zu dem vom IS kontrollierten Gebiet.

Ziele wie wir waren für den IS wie geschaffen: Wir waren eine beachtliche Gruppe ehemaliger amerikanischer Beamter und Medienvertreter, die sich im Hof einer namhaften irakischen Kirche herumtrieb. Auf dem Kirchengelände hatten mehr als fünfhundert binnenvertriebene irakische Christen vorübergehend Schutz gefunden. Die Kirche selbst, die Wohncontainer, die als Verwaltungsgebäude dienten, und die Unterkünfte lagen direkt an der Straße. Damit waren sie möglichen Angriffen schutzlos ausgesetzt. Das Gelände war so gut wie nicht gesichert – vorne war es nur durch einen einfachen Zaun, hinten durch eine niedrige Betonmauer abgetrennt. Ein größeres, offensichtlicheres Ziel hätte es gar nicht geben können. Eine gut platzierte Autobombe würde uns wohl alle vernichten.

Außerdem bereiteten wir gerade eine historische Luftbrücke vor: die Umsiedlung von 150 dieser vertriebenen irakischen Christen nach Europa. Und ganz Erbil schien darüber Bescheid zu wissen, da so viele Christen anfragten, wie sie auf »die Liste« gesetzt werden könnten.

Für Joseph und mich als Spezialisten für Terrorbekämpfung waren Drohungen nichts Neues, aber hier war die Lage anders. Zusammen mit Pater Douglas waren wir verantwortlich für das Wohlergehen von Hunderten von bereits schwer traumatisierten verfolgten Christen. Vielen davon hatten die Terroristen nicht nur Familienangehörige genommen, sondern auch ihre Häuser, Geschäfte, ihren Besitz und ihre ganze Existenz. Das Letzte, was sie nun bräuchten, wäre das Gefühl, erneut dem in Erbil anrückenden IS ausgeliefert zu sein.

Wir erzählten Pater Douglas von dem, was wir erfahren hatten. Es stellte sich aber heraus, dass es ihm bereits am gleichen Tag auf anderen Wegen zu Ohren gekommen war. Offensichtlich war vielen in Erbil die bedrohliche Lage bereits bewusst. Joseph und ich fanden es nun noch erdrückender, die Evakuierung nun so schnell und so effizient wie möglich über die Bühne bringen zu müssen.

Schließlich war der 6. Dezember gekommen. Unser Flug war für den Morgen des 7. Dezember angesetzt. Es war also unser letzter ganzer Tag, bevor die erste Gruppe Vertriebener dem Irak den Rücken kehren würde, um im Ausland ein neues Leben zu beginnen.

Natürlich hatten wir diese beiden Tage minutiös geplant: Zunächst gab es vor dem Flug noch jede Menge Dinge zu erledigen. Wir mussten aber auch in enger Abstimmung mit der slowakischen Regierung das Vorgehen nach der Ankunft der Iraker am 7. Dezember abstecken. Da das Verstauen des Gepäcks und das Einsteigen in die Busse für die Fahrt zum Flughafen einige Zeit benötigen würden, hatten wir vor, bereits um 3 Uhr früh mit dem Laden zu beginnen.

Beim Abschied der Abreisenden von ihren Freunden und Verwandten am Abend des 6. Dezember herrschte zunehmend gespannte Erwartung. An diesem Abend hielt Pater Douglas in der *Mar Elia Church* eine Messe, um die Evakuierung zu segnen und für all diejenigen zu beten, die sich auf den Weg in eine neue Heimat machten. Er betete auch für die, die versuchten, ihr Leben in Erbil wieder aufzubauen, und für die Vertriebenen im Land.

Nach dem Gottesdienst würden sich Hunderte von Menschen in dieser letzten Nacht vor der Abreise der Gruppe im Hof von *Mar Elia* zu einem ganz besonderen Abendessen versammeln. Nur wenige Stunden später würden wir die Busse laden und die meisten Familien wollten bis dahin wach bleiben. Endlich verlief alles nach Plan.

Doch plötzlich erhielt Joseph mitten in der Messe seltsame Textnachrichten. Angeblich werde der internationale Flughafen Erbil um 22 Uhr schließen. Offensichtlich war Russland immer noch im irakischen Luftraum aktiv.

Als sich die Menschen zum Essen setzten, sickerte die offizielle Nachricht durch, die unsere größte Angst bestätigte – die Evakuierung konnte doch nicht wie vorgesehen in einigen Stunden beginnen. Unsere gesamte sorgfältige Planung und Vorbereitung stürzte wie ein Kartenhaus zusammen. Die Erschütterung saß bei uns allen tief. Was sollten wir nur tun?

Dies war mehr als nur eine gewöhnliche Verspätung. Denn wir hatten das Flugzeug nur für den 7. Dezember reserviert. Da es nicht in Erbil landen konnte, mussten wir so schnell wie möglich für Ersatz sorgen. Wenn man bedenkt, welche Verrenkungen es Joseph gekostet hatte, uns diese Maschine zu organisieren, bestand echter Grund zur Sorge.

Eine der schwierigsten Aufgaben für Joseph war es, Pater Douglas die Nachricht von der Schließung des Flughafens zu überbringen. Nach ihrem Gespräch wirkte der Pater verstört und verwirrt.

Die schmerzliche Unsicherheit zehrte in den nächsten Tagen an allen. Unermüdlich versuchten Joseph und sein Logistikteam herauszufinden, wann der Flughafen wieder öffnen würde. Denn es war nahezu unmöglich, eine Maschine zu buchen, solange niemand wusste, wann der Flugverkehr wieder aufgenommen werden durfte. Fraglich war auch, ob sich die Versicherungsgesellschaften überhaupt darauf einlassen würden, Flüge in eine und aus einer Zone heraus abzudecken, die in der Branche als »aktives Kriegsgebiet« beschrieben war. Joseph konnte kaum noch essen oder schlafen vor Sorge, wie er die Gruppe zeitnah in die Slowakei befördern könnte.

Zwar hatten wir die Verspätung nicht zu verantworten, wussten aber genau, dass die slowakische Regierung eine zweite Gruppe von Flüchtlingen ablehnen könnte, wenn es bei der ersten schon Schwierigkeiten gab. Wir mussten für einen möglichst reibungslosen Ablauf sorgen, um die slowakische Regierung davon zu überzeugen, dass derartige Aktionen nicht so problematisch waren, wie sie es immer befürchtet hatten.

Nachdem wir endlich versuchsweise einen Flug ab Erbil am 9. Dezember angesetzt hatten, beschlossen wir, das gesamte Gepäck bereits am Abend des 8. Dezember zu sammeln.

Schnell schrieb ich eine Nachricht an meine Gebetsgruppe, zu der mein Vater Art, meine Stiefmutter Crystal, meine Schwester Julie, meine Cousinen Jenna und Nerina, meine Tante Mary, meine Großmutter Nerina und meine guten Freunde Stephanie und Cher gehörten.

Zuversichtlich sammeln wir gerade alle Gepäckstücke
und wiegen sie.

8. Dezember, 18:54 Uhr / 10:54 Uhr EST

Ich hatte versprochen, sie über die Aktion auf dem Laufenden zu halten, und sie hatten mir dafür zugesichert, um Hilfe zu beten, wann immer wir Hilfe nötig hatten.

Und wir hatten Hilfe nötig. Schon allein das Zusammentragen und Ordnen des Gepäcks war ein größeres Unterfangen. Dabei kam uns die Temperatur nahe dem Gefrierpunkt nicht unbedingt entgegen.

In mehreren Schwüngen ließen wir die Reisenden in den Hof kommen, damit wir nicht mit zu vielen Menschen und zu viel Gepäck auf einmal konfrontiert wären. Um am Flughafen alle unnötige Aufregung zu vermeiden, sammelten und wogen wir das Gepäck bereits, markierten es in unterschiedlichen Farben und lagerten es in einem separaten Raum zwischen. Von hier aus sollte es dann am nächsten Tag direkt in die Gepäcktransporter verladen werden. Es kostete uns drei Stunden, alle Gepäckstücke zu bearbeiten.

Kaum waren wir mit dem Wiegen fertig und hatten den letzten Koffer verstaut, rief mich Joseph zu sich und überbrachte mir die nächste Hiobsbotschaft: Gerade habe er erfahren, dass der Flug, den wir für den 9. Dezember gebucht hatten, gestrichen worden sei. Ich konnte es nicht glauben. Ein Rückschlag nach dem anderen!

Wieder schrieb ich eine Nachricht an meine Gebetsgruppe.

Die Chartergesellschaft hat es sich anders überlegt.
 Wir wissen nicht, warum und was das bedeutet. Aber offenbar wird es wieder nichts.

8. Dezember, 21:11 Uhr / 13:11 Uhr EST

Joseph und sein Logistikteam waren mit mehreren Unternehmen im Gespräch, um herauszufinden, welches uns kurzfristig eine Maschine zur Verfügung stellen könnte. Bei der angespannten Sicherheitslage war es leider schwierig, von irgendeinem davon eine feste Zusage zu bekommen. Sie sagten »Ja«, meinten aber eigentlich »Vielleicht«. Oder sie sagten zu, um sich das Geschäft nicht entgehen zu lassen, mussten aber dann doch einräumen, dass sie keine Maschine am Boden hatten und sich nicht sicher waren, wann sie uns für unseren angefragten Abflug in Erbil ein Flugzeug bereitstellen könnten. Andere wollten uns helfen, versäumten es aber, die erforderlichen Vorkehrungen für den irakischen Luftraum zu treffen.

Jedes Mal, wenn wir den Reisenden sagten, dass es nun endlich losgehen könne, schlüpfte uns wieder eine Maschine durch die Finger. Diese armen Menschen! Sie hatten bereits so viel durchgemacht. Sicherlich fragten sich viele von ihnen schon, ob wir es überhaupt noch schaffen würden, sie aus dem Land zu bringen. Ihr Leben hatte sie gelehrt, immer das Schlimmste zu befürchten.

Es war eine emotionale Achterbahnfahrt.

Und sie waren nicht die Einzigen, bei denen langsam die Hoffnung schwand. An diesem Abend stießen auch Joseph und ich an unsere Grenzen. Zwischen Jetlag, all diesen hastigen Vorbereitungen in letzter Minute und unseren Bemühungen, den Reisenden Mut zu machen, waren wir selbst körperlich und emotional ausgebrannt. Und was noch schlimmer war: Ich fühlte mich auch geistlich leer. In den letzten vier Monaten war mein Glaube so stark gewesen, vertrauensvolle Gebete waren mir leicht über die Lippen gegangen. Aber nun … Zu allem Überfluss wurde ich auch noch krank; vielleicht hatte ich mich beim langen Hantieren mit dem Gepäck bei eisigen Temperaturen erkältet. Ich weiß nicht, wie Joseph körperlich noch standhalten konnte. Gut, dass sein Immunsystem offensichtlich besser war als meines.

Als ich mit hämmernden Kopfschmerzen, einer schweren Nebenhöhlenentzündung und schmerzenden Gliedern im Bett lag, konnte ich nicht mehr beten. Mein Gemüt war nach so vielen Rückschlägen wie erstarrt. Ich raffte mich aber wenigstens noch dazu auf, meiner Familie und meinen Freunden zu schreiben, wie erschöpft und ausgelaugt wir uns fühlten. Tiefe Enttäuschung sprach aus meiner nächsten Nachricht:

Ich werde euch vorläufig nicht mehr mit Neuigkeiten belästigen.
Ihr hört erst dann wieder von mir, wenn ich schreiben kann:
»Wir heben ab.« Ihr müsst langsam genug von mir haben –
ich habe selbst genug von mir ... genug vom Schreiben.
Es ist zum Verzweifeln!
8. Dezember, 22:01 Uhr / 14:01 Uhr EST

Sofort schrieb meine Familie zurück, wir sollten sie auf jeden Fall auf dem Laufenden halten – ungeachtet der Umstände. Denn sie wollten wissen, wie sie weiter für uns beten konnten. Ihre überfließende Liebe und Zuversicht gingen mir zu Herzen und machten mir Mut.

Joseph und sein Reiseassistent bemühten sich bis spät in die Nacht hinein, eine Ersatzmaschine zu finden.

Nach stundenlangen vergeblichen Telefongesprächen meinte Joseph, eine Fluggesellschaft vor Ort gefunden zu haben, die bereit wäre, mit uns zusammenzuarbeiten. Da sie ihren Hauptsitz in Kurdistan hatte, waren Flüge in dem brisanten Luftraum für sie kein so großes Problem. Leider könnte uns diese spezielle Gesellschaft jedoch erst am 12. oder 13. Dezember aus Erbil ausfliegen. Das war uns zu spät. Die slowakische Regierung wartete ungeduldig auf unsere Ankunft. Auch auf ihrer Seite waren zahlreiche logistische Anforderungen zu bewältigen, um unsere große Gruppe aufnehmen zu können. Beispielsweise die Zusammenarbeit mit verschiedenen Ministerien, mit Flughafenpersonal, Kirchenverantwortlichen und Logistikunternehmen.

Jede Verspätung auf unserer führte auch auf ihrer Seite zu Problemen.

Zudem hatten wir bereits alle persönlichen Habseligkeiten der zu evakuierenden Personen gewogen und verstaut. Jeder zusätzliche Tag im Irak war für die Familien mühsam, hatten sie doch nicht mehr als ihre Kleider auf dem Leib. Ansonsten waren sie auf die Großzügigkeit anderer angewiesen, was Lebensmittel, Säuglingsnahrung, Windeln und andere notwendige Dinge anbelangte. Wir brauchten dringend einen früheren Flug.

Einer unserer Bekannten in Dubai schlug Joseph vor, sich gleich am nächsten Morgen persönlich mit dem Chef der Fluglinie an deren Sitz in Erbil zu treffen. Joseph befürchtete aber, diesen nicht allein überzeugen zu können, einen früheren Flug aus dem Irak zu genehmigen – falls der Luftraum wieder geöffnet würde. Deshalb bat er noch einen anderen Freund um Unterstützung, einen politischen Berater aus Washington, D. C., der Kontakte auf höchster Ebene zur Regierung in Kurdistan hatte. Joseph erklärte ihm unsere Lage und fragte ihn, ob er sich nicht bei der Unternehmensführung irgendwie für uns einsetzen würde. Ohne Versprechungen machen zu können, versicherte dieser Freund Joseph, er werde es zumindest versuchen.

An diesem Morgen machte sich Joseph mit dem verzweifelten Ansinnen, eine feste Zusage zu bekommen, auf den Weg vom Hotel zum Sitz der Fluggesellschaft. Die Last lag schwer auf seinen Schultern und ich konnte ihm keine große Hilfe sein – wenn überhaupt. Wie benommen lag ich im Bett, emotional und geistlich ausgelaugt.

An diesem Nachmittag (bei ihm war es Morgen) schickte mir mein Vater folgende Nachricht:

Psalm 28,7-9: Der HERR ist meine Stärke und beschützt mich. Ich habe von ganzem Herzen auf ihn vertraut und er hat mir geholfen. Darum freue ich mich und danke ihm mit meinem Lied. Der Herr beschützt sein Volk und rettet seinen gesalbten König. Rette dein Volk und segne Israel, das dir allein gehört! Führe es wie ein Hirte und trage es allezeit auf deinen Armen.

9. Dezember, 14:13 Uhr / 06:13 Uhr EST

Wenige Stunden später schrieb er mir liebevoll, er würde für mich das tun, was ich selbst nicht mehr tun konnte.

Ich bete um ein Flugzeug.

9. Dezember, 16:56 Uhr / 08:56 Uhr EST

Ich dankte meinem Vater für dieses Gebet. Während unser Projekt noch völlig im Nebel lag, traten er und andere für uns ein. Sie sandten die Gebete zum Himmel, die wir – nach einem so langen, schweren Kampf unserer ganzen Energie beraubt – nicht mehr sprechen konnten. Sie baten Gott um Weisheit, um Kraft, und mein Vater betete um ein Flugzeug – um die Maschine, die so unerreichbar schien und doch das letzte Puzzleteil war, das uns noch fehlte.

Nun schrieb mir auch meine Schwester Julie.

Wie sieht's aus heute? Ist der Flughafen schon wieder offen?

9. Dezember, 16:50 Uhr / 08:50 Uhr EST

Auch wenn ich den ganzen Tag nichts von Joseph gehört hatte und keine Ahnung hatte, wie es stand, gab ich weiter, was ich wusste.

Der Flughafen ist zwar offen, aber die Chartergesellschaften zögern noch, ob sie den Betrieb sofort wieder aufnehmen sollen. J und sein Logistikmann versuchen schon den ganzen Tag, ein anderes Flugzeug zu organisieren. In diesem Teil der Welt, in dem nichts sicher ist, war es schon immer schwer, zwischen den Zeilen zu lesen. Die Gruppe erträgt es mit Fassung (ich weiß nicht, wie – schließlich haben wir ihr ganzes Gepäck).

9. Dezember, 17:15 Uhr / 09:15 Uhr EST

In den folgenden Nachrichten ließen sie keinen Zweifel daran, dass sie um ein Wunder beteten. Noch wussten wir nicht, dass dieses Wunder bereits im Gange war.

Etwa zehn Minuten nachdem Joseph in der Verwaltung der Fluggesellschaft eingetroffen war, trat der CEO ins Empfangszimmer, wo Joseph auf ihn wartete. Er sah verärgert aus. »Was hat es mit der Slowakei auf sich?«, fragte er. »Ich habe heute Nacht ungefähr 170 Anrufe bekommen. Irgendwann musste ich mein Telefon ausschalten, sonst wäre ich gar nicht mehr zum Schlafen gekommen!«

Joseph war genauso überrascht wie er. »Ich habe keine Ahnung, wer alles bei Ihnen angerufen hat.«

»Ich habe nicht einmal einen Vertrag mit Ihnen, Mr Assad«, fuhr der CEO ihn an, »wie soll ich also wissen, was hier vor sich geht. Was wollen Sie eigentlich von mir?«

Angesichts dieses schroffen Tons wagte Joseph nicht zu hoffen, dass dieser Mann bereit wäre, für ihn irgendwelche Kohlen aus dem Feuer zu holen. Joseph sagte: »Ich brauche dringend und so schnell wie möglich einen Flug von Erbil in die Slowakei.«

Trotz seines unwirschen Auftretens rief der CEO zu Josephs Überraschung seinen Verkehrsleiter ins Büro, um den Flugplan zu prüfen.

»Also, wann möchten Sie diesen Flug?«, fragte der CEO.

»Heute«, entgegnete Joseph.

»Das ist unmöglich«, warf der Verkehrsleiter ein. »Dafür haben wir keine Maschine zur Verfügung.«

Dann wurden noch mehr Mitarbeiter eingeschaltet, um über die Angelegenheit zu beraten. Sie sprachen über die Verfügbarkeit von Flugzeugen und über Flugpläne. Schließlich wandte sich der CEO Joseph zu und sagte: »Ich bin bereit, einen Passagierflug zu streichen, um Ihnen Ihre Bitte zu gewähren. Wir können den Flug auf morgen, den 10. Dezember, ansetzen. Aber wir müssen schnell einen Vertrag ausarbeiten, um Flugpläne einreichen, Fluggenehmigungen einholen und die Sache unter Dach und Fach bringen zu können.«

Joseph erklärte sich nur allzu gerne dazu bereit. Es sah so aus, als ob Gott nun tatsächlich eine Maschine für uns hatte.

Den restlichen Tag verbrachte Joseph damit, in Erbil alles zu erledigen, was für den Abschluss des Vertrags erforderlich war. Er sprach auch mit den Flughafenbehörden, um sicherzustellen, dass unserer Reise am nächsten Tag nicht unvorhergesehen Steine in den Weg gelegt würden. Als er vom Flughafen zurückkam, war er sich seiner Sache trotzdem nicht allzu sicher. Er hatte sich zwar mit mehreren Sicherheitsbediensteten getroffen, hatte aber nicht das Gefühl, wirklich etwas erreicht zu haben. Joseph hatte alles nur menschlich Mögliche getan, um uns den Weg zu ebnen. Aber wir waren hier im Nahen Osten, wo Kommunikationsprobleme und das hierarchische Gefüge die Dinge unnötig verkomplizierten, ganz gleich, welche Schritte man dagegen unternahm.

Erst als wir den vollständig ausgefüllten Vertrag über den Flug am Morgen des 10. Dezember tatsächlich in Händen hielten, wagten wir leise zu hoffen, dass es diesmal wirklich klappen könnte. Pater Douglas gab in *Mar Elia* allen Bescheid und die Menschen bereiteten sich – wieder einmal – auf die große Reise vor, die mit Gottes Hilfe an diesem Abend stattfinden sollte.

Der Abflug war zwischen 20 und 22 Uhr geplant, aber der genaue Zeitpunkt war schwer festzulegen – wie alles bei dieser Evakuierungsaktion. Die Gesellschaft war noch dabei, Fluggenehmigungen von den Luftfahrtbehörden in Erbil und Košice in der Slowakei einzuholen, sodass sich die Abflugzeit weiter nach hinten verschob. Ungeachtet dessen wollten wir gegen 14:30 Uhr mit dem Laden beginnen.

Die ständigen Veränderungen erforderten tägliche (wenn nicht stündliche) Anpassungen am Gesamtzeitplan, an den Passagierlisten, Checklisten und Informationsblättern. Wir mussten sicherstellen, dass jeder Bescheid wusste, wo er zu sein und was er zu tun hatte. Die nächsten Stunden mussten wir perfekt durchorganisieren, aber angesichts der komplexen Abläufe war es schier unmöglich, für jede Eventualität gerüstet zu sein.

Als sich zum Beispiel die Gruppe eins im Hof versammelte, bemerkten Pater Douglas' Assistenten, dass sämtliche Pässe noch im Tresor lagen. Sie hätten am Morgen bereits wieder ausgegeben werden sollen, aber im Eifer des Gefechts hatten wir vergessen, dies zu überprüfen. In den nächsten vierzig Minuten wurden in einer fieberhaften Aktion alle Pässe ihren jeweiligen Inhabern ausgehändigt. Und dafür hatten wir keine Zeit eingeplant.

Gegen 14:30 Uhr trafen die Gepäcktransporter und Busse in *Mar Elia* ein. Das war genau dann, als wir merkten, dass das Logistikunternehmen, in dessen Hände wir den Transport vor Ort gelegt hatten, kleinere Busse geschickt hatte als bestellt. Die Reisenden würden sich also wie Ölsardinen in die drei Fahrzeuge quetschen müssen, die für die Anzahl der Passagiere bei Weitem nicht ausgelegt waren. Typisch nahöstliche Lockvogeltaktik. Man bezahlt eine Sache und bekommt eine andere.

Trotz des Durcheinanders mit den Pässen und den winzigen Bussen war ich ganz aufgeregt, nun endlich zum Flughafen aufzubrechen. So konnte ich es mir nicht verkneifen, ein paar Fotos zu schießen und sie an meine Gebetsgruppe zu schicken. Schließlich hatten ihre Gebete uns bis hierher gebracht.

[Gesendetes Bild: Foto der Reisenden im Hof von Mar Elia]
10. Dezember, 15:20 Uhr / 07:20 Uhr EST

[Gesendetes Bild: Foto vom Laden des Gepäcks auf den Transporter]
10. Dezember, 15:21 Uhr / 07:21 Uhr EST

Kaum hatte meine Tante Mary die Bilder erhalten, antwortete sie auch schon.

Ist es heute so weit?
10. Dezember, 15:22 Uhr / 07:22 Uhr EST

Wieder vorsichtig optimistisch antwortete ich:

Ja, ich bin so aufgewühlt.
10. Dezember, 15:22 Uhr / 07:22 Uhr EST

Dann schickte ich ihr ein Bild von den Familien beim Abschied und noch eines von einem kleinen Mädchen, das seine Puppe an sich drückte. Die Blicke darauf sagten alles.

[Gesendetes Bild: Foto der Menschen beim Abschied. Die Zurückbleibenden stehen gedrängt am Zaun und blicken auf die Warteschlangen der Reisenden an den Bussen.]

10. Dezember, 15:38 Uhr / 07:38 Uhr EST

[Gesendetes Bild: Foto eines kleinen Mädchens, das seine Puppe im Arm hält, bereit zum Aufbruch]

10. Dezember, 15:38 Uhr / 07:38 Uhr EST

Eine gute Stunde später sandte ich die Nachricht, die ich schon seit vier Tagen schicken wollte.

Wir sind auf dem Weg zum Flughafen.

10. Dezember, 16:53 Uhr / 8:53 Uhr EST

Es war ein Wunder, dass wir es bis hierher geschafft hatten. Trotz der Fortschritte der letzten vierundzwanzig Stunden war uns aber durchaus bewusst, dass wir vor Stolpersteinen nicht gefeit waren, die die Evakuierung auch jetzt noch vereiteln könnten. Noch waren wir nicht am Ziel unserer Reise.

KAPITEL 20

Auf der Zielgeraden

Schnell und geordnet stiegen die Familien in die drei Reisebusse ein, auch wenn diese kleiner waren als die, die wir bestellt hatten. Als ich zu Joseph und Pater Douglas hinüberblickte, las ich in ihren Gesichtern Konzentration und Entschlossenheit ... aber auch äußerste Anspannung. Sie eilten von Bus zu Bus, um sicherzustellen, dass keiner der 149 Reisenden fehlte und dass auch die Gepäcktransporter zur Abfahrt bereit waren.

Die Gruppe war zuversichtlich, dass nun nichts mehr schiefgehen konnte. In einem Bus sangen die Iraker, klatschten und versuchten damit zu überspielen, wie sehr es ihnen unter die Haut ging, ihr Heimatland zu verlassen. Die Menschen in den anderen Bussen waren nachdenklicher. In ihren Gesichtern lag eine Mischung aus Traurigkeit, Erleichterung und vorsichtigem Optimismus.

Aber Pater Douglas, Joseph und ich konnten uns noch nicht entspannt zurücklehnen. Es gab noch zu viele unbekannte Faktoren, zu viele mögliche Fallstricke, bis unsere Maschine schließlich abheben könnte. Wenn uns das Leben und unsere Arbeit im

Nahen Osten eines gelehrt hatte, dann dies: auf Unerwartetes gefasst zu sein. Wir waren erheblich im Verzug. Etwaige Hindernisse könnten unsere Pläne immer noch zu Fall bringen.

Ich kletterte nach hinten in die dritte Sitzreihe des SUV, Joseph und unser Logistikbetreuer saßen vor mir. Pater Douglas hatte auf dem Beifahrersitz Platz genommen. Ich mag vielleicht gelassen gewirkt haben, als unser Fahrzeug sich in Bewegung setzte, aber in meinem Kopf überschlugen sich die Gedanken. Meine Hände zitterten, mein Herz klopfte und ich fragte mich, ob wir es rechtzeitig durch die Sicherheitskontrolle schaffen würden.

Da der Irak als Kampfgebiet gilt und der Flughafen Erbil weniger als 30 km von der Frontlinie zum IS-Gebiet liegt, ist er als hoch gefährdete Zone eingestuft. Deshalb gelten hier die weltweit nahezu strengsten Sicherheitskontrollen. Um Angriffe mit Autobomben auf eine solch wichtige Einrichtung zu verhindern, dürfen Reisende nicht mit dem Auto bis zum Flughafen fahren oder dort parken. Wir mussten also bereits vor dem Terminal mehrere Sicherheitskontrollen durchlaufen. Dreh- und Angelpunkt der gesamten Evakuierung war die Frage, ob wir es schaffen würden, diese Kontrollen schnell genug zu passieren. Auch am Flughafen selbst könnten wir jederzeit noch befragt, aufgehalten oder abgewiesen werden, sodass der Erfolg der ganzen Operation auf dem Spiel stünde.

Am ersten Kontrollpunkt findet die erste Sicherheitsprüfung statt. Alle Reisenden werden hier angehalten und in einen Screening-Bereich gewunken. Fahrzeuge und Gepäck werden von den Mitarbeitern mit Polizeihunden durchsucht, die speziell dafür ausgebildet sind, Sprengstoffe oder deren Vorstufen zu erkennen. Nach dem ersten Kontrollpunkt dürfen die Reisenden in die zweite Sicherheitszone einfahren. Von hier aus werden die Fluggäste in eine spezielle Ladezone geleitet, die etwa 1,5 km vom Flughafen entfernt liegt. Hier werden sie von ihren Angehörigen abgesetzt oder dürfen ihre Autos in einem eingezäunten, sorgfältig abgeschirmten Bereich parken. Die Fluggäste durchlaufen nun noch eine weitere Sicherheitskontrolle, bevor ihr Gepäck in offizielle Flughafen-Transitbusse geladen wird, welche die Reisenden und ihr Gepäck bis zum Haupteingang des Flughafens bringen. Das Ganze ist schon unter normalen Umständen ein ausgesprochen langwieriger Prozess. Dass wir aber 149 äußerst nervöse und aufgewühlte Menschen hier durchzuschleusen versuchten und darüber hinaus bereits im Verzug waren, steigerte die Spannung noch zusätzlich.

Kurzum, wir mussten es auf jeden Fall vermeiden, beim Flughafenpersonal unnötigen Argwohn zu wecken. Wir wollten den Mitarbeitern gar nicht erst die Möglichkeit geben, den Zweck unserer Reise infrage zu stellen oder die Gruppe aufzuhalten. Schließlich war uns nichts vorzuwerfen. Aber hier im Nahen Osten kann man nie wissen. Den Bediensteten brauchte bloß der Blick eines Reisenden oder seine Art, eine Frage zu beantworten, nicht zu gefallen. Dann konnte es jederzeit passieren, dass er zur Seite genommen und zusätzlichen Kontrollen unterzogen wurde. Einen schwierigen Sicherheitsbeamten, für den es ein innerer Fackelzug wäre, die Evakuierung zu vereiteln, oder einen etwas konfusen Mitarbeiter, der zu viele bohrende Fragen stellen könnte, konnten wir uns einfach nicht leisten.

Da die meisten Menschen in unserer Gruppe noch nie gereist waren und es für sie äußerst belastend war, ihr Heimatland zu verlassen, fiel es ihnen schwer, daran zu denken, dass sie sich nicht als Flüchtlinge, sondern als Binnenvertriebene bezeichnen mussten. Zum Flüchtling wird man erst dann, wenn man sein

Herkunftsland bereits verlassen hat. Technisch gesehen setzte sich unsere Gruppe also nicht aus Flüchtlingen, sondern aus Binnenvertriebenen zusammen, die volle Reisefreiheit genießen, solange sie die erforderlichen Reiseunterlagen und gültige Visa besitzen. Flüchtlinge hingegen können aufgehalten werden.

Wir hatten mit den Irakern Rollenspiele durchgeführt, um sicherzustellen, dass sie Fragen bei der Sicherheits- oder Einwanderungskontrolle richtig beantworten würden. Einige waren dabei in die Falle gegangen. Wenn wir fragten: »Sind Sie Flüchtling?«, hatten sie aus Versehen mit »Ja« geantwortet. Sie verstanden den technischen oder juristischen Unterschied zwischen einem Flüchtling und einem Binnenvertriebenen nicht. Aber durch eine falsch beantwortete Frage könnten sie die ganze Evakuierung zu Fall bringen.

Je weniger Gelegenheiten es gäbe, auf derartige Fragen antworten zu müssen, desto besser.

Kein Sicherheitsbediensteter möchte schuld sein, wenn etwas schiefgeht. Die meisten gehen lieber auf Nummer sicher, als sich hinterher etwas vorwerfen lassen zu müssen. In einer solchen Bürokratie möchte jeder die Entscheidungen am liebsten auf andere abwälzen, um für Fehler nicht verantwortlich gemacht werden zu können.

Joseph und ich hatten versucht, all diese Hindernisse zu umgehen. Vor unserer Ankunft im Irak hatte Joseph den Namen des Chefs der Sicherheitsabteilung am internationalen Flughafen Erbil herausgefunden und den Kontakt zwischen ihm und Pater Douglas hergestellt. Der Pater sollte ihn fragen, ob er bereit wäre, uns zu helfen. Allerdings hatte Pater Douglas bis dahin noch keine Verbindung zu diesem hochrangigen Militärbeamten. Und da er ihm auch nicht durch einen vertrauenswürdigen Vermittler vorgestellt wurde, standen die Chancen, dass der General auf unsere Bitte eingehen würde, nicht unbedingt gut. Aber auch hier hatte Gott vorgesorgt und der General genehmigte tatsächlich, dass Pater Douglas' Konvoi die beiden Kontrollpunkte umgehen und die Reisenden direkt am Terminal absetzen durfte.

Der Pater hatte ihm dazu alle erforderlichen Angaben zum Konvoi vorgelegt, einschließlich Fahrzeugbeschreibungen und Kennzeichen. Im Gegenzug hatte der General Pater Douglas angewiesen, spätestens um 16 Uhr an den Kontrollpunkten einzutreffen. Er würde den zuständigen Mitarbeitern dieser Schicht Bescheid geben und sie anweisen, unsere Fahrzeuge zum Entladen direkt bis zum Terminal durchfahren zu lassen. Der General hatte dabei betont, wie wichtig es sei, rechtzeitig da zu sein, denn um 16 Uhr sei Schichtwechsel. Er könne dann nicht garantieren, dass die Soldaten und Sicherheitsbediensteten der nächsten Schicht auch entsprechend informiert seien.

Dass wir eine derartige Genehmigung bekommen hatten, war schon mehr als ein kleines Wunder. Denn der General kannte diesen Priester nicht persönlich, sondern nur vom Telefon. Und dennoch musste er ihm wirklich vertrauen, musste absolut sicher sein, dass niemand in diesem Konvoi aus elf Fahrzeugen für die kurdischen Behörden oder den Flughafen eine Bedrohung darstellte. Das war ein hoher Vertrauensvorschuss in einem Teil der Welt, in dem Menschen wenig geneigt sind, anderen zu vertrauen – erst recht, wenn sie diese nicht kannten. Die Bereitwilligkeit, mit der der General auf Pater Douglas' Anliegen reagiert hatte, überraschte uns. Das klang fast zu schön, um wahr zu sein.

Leider waren wir aber wegen der Panne mit den Pässen bereits über eine Stunde im Verzug … und nun auch noch in den Berufsverkehr geraten. Als unser Konvoi in einem immer dichteren Gewühl aus Autos, Kleinbussen, Motorrädern und Fußgängern nur noch im Kriechtempo vorwärtskam und der Fahrzeugverband nicht mehr zusammenzuhalten war, wuchs unsere Sorge. Die Spannung war spürbar, aber andererseits auch die Energie unserer geistlichen Mitstreiter zu Hause.

Wir waren zwar im Irak, dank Handy und Internet aber auch fest mit unseren Familien, Freunden und uns unbekannten Menschen verbunden, die jeden unserer Schritte im Gebet begleiteten. Im Laufe der Zeit hatten meine direkten Kontakte wiederum ihren Freunden, Angehörigen, Kollegen, Sonntagsschulklassen, Kirchen, Hauskreisen, Gebetspartnern und anderen uns wohlgesonnenen Menschen von der Entwicklung unseres Projekts berichtet. Sie alle waren also immer über die aktuellen Gebetsanliegen informiert. Viele aus dieser etwa siebzigköpfigen Gruppe hatten sich von den ersten Anfängen an bereit erklärt, für uns zu beten, und unsere Sache schon mitgetragen, als wir selbst noch keine Vorstellung davon hatten, was alles möglich werden würde.

Ich bin eher ein nüchterner Mensch, aber wenn ich jemals das Gefühl hatte, dass das Handeln auf der Erde tief greifend von der geistlichen Welt beeinflusst wird, dann in dieser Zeit. Was ich an diesem Tag spürte, war stärker und realer als alles, was ich vor Augen hatte. Was im Himmel geschah, wirkte sich direkt auf unser Erleben hier auf der Erde aus.

Als das führende Fahrzeug aus den belebten Straßen der Innenstadt in die breite Autobahn einscherte, die direkt zum Flughafen führte, überholten wir auf dem Seitenstreifen, um wieder aufzuschließen. Es dauerte fünf Minuten, bis die übrigen Kleinbusse und Gepäcktransporter aufgeholt hatten und der Konvoi wieder komplett war. Schließlich hatten wir die Bestätigung erhalten, dass niemand mehr fehlte und dass das Sicherheitsfahrzeug den Zug abschloss. So fädelten wir uns zum letzten Abschnitt auf dem Weg zum Flughafen langsam wieder in die Autobahn ein.

Während unser elfteiliger Konvoi sich dem Flughafengelände näherte, schien sich das ganze Geschehen in Zeitlupe abzuspielen. Ein Fahrzeug nach dem anderen unseres unglaublich langen Zugs fuhr von der Autobahn ab und bog in die Flughafenstraße ein. Im krassen Kontrast zu unserer hochgradigen Anspannung senkte sich die Sonne nahe dem Flughafen sanft. Sie beleuchtete den sich verdunkelnden Horizont in roten, rosa, lila und orangefarbenen Tönen. Die Szenerie bot einen friedlichen Hintergrund für das bevorstehende Schauspiel.

Unsere Fahrzeuge stuckerten die Straße entlang auf ein historisches Ereignis zu, das bis zu diesem Moment so schwer zu greifen schien. Die Last, diese Evakuierung zu einem guten Ende zu führen, lag schwer auf unseren Schultern. Hoffnungen und Träume von 149 kostbaren Seelen klammerten sich daran, dass wir die Übersicht behalten und sie sicher durch diese letzte Phase bringen würden.

Als wir auf den ersten Kontrollpunkt zufuhren, herrschte in unserem SUV eine ungewöhnliche Stille. Wir waren so konzentriert, dass niemand ein Wort sagte. Ich glaube, wir alle beteten und baten Gott, alle restlichen Hindernisse beiseitezuräumen und uns den Weg zu ebnen. An diesem Punkt gab es sonst nichts mehr, womit wir den Ausgang unseres Unternehmens beeinflussen konnten. Unser letztes Stück Weg zum Flughafen lag nun allein in Gottes Hand.

Wir hatten jeden Schritt genau geplant und geprobt, um Zeit und Logistik im Griff zu haben, und hatten versucht, alle Eventualitäten einzukalkulieren. Doch allen Bemühungen zum

Trotz trafen wir mit erheblicher Verspätung am ersten Kontrollpunkt ein – und waren uns alle dessen bewusst.

Es war 17:25 Uhr, als wir dort zum Stehen kamen. Unser Fahrer
kurbelte die Fenster herunter und Pater Douglas, der vorne auf
dem Beifahrersitz saß, zeigte dem Militäroffizier seinen Ausweis.
Wir alle hielten den Atem an. *Hat die Schicht bereits gewechselt?*
Weiß dieser Offizier, wer wir sind? Hält der General sein Versprechen?
Ängstliche Erwartung lag wie dichter Nebel in der Luft. Ich
konnte kaum atmen. Ich konnte mich nicht bewegen. *Bitte, Gott,*
bitte, Herr … bitte lass uns durchkommen …!
Der Offizier lächelte und gab uns ein Zeichen, zur Sicherheitskontrolle abzubiegen. *Oh nein! Nein, nein, nein!* Die Schicht hatte
tatsächlich gewechselt und dieser Offizier war nicht informiert.
Sofort schaltete Joseph sich ein. »Sir, wir sind auf der Liste. Wir
haben von General ███████ selbst die Genehmigung erhalten,
direkt zum Terminal zu fahren.«
Der Gesichtsausdruck des Offiziers war unmissverständlich. Er
hatte keine Ahnung, wer wir waren. Ohne den Blick von Joseph ab-
zuwenden, nahm er sein Funkgerät heraus und versuchte herauszufinden, ob wir tatsächlich eine Sondergenehmigung hatten.
Die Spannung wuchs weiter, während die Autoschlange, die
wir mit unserem langen Konvoi aufhielten, immer länger wurde.
Verärgert darüber, dass wir den Flughafenverkehr behinderten,
stellte sich ein zweiter Offizier direkt vor unser Fahrzeug und wies
unseren Fahrer durch Handzeichen an, nach rechts zur Sicherheitskontrolle abzubiegen.
Wenn wir aber erst einmal in diesen Bereich eingefahren
wären, könnten wir dort zweifellos eine ganze Weile festsitzen,
bis die Lage geklärt wäre. Wir konnten nicht riskieren, dass

irgendjemand infrage stellen könnte, ob es wirklich weise war, einem Konvoi, mit dem ein riesiger Zirkus durch die Lande ziehen könnte, so einfach die Zufahrt zum Flughafen zu gewähren. Denn zu hören, dass da elf Fahrzeuge kommen würden, ist eine Sache. So viele SUVs, Busse und Kleinlaster dann aber tatsächlich auf eines der größten Ziele in ganz Kurdistan zufahren zu sehen – und dies auch noch mit einem voll ausgerüsteten Kamerateam – ist eine ganz andere Sache. Wir durften nicht riskieren, dass diese Männer ungeduldig oder argwöhnisch werden, sich besinnen und die Sonderabmachung, die wir mit dem General getroffen hatten, zunichtemachen könnten.

Einem jeden von uns schlug das Herz bis zum Halse. Würden wir tatsächlich umgelenkt werden oder würde Gott eingreifen. Unser Fahrzeug rollte langsam vorwärts und der Fahrer begann widerwillig das Lenkrad einzuschlagen, um den Anweisungen des Offiziers Folge zu leisten. Doch dann wandte sich sein Kollege mit dem Funkgerät zu ihm um und bestätigte ihm durch ein Handzeichen, dass die Sache ihre Richtigkeit habe. Sofort rief Joseph dem Fahrer zu: »Geradeaus! Fahren Sie geradeaus!«

Als der zweite Offizier das Okay verstanden hatte, trat er zur Seite und winkte uns durch. Damit ersparte er uns eine gründliche Untersuchung von mehr als 150 Personen *und* ihrem Gepäck auf Sprengstoffe. Durch Gottes Gnade waren wir an dieser ersten großen Hürde noch einmal gut davongekommen.

Aber die Zielgerade hatten wir noch nicht erreicht. Der zweite Kontrollpunkt war der kritischste. Er war die offizielle Ladezone am Flughafen, an der Reisende normalerweise in Flughafenbusse umsteigen, die sie zum Hauptterminal bringen. Wir wussten, dass wir es dem General selbst zu verdanken hatten, dass am ersten Kontrollpunkt noch einmal alles gut gegangen war. Was aber würde uns am zweiten erwarten? Was wäre, wenn der Wachposten dort auch gewechselt hätte?

Wieder einmal hielten wir den Atem an. Das Fahrzeug war erfüllt von sorgenvollen Gebeten und nervöser Anspannung. Langsam näherten wir uns mit heruntergekurbelten Fenstern dem Stoppzeichen, bereit zu erklären, wer wir seien. Diese Offiziere aber stellten gar keine Fragen, sondern winkten uns direkt durch. Wir waren völlig verblüfft und atmeten wie auf Kommando erleichtert auf. Wie oder wann sie gehört hatten, dass unser Konvoi eine Sondergenehmigung hatte, direkt zum Terminal durchzufahren, wussten wir nicht. Aber nun lag das größte Hindernis – das mit einiger Wahrscheinlichkeit die Evakuierung hätte vereiteln können – hinter uns.

Mit noch immer zitternden Händen schrieb ich:

Dies ist gewaltig – sie haben uns durch diese strenge Sicherheitszone durchgelassen, an der viele scheitern.
20. Dezember, 17:27 Uhr / 09:27 Uhr EST

So weit, so gut, aber wir waren immer noch im Nahen Osten. Zwar hatten wir beide Kontrollpunkte hinter uns gelassen, aber es konnte immer noch irgendetwas schiefgehen. Joseph beschloss, immer nur drei Fahrzeuge gleichzeitig zu entladen. Wir wollten nicht unnötig Aufmerksamkeit auf unsere Gruppe lenken und mögliche Bedenken von anderen Sicherheitsbediensteten beim Anblick von so vielen Fahrzeugen am Eingang gar nicht erst aufkommen lassen. Alle anderen würden auf dem nahe gelegenen Mitarbeiterparkplatz warten, bis Joseph sie rief. Durch Gottes Gnade hatten wir es bis hierher geschafft. Wir wollten nun nichts mehr riskieren.

Pater Douglas und ich ließen uns an der Ausladezone absetzen, um den Reisenden behilflich zu sein. Am Bordstein positioniert half der Pater den Reisenden beim Aussteigen, beim Entgegennehmen ihrer Koffer und Taschen an den entsprechenden Transportern und beim Platzieren des Gepäcks auf den Gepäckwagen, mit denen sie es ins Terminal schieben konnten. Meine Aufgabe war es, während der Abfertigung der Familien am Check-in für die Fragen von Flughafenbediensteten bereitzustehen. Die meisten aus unserer Gruppe waren noch nie zuvor geflogen und hatten auch noch nie einen Flughafen betreten. Deshalb kannten sie natürlich auch die Abläufe dort nicht.

Mit den ersten Familien machte ich mich auf die Suche nach dem richtigen Check-in-Schalter. Wir gingen an einigen Warteschlangen vorbei, bis mein Blick endlich auf das Wort fiel, das ich suchte. Hier war es. Über dem letzten Schalter stand der Name unseres Ziels geschrieben: *Košice*. In diesem Moment begriff ich: Diese Evakuierung war keine vage Möglichkeit mehr. Sie war tatsächlich Wirklichkeit geworden. Tränen stiegen mir in die Augen, aber schnell blinzelte ich, um mir nichts anmerken zu lassen. Anstelle von *Košice* hätte dort genauso gut *Freiheit* oder *Befreiung* stehen können. Es bedeutete für diese Reisenden so viel.

Wer hätte vor vier Monaten, als wir unser Projekt ins Leben riefen, geahnt, wie es ausgehen würde? Es war offensichtlich, dass jemand Größeres als wir dies alles möglich gemacht hatte. Ein mächtiger Gott hatte in die Geschicke der Menschen eingegriffen, um zu zeigen, wie viel ihm seine Kinder bedeuteten.

Während sich die Familien anstellten, bombardierte mich einer der leitenden Mitarbeiter am Schalter mit Fragen. »Wer sind diese Leute? Warum reisen sie? Wohin reisen sie? Warum helfen ihnen Amerikaner? Sind diese Leute Flüchtlinge? Sind Sie sich sicher, dass sie in den Irak zurückkehren wollen?«

Ich antwortete geduldig auf alle diese Fragen und bemühte mich, seine Bedenken zu zerstreuen und mich bei ihm und den anderen Mitarbeitern der Fluggesellschaft einzuschmeicheln.

»Es ist eine kirchliche Reisegruppe, die in der Slowakei Urlaub macht«, erklärte ich. »Wir sind darum gebeten worden, diese Reise zu begleiten und ihnen einen schönen Urlaub zu ermöglichen. Nein, sie sind keine Flüchtlinge.«

Immer wieder stellte er die gleiche Frage: »Sind Sie ganz sicher, dass diese Leute keine Flüchtlinge sind?«

»Ganz sicher! Es sind keine Flüchtlinge«, entgegnete ich mit einem selbstsicheren Lächeln.

Ich fühlte mich wie damals bei der CIA in meinem Bemühen, die Neugier der Behörden im Zaum zu halten. Dabei musste ich ständig auf der Hut sein und Sozialkompetenz beweisen. Der Mitarbeiter durfte gar nicht erst auf die Idee kommen, höherrangige Bedienstete hinzuzuziehen, die mich ihrerseits ausfragen könnten. Ich hoffte auch, er würde die Reisenden nicht selbst in Gespräche verwickeln. Wenn er anfinge, ihnen tausend Fragen zu stellen, könnte das Ganze schnell aus dem Ruder laufen. Denn die Menschen waren nervös und alles andere als selbstbewusst.

Auf keinen Fall sollte sich der Verantwortliche eine schlechte Meinung über uns bilden oder argwöhnisch gegenüber unseren Reisenden werden. Solange er sich auf mich konzentrierte, war alles bestens. Deshalb lächelte ich viel, machte Witze und plauderte mit ihm über Belanglosigkeiten. Und es funktionierte tatsächlich. Er beruhigte sich. Zwar hatte er wohl irgendwie das Gefühl, dass diese Leute keine normalen, alltäglichen Reisenden waren, aber er beschloss, der Sache nicht weiter auf den Grund zu gehen. Erfahrung in der Terrorbekämpfung ist unbezahlbar. Aber es schadet auch nicht, einfach höflich zu sein.

Nachdem auch der Letzte eingecheckt hatte, murmelte der Bedienstete: »Ich habe das Gefühl, diese Leute sehen wir im Irak nie wieder.« Darauf sagten wir nichts. Wir lächelten nur und dankten ihm für seine hervorragende Unterstützung.

Meine nächsten Nachrichten waren kurz, aber voller Emotionen.

Alle eingecheckt
Jetzt noch die letzte Sicherheitskontrolle
Es passiert tatsächlich!!!
Einsteigen
10. Dezember, 20:35 Uhr / 12:35 Uhr EST

[Gesendetes Bild: Innenaufnahme aus dem Flugzeug. Jeder sucht seinen Platz und macht sich bereit zum Abheben.]
Alle sind an Bord!
10. Dezember, 20:55 Uhr / 12:55 Uhr EST

Und dann schickte ich die Nachricht, die den Menschen aus aller Welt, die für uns beteten, Tränen der Dankbarkeit in die Augen trieb. Eine ganze Woche lang hatte ich davon geträumt, sie endlich senden zu können:

Wir heben ab!

Gegen 21:15 Uhr Ortszeit hob sich unsere Maschine in die Luft und alle jubelten, als wir in den dunklen Nachthimmel stiegen. Das war's. Wir waren auf dem Weg nach Košice in der Slowakei. Dort würden uns Kirchenverantwortliche, Einwanderungsbeamte, Flughafenbehörden, Vertreter des Innenministeriums und eine Abordnung der slowakischen Presse in Empfang nehmen.

Gut zwei Stunden später sandte ich die letzte Nachricht des Abends:

Angekommen!!! Wir sind in der Slowakei! Wie beim Start, so auch bei der Landung: Applaus und Jubel im ganzen Flugzeug!

10. Dezember, 23:24 Uhr / 04:24 Uhr EST

Er hat es getan. Allen Herausforderungen, Hindernissen, Verspätungen und gestrichenen Flügen zum Trotz hat Gott diese Evakuierung Wirklichkeit werden lassen. Wir waren Zeugen eines Wunders.

Wie anders ist es zu erklären, dass ein ägyptischer Einwanderer, eine ehemalige Ballkönigin ihrer Schule, eine britische Fernsehproduzentin, ein irakischer Priester und andere Helfer Hunderte von verfolgten Christen den Händen des IS entreißen konnten?

Hätte ich es nicht selbst erlebt, wüsste ich nicht, ob ich es hätte glauben können. Aber unser Auftrag ist der Beweis dafür, dass Gott uns nicht nur seltsame, außergewöhnliche Wege gehen lässt, sondern dass er auch Himmel und Erde in Bewegung setzen kann – und dies tut –, um seinen Kindern zu helfen. Und er bindet Menschen ein und gebraucht sie, um aus einem vermeintlich planlosen Gewirr aus einzelnen Fäden komplizierte Teppiche zu weben. Er zeigt uns, dass das scheinbar willkürliche Chaos aus Knoten und losen Enden in unserem Leben in Wirklichkeit doch nicht so zufällig ist.

Solange wir mittendrin stehen, können wir uns das ganze Bild nur schwer vorstellen. Erst wenn es fertig ist, lässt sich das ganze Kunstwerk bewundern und wertschätzen.

Im Rückblick erkenne ich, wie oft meine Sicht getrübt war. Von Anfang an hatte Gott alle meine Schritte gelenkt, immer mit Blick auf das Ziel. Er hat mich mit besonderen Gaben ausgestattet – mit Einfühlungsvermögen, Intuition und der Fähigkeit, menschliches Verhalten zu deuten. Diese kamen mir nicht nur im Kampf gegen den Terrorismus zugute, sondern auch, wenn es darum ging, die Hamads in einer Menge konvertierter Christen in Erbil zu erkennen. Er ließ mich auf Joseph stoßen, durch den ich Ägypten kennenlernte, das Sprungbrett für meine tiefe Liebe zum Nahen Osten. Gott war es, der mich an jenem schicksalhaften Tag 1999 in die Bibliothek führte, in der ein Team von Personalreferenten eine außerordentliche, scheinbar unerreichbare Laufbahn in der Welt der internationalen Spionage vorstellte. Und Gott war es auch, der mir den Mut gab, mich nach meiner Absage erneut zu bewerben. So war es auch Gott, der mich davor bewahrte, im falschen CIA-Direktorat die Arbeit aufzunehmen. Die ganze Zeit hatte er das Ruder in der Hand, leitete meine Schritte und legte seinen Willen in mein Herz. Ich musste nur hören und gehorchen.

Bis vor Kurzem noch dachte ich, dass es Gottes großer Plan für mein Leben gewesen sei, zur CIA zu gehen, um gegen den Terror zu kämpfen. Nun jedoch erkenne ich, dass die CIA gar nicht das letzte Ziel war, sondern einfach ein Schritt auf meiner Reise. Gott benutzte diesen, um mich und meine Fähigkeiten zu entwickeln, die ich für eine noch größere Aufgabe benötigte. Alles, was Joseph und ich die letzten fünfzehn Jahre getan hatten, lief auf diesen Moment hinaus: auf die Befreiung von 149 hingegebenen Nachfolgern Christi aus einer unbarmherzigen Welt des Schreckens, die alles bedrohte, was ihnen lieb und wert war, einschließlich ihres eigenen Lebens. Wenn ich heute darüber nachdenke, läuft mir immer noch ein Schauer über den Rücken.

Und was Gottes ungewöhnlichen Auftrag anbelangt – der mich letztlich von der CIA in die Kirche von *Mar Elia* führte –, so erkenne ich jetzt Folgendes: Gott hat mich nicht deswegen aufgefordert, meine Erlebnisse als Spezialistin für Terrorbekämpfung weiterzugeben, um mich von meinem eigenen Schmerz und Gefühlschaos abzulenken. Er beauftragte mich, meine Geschichte zu erzählen, damit Menschen – mich selbst eingeschlossen – erfahren können, dass Gott keine einflussreichen Leute mit guten Verbindungen benötigt, um sein Werk hier auf der Erde zu tun. Er braucht auch keine eindrucksvollen Lebensläufe, hohen IQs, rohen Kräfte oder Supermächte. Was er braucht, sind Männer und Frauen, die ganz offen für ihn sind und sich ihm bedingungslos hingeben. Er braucht Leute, die bereit sind zu Dingen, die andere nicht tun wollen. Die die zweite Meile gehen, auch wenn es sie persönlich etwas kostet. Die durchhalten, auch wenn sie erschöpft sind und alle anderen schon aufgegeben haben. Die dem Schmerz ins Auge sehen und trotzdem weitermachen. Die bereit sind, so lange mit einem Problem zu ringen, bis es gelöst ist. Leute, die sich auch durch Versagen und Zurückweisung weiterentwickeln. Gott geht es nicht um Vollkommenheit. Er sucht Männer und Frauen, deren Glauben größer ist als ihre Angst.

Meinen Lebensweg habe ich mir nicht selbst erdacht, sondern Gott hat mich in seiner Gnade geführt. Trotz all meiner Fehler – darunter Gedanken und Verhaltensweisen, durch die ich mich selbst beschränkte –, hatte er Geduld mit mir und brachte mich dorthin, wo er mich haben wollte. Auch wenn die Angst bei jedem

Schritt auf dieser Reise mein Begleiter war, habe ich einer unsichtbaren Kraft vertraut.

Hatte ich Angst? Fast immer.

Habe ich gezweifelt? Ja, ziemlich oft sogar.

Habe ich mir den Kopf zerbrochen, dass ich anderen intellektuell nicht das Wasser reichen könnte? Jeden Tag meines Lebens.

Bin ich vom Weg abgekommen? Mehrmals.

Habe ich versagt? Kläglich.

Gott zu dienen, ist nicht leicht. Es ist Schwerarbeit, die uns alles abverlangt. Nichts für schwache Nerven. Aber wenn wir auf seine Stimme hören, offen sind für seine Führung und bereit sind, ihm zu gehorchen, passiert Mächtiges: Wir werden Abenteuer erleben, die jede Vorstellung sprengen, und Berge besteigen, die zu bezwingen wir in unseren kühnsten Träumen nicht für möglich gehalten hätten. Gott hatte einen großen Plan, als er mich schuf, und er hat für jeden von uns einen großen Plan. Auch wenn er nicht immer leicht zu erkennen ist – den Plan gibt es.

Und es ist mein Gebet für die Zukunft – für Sie und für mich –, dass wir immer die Geduld, das Durchhaltevermögen und den Glauben haben mögen, die Bruchstücke unseres Lebens von ihm zu dem Bild zusammenfügen zu lassen, das er von uns hat.

Epilog

Spionin zu werden, wäre mir als Kind nie im Traum eingefallen. Nie habe ich davon geträumt, ins Ausland zu reisen, in Kriegsgebieten zu leben, Terroristen zu bekämpfen oder verfolgten Christen bei der Flucht vor islamischen Extremisten zu helfen.

Als Kind blätterte ich ehrfurchtsvoll die *National Geographic* durch und bewunderte die große Vielfalt fremdartiger, ferner Kulturen. Dabei bekam ich eine leise Ahnung davon, dass andere kleine Mädchen so völlig anders lebten als ich. Nie hätte ich mir jedoch vorstellen können, wie schwer, wie hoffnungslos dieses andere Leben sein könnte.

Als Joseph und ich in *Mar Elia* die Familien befragten, lernten wir auch zwei junge Schwestern im Alter von fünf und sechs Jahren kennen. Ich hatte schon viele Kinder gesehen, aber irgendetwas an diesen beiden kleinen Mädchen – vielleicht ihr süßes, schüchternes Lächeln und ihre stille Art – rührte meine Seele an. Als ich sie das erste Mal sah, saßen sie ruhig auf einer Bank und hielten einander an der Hand. Ihre Eltern füllten währenddessen Antragsformulare aus, damit Joseph oder ich sie anschließend befragen könnten. Die Mädchen sahen sich so ähnlich, dass ich sie kaum auseinanderhalten konnte. In diesem Moment begriff ich: Mit ihren Löckchen und den Grübchen in den Wangen waren Sara und Katherin das Ebenbild von Julie und mir in diesem Alter. Vermutlich ahnten sie nichts von der Bedrohung und davon, was ihre Eltern alles auf sich nahmen, um sie vor dem Aufruhr zu beschützen.

Ich fühlte mich ihnen so verbunden, dass ich begeistert war, als ich erfuhr, dass diese Familie zu den 149 ausgewählten Personen für die Evakuierung in die Slowakei zählte. Dieses Projekt war nicht nur ein Geschenk Gottes für ihre Eltern, die schon lange wegen ihres christlichen Engagements auf der Abschussliste des IS standen. Sarah und Katherin würden nun an einem sicheren Ort aufwachsen, wo sie ungehindert ihre Ziele verfolgen und ihren Glauben würden leben können.

Nach der Landung in der Slowakei wollte ich die Schwestern in meine Arme schließen, sie an mich drücken und ihnen sagen: »Ihr könnt euch nicht vorstellen, was alles möglich ist! Greift nach den Sternen, Mädchen!«

Seit dieser historischen Ankunft hat sich die Familie gut eingelebt. Natürlich ist dieses ganz andere Leben in Europa für sie nicht leicht, aber sie bemühen sich sehr, sich zu integrieren. Sie und andere Familien in der gleichen Situation sind überaus dankbar für die empfangene Hilfe.

Leider ging es nicht allen so. Für manche war die Umstellung zu hart und sie empfanden die Unterstützung als unzureichend. Eine neue Sprache zu lernen, war für viele die größte Herausforderung. Ohne solide Kenntnisse der slowakischen Sprache ist jedoch alles – vom Kennenlernen neuer Nachbarn über das Einkaufen bis hin zu Stellensuche und Bewerbungen – viel schwieriger. Darüber hinaus mussten sich die Iraker an ein neues politisches System, an andere Sozialprogramme, kulturelle Erwartungen, Lebensbedingungen, ungewohntes Essen und ungewohntes Klima anpassen. Und diese Liste ließe sich noch endlos fortführen. Vor unserem Aufbruch in *Mar Elia* hatten wir es der Gruppe oft klarzumachen versucht: Ganz gleich, vor welchen Schrecken sie flohen (und sei es der IS), es würde unglaublich schwierig sein, in einem neuen Land noch einmal ganz von vorn zu beginnen.

Als sie dies hautnah erlebten, kehrten einige Familien doch nach Erbil zurück. Sie wussten zwar nicht, wie sie sich dort ein neues Leben aufbauen sollten, zogen aber die schwierige Situation in einem Land, das sie kannten, den zahlreichen Unbekannten vor, mit denen sie in der Slowakei konfrontiert waren. Insbesondere, wenn sie keine Arbeit fanden, von der die Familie hätte leben können.

In ganz Europa ringen die Regierungen um die Frage, wie der Einwanderungskrise am besten begegnet werden kann und wie diejenigen, die es bereits bis auf den Kontinent geschafft haben, integriert werden können. Nach der Ankunft der irakischen Binnenflüchtlinge in der Slowakei wurde das Projekt einer NRO der slowakisch-katholischen Kirche übergeben. Diese hatte als Bindeglied zwischen der Gruppe und den Behörden fungiert und nun die Integration der Familien in ihrer neuen Heimat begleitet. Die slowakische Regierung und die NRO haben Joseph und mich gebeten, interkulturelle Beratung für Sozialarbeiter anzubieten, die in Integrationsfragen direkt mit den Irakern zusammenarbeiten. Vorerst hat sich die slowakische Regierung gegen die Aufnahme weiterer Binnenflüchtlinge oder Flüchtlinge entschieden, bis sie sich sicher ist, die Neuankömmlinge gut in ihre Gesellschaft eingliedern zu können.

Joseph und ich tun weiterhin in Einzelfällen auf persönlicher Ebene unser Bestes, damit Christen im Nahen Osten in ihren Heimatländern ein menschenwürdiges Leben führen können. Wenn dies nicht möglich ist, bemühen wir uns darum, Zufluchtsorte anderswo zu finden. Beruflich arbeiten wir weiterhin als internationale Sicherheitsberater für führende Politiker und multinationale Konzerne. Wir bieten Schulungen zu den Themen Personenschutz, terroristische Bedrohungen sowie Sammeln, Prüfen und Bewerten von Geheiminformationen an. So sind wir zwar immer noch viel unterwegs zwischen dem Nahen Osten, Florida und Washington, D. C. Im Gegensatz zu den zehn Jahren bei der CIA können wir nun jedoch selbst entscheiden, welche Aufträge wir annehmen, und der Familie Priorität einräumen.

Solche persönlichen Freiheiten sind im Irak weiterhin nicht in greifbarer Nähe. Seit 2016 bemühen sich irakische und internationale Streitkräfte, Mossul und Dörfer im Norden des Irak aus den Händen des IS zu befreien. Ob sie es schaffen werden, die Extremisten zu vertreiben und das Gebiet zu halten, ist die entscheidende Frage, denn der IS arbeitet weiterhin von Syrien aus, wo er nennenswerte Gebiete unter seiner Kontrolle hat. Leider hat die Einnahme von Mossul die Anzahl der Binnenflüchtlinge erhöht, auch wenn es sich bei den meisten um sunnitische Muslime handelt, die verzweifelt versuchen, den IS-Kämpfern zu entkommen. Denn diese haben keinerlei Skrupel, sie als menschliche Schutzschilde zu nutzen. Einige wenige Familien sind zwar bereits nach Karakosch zurückgekehrt. Es ist jedoch unklar, wann es die Sicherheitslage in den Städten und Dörfern im Nordirak zulässt, dass die Bevölkerung heimkehren und ihr Leben neu aufbauen kann. Denn der IS hat große Teile des Gebiets unbewohnbar gemacht und hat Häuser, Geschäfte und Infrastruktureinrichtungen durch Sprengfallen zerstört.

Mitte 2016 nahm Pater Douglas einen Ruf nach Neuseeland an, wo er Priester der chaldäisch-katholischen *St. Addai Church* ist. Kurz zuvor ging er noch auf eine Vortragsreise durch die Vereinigten Staaten und sprach dort auch bei den Vereinten Nationen. Wo immer ihn sein Weg hinführt, erinnert er die Menschen daran, dass das Christentum im Irak tief verwurzelt ist, und drängt sie dazu, den anhaltenden Völkermord in diesem Land zu stoppen.

Vor allem möchte Pater Douglas, dass wir sein Volk nicht vergessen. Als er erfuhr, dass amerikanische Christen für ihre Mitchristen im Irak beten, wurde er erfüllt von tiefer Dankbarkeit. »Daran erkennen wir, dass wir nicht allein sind. Wir wissen, dass wir nicht vergessen sind.«[15] Irgendwie vereint das Gebet unsere Herzen mit ihren, und auf unerklärliche Weise arbeitet Gott durch unsere Bitten an einer Veränderung.

Wir können Christen im Nahen Osten auch dadurch unterstützen, dass wir ihr Leid als solches anerkennen. Die meiste Zeit ihres Lebens schon werden sie wegen ihres Glaubens anders behandelt. Und doch ignorieren sowohl ihre eigene Regierung als auch die Regierungen in Europa und den Vereinigten Staaten größtenteils die Ungleichbehandlung und das Leid, das diese Christen in mehrheitlich muslimischen Ländern erfahren.

Schließlich können wir Flüchtlinge ganz gleich welchen Hintergrunds, die zu uns in den Westen kommen, unterstützen. Wir sollten ihnen zuhören und ihre Nöte erkennen. Es geht darum, Wege zu suchen, wie wir den Neuankömmlingen helfen können, sich ein neues Leben aufzubauen und sich in unsere große multikulturelle Gesellschaft zu integrieren.

So oft hören wir, wie gespalten unser Land heute doch sei, und die sozialen Medien schüren damit Ängste. Wir werden bombardiert mit Warnungen vor wirtschaftlichen Problemen, politischen Herausforderungen, religiösen und ethnischen Konflikten, Terroranschlägen und Umweltkatastrophen.

Aber an dieser Stelle sollten wir uns nicht ängstlich zurückziehen, sondern aktiv werden. Engagieren wir uns lieber, anstatt uns einzuigeln. Keiner braucht eine besondere Ausbildung, um einen Fremden mit einem Lächeln willkommen zu heißen oder einer Flüchtlingsfamilie bei der Einrichtung ihrer Wohnung zu helfen. Auch nicht, um für Iraker in Erbil zu beten, die noch immer in Kirchhöfen leben in der Ungewissheit, ob sie in ihre Häuser in nahe gelegenen Dörfern zurückkehren können.

Wenn ich aus der Evakuierung eines gelernt habe, dann dies: Mein Denken war zu klein, zu begrenzt. Wir sind alles andere als ohnmächtig. Wir haben alles bekommen, was wir brauchen, um unsere Familien, unsere Gemeinschaften und Nationen positiv zu beeinflussen. Wenn Sie ein Herz für Flüchtlinge haben, überlegen Sie sich, ob Sie sich nicht einer Kirche oder kommunalen Organisation vor Ort anschließen könnten, die Neueinwanderer unterstützt. Wenn Sie ein Herz für Bildung haben, schließen Sie sich einer kommunalen Gruppe an, die Mentorenprogramme oder Stipendien anbietet. Wenn Sie ein Herz für den Tierschutz oder die Umwelt haben, wenden Sie sich an eine NRO, die einen guten Zweck unterstützt, und sehen, wo Sie sich einbringen können.

Da Gottes Kraft sich in unserer Schwäche zeigt (2. Korinther 12,9), ist es so wichtig, nicht auf uns selbst oder auf die Probleme zu schauen, sondern auf ihn. Er wird uns Antwort geben, auf unerwartete Weise und aus unerwarteten Quellen.

Vergessen wir es nie: Es geht *viel* mehr, als wir denken!

Kurz bevor dieses Manuskript in den Druck ging, erfuhren Joseph und ich, dass ein guter Freund und ehemaliger Kollege im Dienst von uns gegangen ist. Er war in unserem Alter und wir lagen in puncto Glauben, Bildung und Leidenschaft auf einer Wellenlänge. Wir sind tief betrübt, aber voller Dankbarkeit dafür, dass er bereit war, alles aufs Spiel zu setzen, um zu einer besseren Welt beizutragen. Im

Mai 2017 wurde ihm zu Ehren an der CIA-Gedenkmauer ein Stern hinzugefügt.

Vieles von dem, was in diesem Buch beschrieben ist, wäre ohne ihn nicht möglich gewesen.

Genieß den Himmel, Bruder.

Dank

An Joseph, meinen Mann: Ohne dich an meiner Seite hätte ich nichts von all dem vollbringen können. Danke, dass du mein bester Fürsprecher bist und immer an mich geglaubt hast, wenn ich selbst nicht mehr an mich glauben konnte. Danke, dass ich von dir schon so viel über die Welt lernen konnte und dass du mich ermutigt hast, dieses Buch zu schreiben – ich wünschte, jede Frau hätte einen solchen Vorkämpfer, der sie voranbringt und zu Höhenflügen animiert.

An meine Schwester, Julie Crow, eine wunderbar begabte Frau; sie ist für mich nicht nur der Inbegriff der Gelassenheit und Klugheit, sondern auch von klein auf meine beste Freundin. Wie hätte ich ohne deine ständige Ermutigung durch dieses Leben gehen oder dieses Buch schreiben können? Du inspirierst mich Tag für Tag.

An meine Eltern, Judy Morris und Art und Crystal Rigby, die mich schon als Kind die Macht des positiven Denkens gelehrt, für mich in meinen dunkelsten Stunden gebetet und sich in guten Zeiten mit mir gefreut haben. Ihr habt mich niemals davon abgehalten, meine Träume zu verfolgen, auch wenn sie mich weit von zu Hause wegführten.

Anmerkungen

1 »How to Become a Leadership Analyst with the Central Intelligence Agency«, http://www.ciaagentedu.org/leadership-analyst/ (zuletzt aufgerufen am 10.9.2018).

2 »Not Bad for a Girl from Baltimore: The Story of Virginia Hall«, Bibliothek des Auswärtigen Amtes, http://photos.state.gov/libraries/estonia/99874/History%20stories/Not-Bad-for-a-Girl-from-Baltimore.pdf (zuletzt aufgerufen am 10.9.2018).

3 Cate Lineberry, »Wanted: The Limping Lady«, *Smithsonian*, 1. Februar 2007, http://www.smithsonianmag.com/history/wanted-the-limping-lady-146541513/ (zuletzt aufgerufen am 10.9.2018).

4 Sarah Helm, A Life in Secrets: Vera Atkins and the Missing Agents of WWII (New York: Anchor Books, 2007), 15.

5 Erik Prince, *Civilian Warriors* (New York: Penguin, 2013), 166.

6 »Large Bombings Claim Ever More Lives«, *Iraq Body Count*, 4. Oktober 2017; Bill Roggio, »Iraq by the Numbers: Graphing the Decrease in Violence«, *FDD's Long War Journal*, 12. Dezember 2008.

7 »Country Comparison: Crude Oil – Proved Reserves« und »Country Comparison: Natural Gas – Proved Reserves«, The World Factbook, Central Intelligence Agency, https://www.cia.gov/library/publications/the-world-factbook/rankorder/2244rank.html (zuletzt aufgerufen am 10.9.2018) und https://www.cia.gov/library/publications/the-world-factbook/rankorder/2253rank.html (zuletzt aufgerufen am 10.9.2018).

8 Angelina E. Theodorou, »Which Countries Still Outlaw Apostasy and Blasphemy?«, Pew Research Center, 29. Juli 2016, http://www.pewresearch.org/fact-tank/2016/07/29/which-countries-still-outlaw-apostasy-and-blasphemy/ (zuletzt aufgerufen am 10.9.2018).

9 Max Fisher, »Majorities of Muslims in Egypt and Pakistan Support the Death Penalty for Leaving Islam«, 1. Mai 2013, *Washington Post*, https://www.washingtonpost.com/news/worldviews/wp/2013/05/01/64-percent-of-muslims-in-egypt-and-pakistan-support-the-death-penalty-for-leaving-islam/ (zuletzt aufgerufen am 10.9.2018).

[10] »UNHCR Asylum Trends 2014«, UNHCR, 26. März 2015, http://www.unhcr.org/551128679.pdf (zuletzt aufgerufen am 10.9.2018).

[11] »UNHCR Global Resettlement Statistical Report 2014«, UNHCR, http://www.unhcr.org/52693bd09.pdf (zuletzt aufgerufen am 10.9.2018).

[12] Nach umfangreicher Lobbyarbeit seitens Menschenrechtsorganisationen und Druck vom Gesetzgeber bezeichnete das US-Außenministerium am 17. März 2016 endlich die Angriffe des Islamischen Staates auf Christen und andere Minderheiten in Syrien und im Irak offiziell als Völkermord. Siehe https://2009-2017.state.gov/secretary/remarks/2016/03/254782.htm (zuletzt aufgerufen am 10.9.2018).

[13] Ishaan Tharoor, »Slovakia Will Take in 200 Syrian Refugees, but They Have to Be Christian«, *Washington Post,* 19. August 2015, https://www.washingtonpost.com/news/worldviews/wp/2015/08/19/slovakia-will-take-in-200-syrian-refugees-but-they-have-to-be-christian/?utm_term=.8c7d0d69f460 (zuletzt aufgerufen am 10.9.2018).

[14] Matt Crocker, Joel Houston und Salomon Lightelm, »Oceans (Where Feet May Fail)«, copyright © 2013 by Hillsong Music Publishing.

[15] Kathryn Jean Lopez, »Iraqi Priest Embodies Love in the Face of Hate«, Crux, 4. Mai 2016, https://cruxnow.com/church/2016/05/04/iraqi-priest-embodies-love-in-the-face-of-hate/ (zuletzt aufgerufen am 10.9.2018).

Joyce Smith, Ginger Kolbaba

Auf dünnem Eis

Ich wagte zu beten –
und mein toter Sohn lebte

Gebunden, 13,5 x 21,5 cm, 328 Seiten
Nr. 395.842, ISBN 978-3-7751-5842-8
Auch als E-Book

Joyce Smiths Sohn bricht in einen zugefrorenen See; 20 Minuten ist er unter Wasser verschollen. Als er schließlich geborgen wird, ist er tot. Doch Joyce nimmt all ihren Glauben zusammen und wendet sich mit einem letzten verzweifelten Schrei an Gott – und das Herz ihres Sohnes beginnt wieder zu schlagen.

Wilhelm Buntz

Der Bibelraucher

Die knallharte Lebensgeschichte
eines Ex-Knackis

Gebunden, 13,5 x 21,5 cm, 256 Seiten
Nr. 395.860, ISBN 978-3-7751-5860-2
Auch als E-Book

Im Gefängnis greift Buntz zur Bibel. Er liest eine Seite, reißt sie heraus, rollt sich eine Kippe. So qualmt er sich bis zum Neuen Testament. Da packt ihn der Text. Gott sagt: »Ich bin treu wie ein liebender Vater.« Ist das möglich? Noch im Knast gibt Buntz diesem Gott eine Chance und merkt schnell: Das Leben mit Gott ist auch knallhart. Knallhart voller Wunder.

Bitte fragen Sie in Ihrer Buchhandlung nach diesen Titeln!
Oder schreiben Sie an: SCM Hänssler
in der SCM Verlagsgruppe GmbH, D-71087 Holzgerlingen;
E-Mail: info@scm-haenssler.de; Internet: www.scm-haenssler.de